Hermann Meyn ist freier Journalist und war Redakteur beim »Spiegel«, Senatssprecher in Berlin, Vorsitzender des Deutschen Journalisten-Verbandes und Honorarprofessor für Journalistik an der Universität Hamburg.

Jan Tonnemacher war Journalist und Pressesprecher, hatte einen Lehrstuhl für Journalistik an der Katholischen Universität Eichstätt-Ingolstadt und ist heute Lehrbeauftragter an der Freien Universität Berlin und an der Hochschule für Technik und Wirtschaft Berlin.

Hermann Meyn
Jan Tonnemacher

Massenmedien in Deutschland

4., völlig überarbeitete Neuauflage

Unter Mitarbeit von Hanni Chill

UVK Verlagsgesellschaft Konstanz · München

Bibliografische Information der Deutschen Nationalbibliothek
Die Deutsche Nationalbibliothek verzeichnet diese Publikation in der Deutschen
Nationalbibliografie; detaillierte bibliografische Daten sind im Internet über
http://dnb.d-nb.de abrufbar.

ISBN 978-3-86764-213-2

1. Auflage 1999
2. Auflage 2001
3. Auflage 2004
4. Auflage 2012

© UVK Verlagsgesellschaft mbH, Konstanz und München 2012

Einbandgestaltung: Susanne Fuellhaas, Konstanz
Titelfoto: Ullstein Bild
Korrektorat: Susanne Ilka Tidow, Freising
Satz und Lektorat: Klose Textmanagement, Berlin
Druck: fgb, freiburger graphische betriebe, Freiburg

UVK Verlagsgesellschaft mbH
Schützenstr. 24 · 78462 Konstanz · Deutschland
Tel.: 07531-9053-0 · Fax: 07531-9053-98
www.uvk.de

Inhalt

Vorwort

»Massenmedien in Deutschland« will wie in den Vorauflagen einen verständlichen
– und nicht immer streng akademischen – Überblick über Struktur und Entwicklung des Mediensystems in Deutschland geben.

Nach Jahrzehnten ungebrochenen Wachstums steckt die Medienbranche in
Deutschland seit Anfang des neuen Jahrtausends in einer tiefen Krise. Sinkende
Verkaufsauflagen bei der Presse und drastische Einbrüche für fast alle Medien bei
den Werbeeinnahmen haben zu Fusionen, Konkursen und Entlassungen in großer
Zahl geführt. Auch beim Rundfunk hat sich durch neue und starke Anbieter im
globalen Bereich und vor allem durch das Internet mit seinen vielfältigen Möglichkeiten der Konkurrenzdruck erheblich verschärft. Dieser Medienwandel ist an vielen Stellen Thema der vorliegenden aktualisierten, überarbeiteten und erweiterten
Neuauflage der »Massenmedien in Deutschland«.

Schwache Konjunkturphasen, die die Werbeeinnahmen der Medien auf den
Stand vor etwa fünfzehn Jahren zurückgeworfen haben, und in jüngster Zeit die
große Wirtschafts- und Finanzkrise sind allerdings nur ein Grund für die Misere.
Es gab zu Beginn des Internetzeitalters Fehlinvestitionen und Fehlkalkulationen in
großer Zahl, die die Medienunternehmen angesichts gleichzeitig sinkender Einnahmen heute noch belasten. Die Hoffnung, mit Internet und Onlineangeboten beginne das goldene Medienzeitalter, erwies sich für viele zunächst als Illusion. Heute zeigt sich aber gerade durch dieses neue Medium bei den Generationen, die mit
ihm groß geworden sind, ein grundlegender Wandel in den Einstellungen und der
Nutzung dessen, was von Älteren noch selbstverständlich in der Zeitung, im Radio
und im Fernsehen gelesen, gehört und angesehen wurde.

Eine weitere Tendenz macht sich mit der Ausweitung der Angebote gerade im
Fernsehbereich immer stärker bemerkbar: die Entwicklung von der Parteien- zur
Mediendemokratie. Welche Chancen und Risiken dies für die Gesellschaft mit sich
bringt, wird die Zukunft zeigen. Wird das Kerngeschäft der Politik, nämlich die Lösung von Sachproblemen und Konflikten, an den Rand gedrängt, wenn sich Politiker darauf beschränken, sich in Ton und Bild in Szene setzen zu lassen? Was geschieht
mit den klassischen Aufgaben der Medien und Journalisten, wenn die Letzteren sich
in Talkshows tummeln, anstatt selbst zu fragen und zu recherchieren?

Auch nahezu ein halbes Jahrhundert nach der Erstauflage des »Klassikers« von
Hermann Meyn steht trotz aller inzwischen eingetretenen Veränderungen die Frage im Mittelpunkt, ob und inwieweit Presse, Hörfunk, Fernsehen und inzwischen

auch das Internet ihren Funktionen gerecht werden, die sie im politischen System der Bundesrepublik erfüllen sollen: zu informieren, an der Meinungs- und Willensbildung mitzuwirken, zu kritisieren und zu kontrollieren. Neuerdings ergänzt wird diese Fragestellung darum, ob die »klassischen« Medien dies in Zukunft überhaupt angesichts des Wandels der Medienlandschaft noch können, und was von medienfremden Organisationen und Unternehmen im Internet übernommen wird.

Inzwischen surfen drei Viertel aller erwachsenen Bürger Deutschlands und sind »Onliner«, jeder hört im Durchschnitt mehr als drei Stunden am Tag Radio und nutzt etwa ebenso lang das Fernsehen, während die Zeitung durchschnittlich nur noch 25 Minuten pro Tag gelesen wird. Wir sind zwar eine Informationsgesellschaft, aber nicht automatisch auch eine informierte Gesellschaft. Die Frage bleibt: Welche Informationen erreichen uns tatsächlich, was fangen wir mit ihnen an, und wie verändern sie unsere Einstellungen und Handlungen?

Legten die bisherigen Auflagen noch besonderes Gewicht auf die Presse, so hat sich diese bereits in den Jahren seit Erscheinen der letzten Auflage in 2004 so radikal geändert wie nie zuvor. Dem wird hier Rechnung getragen, indem bei weitestgehender Beibehaltung von Form, Aufbau und in Teilen auch Inhalt die neuen Medien grundsätzlich als Konkurrenz zu den klassischen Medien behandelt werden, ihnen aber auch zwei eigene Kapitel gewidmet sind. So bleibt die Konzeption des Standardwerks gewahrt, gleichzeitig werden aber die schnellen Entwicklungen von Technik und Anwendungen durch die Digitalisierung der Medien berücksichtigt.

Die Globalisierung ist auch im Medienbereich weit vorangeschritten. Regulierung und Kontrolle, die gerade gegenüber den Medien wichtig sind, sind im nationalen Alleingang spätestens seit dem Internet nicht mehr sinnvoll und möglich. Diese Zusammenhänge werden nun in einem eigenen Kapitel dargestellt.

Gedankt sei Christoph Neuberger für seine kritische Durchsicht des Textes und seine hilfreichen Anregungen und Vorschläge. Ebenso dem Lektor der UVK Verlagsgesellschaft, Rüdiger Steiner, für die geduldige Betreuung dieser Neuauflage.

Hermann Meyn   Jan Tonnemacher
Bonn, im September 2012   Berlin, im September 2012

1 Einführung

Ökonomisch betrachtet stellen die Massenmedien – obwohl sie in der jüngeren Vergangenheit in Bedeutung und Umsatz erheblich gewachsen sind – im Vergleich zu anderen Wirtschaftszweigen einen eher kleinen Sektor dar. Setzt man die Werbeeinnahmen, die die wesentliche Einnahmequelle der Massenmedien darstellen, in Beziehung zur makroökonomischen Leitgröße des Bruttoinlandsprodukts, also des Gesamtwertes der Wirtschaftsleistung der BRD (BIP), so liegen diese schon seit langer Zeit mehr oder weniger konstant bei 1,5 Prozent des BIP. Je nachdem, wie man den Massenkommunikationsbereich abgrenzt, dürfte dessen Gesamtanteil am BIP nicht mehr als drei bis vier Prozent betragen, wenn man dies auf die klassischen Medien und Werbeträger beschränkt.

Bezieht man allerdings den gesamten IT-Bereich und die Elektronik mit ein, soweit diese der Information und Kommunikation dienen, wird der Anteil größer. Unter den hundert größten deutschen Unternehmen gibt es dennoch nur Bertelsmann als Medienkonzern (Platz 30) und drei Telekommunikationsunternehmen (Süddeutsche Zeitung vom 13./14./15.8.2011).

Die tatsächliche Bedeutung der Massenmedien ist allerdings erheblich größer, als es Zahlen und Statistiken aussagen können. Sie haben sowohl als Informationsvermittler wie auch als Meinungsbildner eine Multiplikatorfunktion, sie werden häufig sogar als »vierte Gewalt« in einer auf Gewaltenteilung basierenden Demokratie bezeichnet, da sie Kritik- und Kontrollaufgaben wahrnehmen, und sie gelten insgesamt als Institution, ohne deren Funktionieren ein (demokratisches) Gesellschaftssystem nicht bestehen kann.

Längst befinden wir uns in der oft vorhergesagten »Informationsgesellschaft« mit einer Informations-Flut, die auch nicht annähernd zu bewältigen ist, obwohl der Bundesbürger den Hauptteil seiner frei verfügbaren Zeit schon mit durchschnittlich mehr als sieben Stunden täglichem Medien-»Konsum« verbringt. Auch am Arbeitsplatz hat der wachsende Bedarf der Informationsgesellschaft dazu geführt, dass Digitalisierung und Computertechnik mit ihrer Fähigkeit zur Erfassung, Verarbeitung und Speicherung großer Datenmengen neue Formen der Information und Kommunikation geschaffen und alte abgelöst haben.

Mit dem Internet und dessen weltweiter Verbreitung schließlich werden nationale wie globale Medienstrukturen erschüttert, und nichts wird mehr so sein wie zuvor. Völlig neue Anbieter sind quasi aus dem Nichts erschienen, wie Microsoft, Apple, Google oder Facebook, und alte Medien kämpfen ums Überleben. Galt bis in unsere Zeit noch das vor hundert Jahren von Wolfgang Riepl aufgestellte »Gesetz«, nach dem neue Medien nie alte Medien verdrängt – sondern sich immer ergänzend ins Mediensystem eingegliedert haben, so ist dies für die Zukunft angesichts der kommenden radikalen Veränderungen fraglich geworden.

Im Mittelpunkt dieses Buches stehen sowohl die Darstellung der Strukturen von Medien und Journalismus in Deutschland als auch die Frage, ob und inwieweit Presse, Radio, Fernsehen und Internet den Funktionen gerecht werden, die sie im politischen System der Bundesrepublik erfüllen sollen: zu informieren, an der Meinungsbildung mitzuwirken, zu kritisieren und eine Kontrolle der politisch und ökonomisch Mächtigen auszuüben.

Die in Art. 5 Grundgesetz garantierte Informations- und Meinungsfreiheit ist für die Erfüllung dieser Funktionen, also für das »Funktionieren« der Massenmedien, die wesentliche Voraussetzung, und es ist einsichtig, dass in deren Entwicklung Chancen wie auch Risiken liegen, die zu erkennen, zu beschreiben und zu analysieren sind. Dabei geht es um die Macht *über* die Medien wie auch die Macht der *Medien* selbst, die jeweils Eingriffe einer ordnenden Politik nötig machen können.

2 Massenmedien und Demokratie

2.1 Die Informationsfunktion

Demokratie ist Regierung mit Konflikten und Kompromissen. Sie ist dadurch gekennzeichnet, dass sie die in jeder Gesellschaft auftretenden Spannungen akzeptiert und versucht, sie rational und gerecht zu regeln. Die Massenmedien bieten die Chance, möglichst viele Staatsbürger mit den politischen und sozialen Auseinandersetzungen zu konfrontieren. Sie stellen für zahlreiche Fragen eine Öffentlichkeit her, in deren Licht die streitenden Gegner sich bewähren müssen (beispielsweise Sozialpartner, Regierung und Opposition). Presse, Hörfunk, Fernsehen und Internet können

- Gegenstände des Konflikts durch Information erst bewusst machen (etwa durch Berichte über einen Korruptionsfall),
- den Parteien als Forum dienen oder
- in Bericht und Kommentar selbst Stellung beziehen.

Ohne Massenmedien bestünde die Gefahr, dass unbekannt, undiskutiert und ungeregelt bliebe, was als Streit der Interessen und Meinungen in der Demokratie öffentlich auszutragen ist. Der Konflikt würde unterdrückt. Die Bundesrepublik hat ein parlamentarisch-demokratisches Regierungssystem. Parlament und Regierung sollen die Entscheidungszentren sein, wo die Interessen und Vorstellungen aufeinandertreffen. Auf die Dauer kann dieses System nur funktionieren, wenn keiner seiner Machtfaktoren – Regierung, Parlament, Parteien, Interessengruppen und Massenmedien – einen anderen völlig beherrscht. Unabdingbare Voraussetzung dafür ist aber, dass Presse, Hörfunk, Fernsehen, Film und Internet frei sind.

Im Allgemeinen ordnet man den Massenmedien in der Demokratie drei einander zum Teil stark überschneidende politische Funktionen zu:

- Information,
- Mitwirkung an der Meinungsbildung,
- Kontrolle und Kritik.

Zu den weiteren Aufgaben zählen Unterhaltung und Bildung.

Die Massenmedien sollen so vollständig, sachlich und verständlich wie möglich informieren, damit die Staatsbürger in der Lage sind, mit kritischem Bewusstsein das öffentliche Geschehen zu verfolgen. Mit ihren Informationen sollen die Medien dafür sorgen, dass der Einzelne

- seine Interessenlage erkennt,
- die demokratische Verfassungsordnung begreift,
- ökonomische, ökologische, soziale und politische Zusammenhänge versteht
- und über die Absichten und Handlungen aller am politischen Prozess Beteiligten so unterrichtet ist, dass er selbst aktiv daran teilnehmen kann als Wähler, Mitglied einer Partei oder auch einer Bürgerinitiative.

Da unsere Gesellschaft zu heterogen, zu vielschichtig und zu großräumig geworden ist, kommen wir mit dem direkten Gespräch, der unmittelbaren Kommunikation, längst nicht mehr aus. Wir als Einzelne und die vielfältigen Gruppierungen, die in dieser Gesellschaft bestehen, sind darauf angewiesen, miteinander ins Gespräch gebracht zu werden. Dafür sollen die Massenmedien sorgen. Ihnen gegenüber haben Netzwerke der interpersonalen Kommunikation so etwas wie eine Schutzschildfunktion. In Verwandtschaftsbeziehungen, Freundeskreisen und unter Berufskollegen hat die persönliche Aussprache gerade für bestimmte Fragen zuweilen eine korrigierende Funktion. Wir müssen uns der Tatsache bewusst sein, dass wir die Welt zum ganz überwiegenden Teil nicht mehr unmittelbar erfahren können; es handelt sich in fast allen Fällen um eine durch Medien vermittelte Welt. Was der Einzelne heute weiß, beruht nur zu einem sehr geringen Anteil noch auf eigener Erfahrung. Alles andere wird ihm vor allem durch Presse, Hörfunk und Fernsehen zugetragen. Wir sind eine Mediengesellschaft. Was in den Medien nicht präsent ist, ist in unserer Gesellschaft nicht mehr präsent.

2.2 Mitwirkung an der Meinungsbildung

Bei der Meinungsbildung fällt den Massenmedien eine bedeutsame Rolle zu. Dies ergibt sich aus der Überzeugung, in der Demokratie sei allen am meisten damit gedient, wenn Fragen von öffentlichem Interesse in freier und offener Diskussion erörtert werden. Es besteht dann die Hoffnung, dass im Kampf der Meinungen das Vernünftige die Chance hat, konsensfähig zu werden und sich durchzusetzen. In der politischen Praxis sind die Möglichkeiten, am Meinungsbildungsprozess mitzuwirken, recht unterschiedlich verteilt. Die in den Parlamenten vertretenen Parteien, die Kirchen, Gewerkschaften, Unternehmerverbände und andere starke Organisationen haben bessere Aussichten als ethnische, rassische, religiöse und politische Minderheiten, in den Massenmedien Beachtung zu finden. Diese stellen die Standpunkte der ohnehin schon Großen groß heraus und lassen die Kleinen eher unter den Tisch fallen. Infolge dieses Ungleichgewichts, so fürchten manche Kritiker, könnten bestehende Machtverhältnisse erstarren, vielleicht notwendige Veränderungen unterbleiben und neue oder abweichende Ideen gar nicht erst in die Öffentlichkeit kommen.

Um dies zu verhindern, fordern manche einen anwaltschaftlichen Journalismus. Seine Aufgabe soll es sein, gerade auch die Interessen der Machtlosen in die Meinungsbildung einzubringen und auf diese Weise für die Chancengleichheit zu sorgen, von der das Grundgesetz in seinem Demokratie-Verständnis ausgeht. Es kann – und darin liegt die Gefahr – auch zum anderen Extrem führen, wenn Minderheiten mehr Publizität als Mehrheiten erhalten. Ein solcher Vorwurf wurde laut, als das Fernsehen ausführlich über

- die Studentenbewegung Ende der 60er-Jahre,
- die Friedensbewegung und die Diskussionen um den NATO-Doppelbeschluss,
- die Proteste von Kernkraftgegnern gegen die Castor-Transporte oder
- die Erfolge der Grünen und heute der Piraten-Partei berichtete.

Wo die Grenze zwischen wünschenswertem und übersteigertem Engagement der Massenmedien für Belange von Minderheiten genau verläuft, wird selbstverständlich immer umstritten bleiben. Dennoch ist es wichtig, die in der Gesellschaft und ihren Gruppen sich stets neu bildenden Meinungen und Forderungen zur Diskussion zu stellen und an die politisch handelnden Staatsorgane heranzutragen. Andererseits müssen sich die Medien der Tatsache bewusst bleiben, dass sie durch eine breite und möglicherweise vordergründige, am Spektakulären orientierte Berichterstattung über rechts- und linksextremistische Aktivitäten dazu beitragen können, demokratiefeindliche Tendenzen zu fördern, die auch das Ende der Freiheit für die Medien zur Folge hätten, wenn sie die Oberhand gewännen. Die Frage, ob Presse, Hörfunk und Fernsehen hinreichend über die rechtsradikale Deutsche Volksunion (DVU), die NPD oder die heute vereinigte »NPD – Die Volksunion« recherchierten und berichteten, wurde und wird vor allem vor und nach Wahlen immer wieder diskutiert. Die einen argumentierten, jeder DVU/NPD-Bericht mache sie nur bekannter und komme ihr daher zugute. Deshalb sei Totschweigen die richtige Reaktion. Andere meinten hingegen, über die Gefährdungen der Demokratie durch Rechtsradikale könnten die Medien gar nicht ausführlich genug aufklären. Die Aufdeckung der Mordserie an Migranten im Jahre 2011 und die Verwicklung der NPD darin hat jedenfalls neben dem Unvermögen der Medien vor allem eine Unfähigkeit der Geheimdienste und deren Koordination offenbart.

Aus dem Grundrecht auf Meinungsfreiheit folgt, dass im Rahmen einer im öffentlichen Interesse geführten Diskussion auch die Äußerung eines Verdachts zulässig sein kann, der sich schließlich nicht beweisen lässt. Der Verdacht darf freilich nicht aus der Luft gegriffen sein. Keinesfalls darf der Eindruck erweckt werden, dass der Verdacht bereits erwiesen ist. Es muss also an allen Stellen die Möglichkeit durchschimmern, dass die Dinge auch anders liegen können.

2.3   Kontrolle und Kritik

Kritik und Kontrolle durch die Massenmedien gewinnen besonders große Bedeutung, wenn andere im parlamentarischen Regierungssystem vorgesehene Einrichtungen (wie zum Beispiel die Opposition) diese Aufgaben nicht oder nur ungenügend erfüllen. Ohne Presse, Funk und Fernsehen, die Missstände aufspüren und durch die Berichte unter anderem parlamentarische Anfragen und Untersuchungsausschüsse anregen, liefe die Demokratie Gefahr, der Korruption oder der bürokratischen Willkür zu erliegen. Für Skandale sind eben nicht die verantwortlich, die darüber pflichtgemäß berichten, sondern jene, die sie verursacht haben. Auch vermutetes Fehlverhalten staatlicher Instanzen muss publiziert werden. Anderenfalls würde die Öffentlichkeit wesentliche Kontrollrechte in der Demokratie aufgeben.

Wenn Beamte aus falsch verstandener Rücksicht auf ihre Vorgesetzten und wenn Politiker aus Furcht vor Wähler-Ungunst Fehler mit dem Mantel der Nächstenliebe verhüllen möchten, dann muss es Sache der Medien sein, sich zu Wort zu melden. Wo man zarte Töne überhört, mag es manchmal geradezu geboten sein, eine sensationelle Aufmachung zu wählen.

Missstände aufspüren

»Ohne Rechercheure, die Missstände aufspüren und aufdecken, bleibt Journalismus eine Volkshochschulveranstaltung. Dabei können auch Fehler passieren. Vom Katheder lässt sich gut über Ethik und Moral im Journalismus räsonieren. Ein Reporter aber, der den Stoff besorgt, der die Informationen und die Dokumente beibringt, arbeitet mit erhöhtem Risiko. Flop und Scoop liegen dicht beieinander. Manchmal ist die beschaffte Information eine Mogelpackung. Jeder Journalist kennt das mulmige Gefühl, ob ein Informant letztlich glaubwürdig ist und die Überprüfung der Quelle das richtige Ergebnis gebracht hat. Der Erfolg, das ist im Journalismus so wie in anderen Berufen auch, hat viele Väter, der Misserfolg ist ein Waisenkind. Wer ganz auf Nummer sicher gehen will, sollte sich an die Empfehlung eines amerikanischen Präsidenten halten: ›Bleib aus der Küche, wenn du die Hitze nicht verträgst‹« (Hans Leyendecker: Informationssammler – Detektive oder Journalisten?, in: Wa(h)re Nachrichten 1999, S. 110).

Wie die Wirkungsforschung hervorhebt, haben die Medien auch eine Thematisierungsfunktion (Agenda Setting). Sie bedeutet, dass Leser, Hörer und Zuschauer genau die Themen für wichtig halten, die in den Medien behandelt werden. Mit anderen Worten: Die Journalisten legen weitgehend auch fest, welche Themen auf der Tagesordnung stehen und in welcher Rangfolge sie zu sehen sind.

Ihre Aufgaben in der Demokratie können die Massenmedien nur unter bestimmten Bedingungen erfüllen:

- Die wichtigsten rechtlichen Sicherungen sind die Verfassungsgarantien für freie Meinungsäußerung und freie Wahl der Informationsquellen.
- Unerlässliche politische Voraussetzungen sind eine Organisation und Struktur, die Vielfalt der Berichterstattung und Kommentierung ermöglichen, sowie ihre Wirksamkeit im Prozess der Meinungs- und Willensbildung.
- Ökonomische Grundlage ist eine ausreichende finanzielle Ausstattung.

Oft werden die Massenmedien neben Exekutive, Legislative und Justiz als vierte Gewalt im Staat bezeichnet. Im Gegensatz zu diesen verfügen sie aber über keine eigenen direkten Sanktionsmittel, mit denen sie die Beachtung ihrer Kritik erzwingen können. Sie wirken also im politischen Bereich nur mittelbar durch andere Institutionen und Personen. Wenn Presse, Hörfunk und Fernsehen beispielsweise Verstöße gegen Recht und Gesetz aufdecken, kann Kritik nur wirksam werden, wenn Gerichte die Vorwürfe und Anschuldigungen prüfen. Eine wichtige Voraussetzung für die Funktionsfähigkeit der Demokratie ist deshalb auch die Unabhängigkeit der Richter. Eine parteiliche Rechtsprechung würde die Kritik an Zuständen, die ein schlechtes Licht auf die Regierung werfen, gar nicht erst aufgreifen. Die Wirksamkeit der Massenmedien hängt ferner von der Funktionsfähigkeit des Parlaments ab. Durchschlagender Erfolg ist der Kritik nur beschieden, wenn Abgeordnete sie zum Anlass für politische Aktionen nehmen, indem sie

- die Regierung in großen und kleinen Anfragen sowie Debatten zur Rede stellen,
- das Kabinett zwingen, Entscheidungen zu ändern,
- äußerstenfalls es stürzen,
- einen Untersuchungsausschuss beantragen,
- Gesetzesvorlagen einbringen.

Die von den Medien veröffentlichten Meinungen sind nicht mit der so genannten öffentlichen Meinung gleichzusetzen, einem Begriff, um dessen genaue Definition man sich unter Philosophen wie auch in den Sozialwissenschaften bis heute streitet. Öffentliche Meinung, darin spiegeln sich nach dem Verständnis der einen die ungeschriebenen Gesetze oder vorherrschende und weitgehend übereinstimmend gesehene Ansichten, Einstellungen und Werte über Ereignisse, Entwicklungen und Personen wider.

Für andere ist öffentliche Meinung nur das Urteil der politischen Elite. Auf welche Definition man sich auch immer verständigt, fest steht, dass die öffentliche Meinung die Regierenden wie die einzelnen Bürger mehr oder weniger zwingt, sie zu respektieren – die Regierenden, um nicht die Macht zu verlieren, die Bürger, um nicht in Isolation zu geraten und sich in der Gemeinschaft nicht mehr zurechtzufinden.

Die Publizistikwissenschaftlerin Elisabeth Noelle-Neumann, die sich intensiv mit dem Problem der Entstehung der öffentlichen Meinung befasst hat, bietet als Beschreibung des wissenschaftlich so umstrittenen wie ungeklärten Phänomens an:

> »Öffentliche Meinung ist gegründet auf das unbewusste Bestreben von in einem Verband lebenden Menschen, zu einem gemeinsamen Urteil zu gelangen, zu einer Übereinstimmung, wie sie erforderlich ist, um zu handeln und wenn notwendig entscheiden zu können« (Elisabeth Noelle-Neumann: Öffentliche Meinung, in: Publizistik, Massenkommunikation, hg. von Elisabeth Noelle-Neumann, Winfried Schulz und Jürgen Wilke, Frankfurt am Main 2002, S. 393).

3 Geschichte der Pressefreiheit

3.1 Entwicklung bis 1919

Meinungs-, Informations- und Pressefreiheit wurden ähnlich wie zahlreiche andere klassische Freiheitsrechte
- im ausgehenden 18. Jahrhundert erkämpft (USA und Frankreich),
- im Obrigkeitsstaat des späteren 19. Jahrhunderts geduldet (Preußen),
- in totalitären Staaten des 20. Jahrhunderts beseitigt (so etwa im NS-Deutschland und in der DDR)
- und sind in den demokratisch regierten Staaten der Gegenwart verfassungsrechtlich gesichert worden – in vielen autoritär und totalitär regierten Staaten dieser Welt gibt es sie aber nach wie vor nicht.

Die Pressefreiheit kann als Maßstab gelten, an dem man ablesen kann, wie es um die politische Freiheit in einem Lande überhaupt bestellt ist, und der Kampf für die Pressefreiheit war lange Zeit ein Ringen um die Befreiung von der Zensur.

Kaiser Karl V. steht für die Einführung und Durchsetzung der staatlichen Beaufsichtigung der damals neuen (gedruckten) Medien. In seine Regierungszeit fallen sowohl der Reichstag zu Worms (1521), nach dessen Beschluss die Schriften Martin Luthers verboten wurden, als auch der Reichstag zu Speyer (1529), von dem die staatliche Vorzensur sanktioniert wurde, gekoppelt mit dem Verbot einer Verbreitung von nicht mit einer Approbation der Zensurbehörden versehenen Druckschriften. In diese Zeit fällt auch die Einführung einer Verpflichtung auf Abdruck des Namens des Druckers und des Druckortes, die wir heute noch als »Impressumspflicht« in den geltenden Landespressegesetzen finden.

Die revolutionäre Bedeutung der neuen Drucktechnik für die Verbreitung kirchen- und sozialkritischer Streitschriften und Ideen wurde von der Kirche in der Zeit des Umbruchs durch die Reformation schnell erkannt. Bischöfe in Deutschland, der Papst und schließlich das Konzil von Trient im Jahre 1564 mit der Verabschiedung des »Index Librorum Prohibitorum« (Index der verbotenen Bücher) haben sehr bald mit Kontrollmaßnahmen zu verhindern versucht, dass unerwünschtes Gedankengut zur Veröffentlichung gelangte. Die Mittel bestanden sowohl in der Vorzensur als Präventivmaßnahme als auch in der Nachzensur, die dann verstärkt durch staatliche Institutionen unterstützt bzw. abgelöst wurde.

Der absolutistische Anspruch der Fürsten und der feudalen Obrigkeit auf die öffentliche Kontrolle der Kommunikation war aber auch in späteren Zeiten bis hin zur großen kulturellen und geistigen Wende der Aufklärung und danach noch nicht zu brechen. Das Recht der Fürsten auf die Kontrolle der Öffentlichkeit und der öffentlichen Meinung – und damit insbesondere aller periodisch erscheinenden Druckschriften und Bücher – wurde im Zeitalter des Absolutismus nie wirklich in Frage gestellt. Die sich im 17. und 18. Jahrhundert gerade erst entwickelnde Presse wurde durch Zensur, Verbote, Steuern und Privilegienverluste in Abhängigkeit gehalten.

Noch einer der Monarchen des aufgeklärten Absolutismus, Friedrich der Große, erkannte die politische Bedeutung der Presse und setzte sie entsprechend ein. Ebenso wie nach ihm Napoleon bereitete er seine kriegerischen Unternehmungen durch erfundene oder geschickt formulierte Pressemeldungen vor. Der preußische Militär- und Beamtenstaat war nicht gewillt, sich der Kritik freier Zeitungen zu stellen. Die strengen Zensur-Bestimmungen der Karlsbader Beschlüsse (1819) ließen das »politische Lied« in den deutschen Blättern völlig verstummen. Erst durch die Revolution von 1848 wurde die Presse vorübergehend frei.

In England hatte der Dichter John Milton bereits 1644 gefordert, die Zensur abzuschaffen. Fünfzig Jahre später war dies dort erreicht. Die Pressefreiheit fand dann Eingang in die Verfassung des amerikanischen Bundesstaates Virginia (1776), wo sie als »eines der großen Bollwerke der Freiheit« bezeichnet ist, als »First Amendment« in die Verfassung der Vereinigten Staaten (1791) und als Menschenrecht in die Verfassung der Französischen Revolution (1791 und 1793, bald wieder aufgehoben, endgültig verankert 1881 durch ein Gesetz).

Hand in Hand mit der schnellen Entwicklung der Technik (Erfindung des Rotationsdrucks 1865, der Setzmaschine 1885) sowie der Entfaltung des kapitalistischen Systems und des Kolonialismus stieg bis zum Ende des 19. Jahrhunderts die Presse zu einem Massenmedium auf. Sie wurde aufgrund der wachsenden Auflagen und Leserzahlen zu einer wirtschaftlichen und politischen Macht. Neben Parteizeitungen entstanden die sich unpolitisch gebenden, aber gerade deshalb politisch wirkenden Generalanzeiger, und es entstanden die ersten Medienkonzerne (in Berlin: Scherl, Ullstein, Mosse).

Presse wird Geschäft

Die europäische Presse war einst »wirklich der Vorkämpfer für die geistigen Interessen in Politik, Kunst und Wissenschaft, der Bildner, Lehrer und geistige Erzieher des großen Publikums. Sie stritt für Ideen und suchte zu diesen die große Menge empor zu heben. Allmählich begann aber die Gewohnheit der bezahlten Anzeigen, der sogenannten Annoncen oder Inserate, die lange gar keinen, dann einen sehr beschränkten Raum auf der letzten Seite gefunden hatten, eine tiefe Umwandlung in dem Wesen derselben hervorzubringen ... Von Stund' an wurde eine Zeitung eine äußerst lukrative Spekulation für einen kapitalbegabten oder auch für einen kapitalhungrigen Verleger. Aber um viele Anzeigen zu erhalten, handelte es sich zuvörderst darum, möglichst viele Abonnenten zu bekommen, denn die Anzeigen strömen natürlich in Fülle nur solchen Blättern zu, die sich eines großen Abonnentenkreises erfreuen. Von Stund' an handelte es sich also nicht mehr darum, für eine große Idee zu streiten und zu ihr langsam und allmählich das große Publikum hinaufzuheben, sondern umgekehrt, solchen Meinungen zu huldigen, welche, wie sie auch immer beschaffen sein mochten, der größten Anzahl von Zeitungskäufern (Abonnenten) genehm sind. Von Stund' an also wurden die Zeitungen, immer unter Beibehaltung des Scheines, Vorkämpfer für geistige Interessen zu sein, aus Bildnern und Lehrern des Volkes zu schnöden Augendienern der geldbesitzenden und also abonnierenden Bourgeoisie ...« (Ferdinand Lassalle, Präsident des Allgemeinen Deutschen Arbeitervereins, in einer Versammlungsrede 1863).

Trotz der ermutigenden Erfahrungen in den USA und in Frankreich sollte es in Deutschland noch weitere hundert Jahre dauern, bis eine gewisse Freiheit für die Presse in engen Grenzen geschaffen wurde, die dann in den diktatorischen Regimen des 20. Jahrhunderts über längere Zeiträume wieder verloren ging. Nachdem die Bemühungen um Fortschritte nach den Befreiungskriegen gegen Napoleon und im Zuge der 1948er-Revolution gescheitert waren, verabschiedete der Deutsche Reichstag erst 1874 das Reichspressegesetz, das alle Zensur- und sonstigen Präventiv-Maßnahmen untersagte. Jedoch konnte er weiterhin mit einfacher Mehrheit die Pressefreiheit einschränken oder aufheben. Bismarcks Kulturkampf (1872–1878) wurde zum Schulbeispiel für die praktische Beseitigung der Pressefreiheit im Wege systematischer Strafverfolgung. Das führende Zentrumsblatt GERMANIA hatte an einem Tag bis zu elf Strafverfahren durchzustehen und wurde insgesamt in 610 Fällen verurteilt. Ähnlich erging es der sozialdemokratischen Presse von 1878 bis 1890. Das Reichspressegesetz war in weitem Umfang durch das Ausnahmerecht des Sozialistengesetzes außer Kraft gesetzt. Während des Ersten Weltkrieges unterlag die gesamte Presse einer strengen Zensur.

3.2   Weimarer Demokratie

Nach diesen Erfahrungen mit der Handhabung des Reichspressegesetzes in einem Obrigkeitsstaat war es deshalb als ein Fortschritt zu werten, dass die Nationalversammlung in Weimar die Meinungsfreiheit in den Grundrechtskatalog aufnahm. In Artikel 118 der Verfassung hieß es:

> »Jeder Deutsche hat das Recht, innerhalb der Schranken der allgemeinen Gesetze seine Meinung durch Wort, Schrift, Druck, Bild oder in sonstiger Weise frei zu äußern. An diesem Rechte darf ihn kein Arbeits- oder Anstellungsverhältnis hindern, und niemand darf ihn benachteiligen, wenn er von diesem Rechte Gebrauch macht. Eine Zensur findet nicht statt [...]«

Von nun an war zur Wiedereinführung der Zensur eine verfassungsändernde Zweidrittelmehrheit notwendig. Die freie Meinungsäußerung ließ sich nur noch aufgrund eines allgemeinen Gesetzes beschneiden. Sondergesetze zum Nachteil der Presse wie das Sozialistengesetz von 1878 wurden unmöglich.

Von der Möglichkeit, durch allgemeine Gesetze die Pressefreiheit einzuschränken, machten die Regierungen in der Weimarer Republik allerdings häufig Gebrauch. Die Gesetze zum Schutz der Republik (1922 und 1930) sahen ein erweitertes Beschlagnahmerecht für politische Druckschriften und deren Verbot vor, falls diese zu Gewalttaten gegen die Mitglieder der Regierung aufforderten oder die republikanische Staatsform verächtlich machten. Die 1931 erlassenen Notverordnungen der Regierung Brüning gingen noch einen Schritt weiter: Alle Zeitungen wurden unter anderem verpflichtet, Veröffentlichungen amtlichen Charakters, an deren Bekanntmachung ein allgemeines Interesse bestand, auf Verlangen einer obersten Reichs- oder Landesbehörde unentgeltlich aufzunehmen.

Verhängnisvoller als die staatlichen Maßnahmen zur Einschränkung der Pressefreiheit war ihre innere Aushöhlung. Industrielle Kreise förderten und steuerten durch Kapitalbeteiligungen bestimmte Zeitungen und Agenturen, darunter so angesehene wie die DEUTSCHE ALLGEMEINE ZEITUNG und das Wolff'sche Telegraphenbüro, die erste Nachrichtenagentur in Deutschland. Als besonders republikfeindlich erwies sich der Hugenberg-Konzern, der wesentliche Teile der deutschen Presse beherrschte. Die Frage, ob Hugenbergs Meinungsfabrik durch die Verbreitung nationaler Parolen starke Wählerschichten in eine Oppositionsstellung zum bestehenden

Staat gebracht hat, lässt sich nicht schlüssig beantworten, ist aber sehr wahrscheinlich. In dieser Zeit gab es noch keine Wählerbefragungen, aus denen hervorgehen könnte, ob die Lektüre der Hugenberg-Presse bei der Wahlentscheidung ein ausschlaggebender Faktor war. Zu vermuten ist jedoch, dass Hitlers Propaganda kaum auf einen so fruchtbaren Boden gefallen wäre, wenn er nicht durch einen Teil der Presse dafür so aufnahmebereit gemacht worden wäre.

Auch der während der Weimarer Republik beginnende Hörfunk wurde nicht zu einem publizistischen Integrationsfaktor der ersten deutschen Republik. Ähnliches gilt für den deutschen Film vor 1933. Vergleicht man die Filme aus der Vor-Hitler-Zeit miteinander, so erkennt man, dass in dem Konflikt zwischen liberal-fortschrittlichen und autoritären Strömungen Letztere die weitaus stärkeren waren.

3.3 Drittes Reich

Während des nationalsozialistischen Regimes sorgte das sofort und noch im März 1933 neu errichtete Reichsministerium für Volksaufklärung und Propaganda unter dem fanatischen Nationalsozialisten Joseph Goebbels, dem »bösen Genie« (DER SPIEGEL Nr. 47/2010), für die zentrale Lenkung der Presse, des Rundfunks und des Films. In täglichen Pressekonferenzen erteilte es bis ins Einzelne gehende Weisungen.

»Selbstmörderische Objektivität«

»Es muß immer wieder festgestellt werden, daß in der deutschen Presse noch Nachrichten und Schilderungen erscheinen, die geradezu von einer selbstmörderischen Objektivität triefen und in keiner Weise verantwortet werden können. Man will keine Zeitungsgestaltung im alten liberalistischen Sinne, sondern will, daß jede Zeitung mit den Grundsätzen des nationalsozialistischen Staatsaufbaues in eine Linie gebracht wird. So ist es untragbar, wenn Sowjetgrößen, die Juden sind, als Arbeiter bezeichnet werden [...]« (Aus der Presseanweisung vom 22. Oktober 1936; in: Walter Hagemann, Publizistik im Dritten Reich. Ein Beitrag zur Methodik der Massenführung, Hamburg 1948, S. 321)

Die Gleichschaltung der Journalisten geschah durch die Reichskulturkammer und das Reichsschriftleitergesetz von 1933, mit denen Juden und andere NS-Gegner von weiterer journalistischer Tätigkeit ausgeschlossen wurden und alle Journalisten zu Vollstreckern des politischen Willens der Herrschenden gemacht werden sollten. Verlegern und Journalisten, die das Regime nicht voll und ganz unterstützten, verboten die Behörden jede Betätigung. Der NSDAP-Parteiverlag Franz Eher kaufte billig zahlreiche Verlage auf, übernahm enteignete Unternehmen und errichtete einen riesigen NS-Pressekonzern, den gegen Ende des Regimes mehr als ein Drittel aller verbleibenden Zeitungen mit mehr als vier Fünfteln der gesamten Auflage angehörten. Die genauen Zahlen differieren in den verschiedenen Quellen. Man ist sich aber einig über die Entwicklung von einer unbedeutenden Rolle der NS-Presse zum Zeitpunkt der Machtübernahme 1933 bis zum riesigen Pressekonzern der letzten Jahre des Regimes.

»Und immer wieder der Jude ist schuld!«

»[...] Im übrigen muß natürlich auch der Jude in der deutschen Presse nunmehr politisch herhalten. Es muß bei jeder Sache festgestellt werden, die Juden sind schuld! Die Juden wollten den Krieg! Die Juden bereiteten in der Welt den Krieg gegen Deutschland vor! Der Jude verschärft den Krieg! Der Jude gewinnt am Krieg! Und immer wieder der Jude ist schuld! Darüber hinaus müssen natürlich auch Meldungen, die nicht von vornherein eine antisemitische Möglichkeit bieten, zu einer solchen antisemitischen Propaganda-Aktion gemacht werden« (Aus der Presseanweisung der Reichsregierung vom 29. April 1943, in: Dokumente über die Behandlung der Juden durch das Dritte Reich, Düsseldorf 1958, S. 15 f.).

Jahr	Zeitungen	davon NSDAP	Auflage	davon NSDAP
1932	4.703	94	26,0	1,0
1939	2.288	200	16,0	6,1
1944	977	352	25,1	20,7

Auflage in Millionen

Die Pressemacht der NSDAP

Aus technischen Gründen vollzog sich die Gleichschaltung beim Rundfunk schneller und kompromissloser als bei der Presse. Das grundsätzlich Neue war die zunächst totale Politisierung des Programms. Wie die Zeitungen hatten auch die Sender vorrangig die Aufgabe, die nationalsozialistische Politik zu propagieren. Beim Film verlief die Entwicklung ein wenig anders. Die Einrichtung der nationalsozialistischen Filmkontrolle und zahlreiche wirtschaftliche Maßnahmen der neuen Machthaber bedeuteten keinen sehr tiefen Einschnitt, weil das Entscheidende, nämlich die autoritäre Tendenz, bereits vor 1933 im deutschen Film vorherrschend war. Die Nationalsozialisten erkannten richtig, dass der Film am nachhaltigsten NS-Propaganda trieb, wenn er es hinter der Maske unpolitischer Unterhaltung oder im Gewande der nationalen Geschichte (Fridericus-Rex-Filme, »Ohm Krüger«, »Jud Süß«) tat.

Obwohl das Regime über das Informationsmonopol verfügte und die Bürger in hohem Maße gegenüber der Außenwelt abriegelte, funktionierten nicht alle Massenmedien immer im Sinne des Systems. So schrieb zum Beispiel am 29. April 1934 Ehm Welk, der Chefredakteur der im Ullstein-Verlag erscheinenden GRÜNEN POST, wenige Tage nach einer Rede, in der Goebbels die von ihm selbst herbeigeführte Eintönigkeit der deutschen Presse kritisiert hatte:

> »Sie sind, Herr Reichsminister, ein Freund des Witzes und der Ironie. Wer so arbeitet, wird nicht leicht gleichförmig. Unsere Grenzen sind da aber enger gezogen. Früher, da konnten wir zum Beispiel diese geistige Übung gelegentlich auch an behördlichen Maßnahmen und behördlichen Personen erproben – Herr Reichsminister, bei aller Aufforderung von Ihnen: Ich weiß nicht recht –.«

Aufgrund dieses Beitrages verbot das Propagandaministerium die GRÜNE POST für drei Monate, musste der Verlag Welk fristlos entlassen und brachte die Gestapo den Journalisten ins Konzentrationslager Oranienburg.

Über die Methoden der publizistischen Opposition hat der langjährige Herausgeber der DEUTSCHEN RUNDSCHAU, Rudolf Pechel, eine prägnante Darstellung gegeben:

> »Bei der nüchternen Untersuchung, welche Möglichkeiten eine Zeitschrift als Mittel des Widerstandes bot, war mir klar geworden, dass ein Kampf gegen den Nationalsozialismus in der Öffentlichkeit durch eine Zeitschrift nur auf zwei Wegen möglich war. Der erste forderte, dass man die deutsche Wirklichkeit ständig mit Zuständen konfrontierte, die eine von den Grundsätzen des Rechts und der Sittlichkeit beherrschte Welt zeigten […] Der zweite Weg folgte den Spuren Montesquieus […] Man übte Kritik

25

an Gewaltherrschern und begangenem Unrecht aus allen Zeiten der Geschichte, um wiederum dem Leser die daraus zu ziehenden Schlüsse zu überlassen.« (Rudolf Pechel: Deutscher Widerstand, Erlenbach – Zürich 1947, S. 286)

Titelseite des VÖLKISCHEN BEOBACHTERS vom 19. Februar 1943

(Noller, Sonja/von Kotze, Hildegard (Hg.): Facsimile Querschnitt durch den Völkischen Beobachter, München/Bern/Wien 1976, S. 196)

26

Diese Technik der verdeckten Kritik, der Kritik »zwischen den Zeilen«, beherrschte unter anderen Rudolf Pechel. Er schrieb im Juli-Heft 1933 der DEUTSCHEN RUND-SCHAU eine Rezension über den Roman »Falsche Edelsteine« der russischen Schrift-stellerin A. J. Woinowa, die scharfe Kritik an den Verhältnissen in der Sowjetunion geübt hatte. Pechel schloss seinen Beitrag mit den Sätzen:

> »Trotz oder gerade wegen seines abstoßenden Stoffes sollte jeder nachdenk-liche Leser dieses Buch in die Hand nehmen. Es eröffnet tiefe Erkennt-nisse – und nicht nur über russische Verhältnisse.«

Neben der DEUTSCHEN RUNDSCHAU und dem HOCHLAND, zwei Zeitschriften, sind unter den Tageszeitungen vor allem die FRANKFURTER ZEITUNG und das BERLINER TAGBLATT wegen ihrer Opposition (zwischen den Zeilen) gegen den Nationalsozi-alismus bekannt geworden.

Allerdings muss man sich klar machen, dass zwar kleine Spielräume und Nischen für Distanzierungen vom Regime bestanden, dass sie jedoch nur in äußerster Vor-sicht genutzt und von den Lesern auch verstanden werden mussten. Alles war an-gesichts der überall gegebenen Bespitzelung und der Nachzensur durch Partei und Staatsmacht gefährlich, und die meisten Journalisten haben es insofern auch vor-gezogen, mit der »Schere im Kopf« weiter mitzumachen. Bei allem Verständnis für die Situation und dem Nichtwissen, wie man sich selbst angesichts dieses existenti-ellen Drucks verhalten hätte, kann dem deutschen Journalismus der damaligen Zeit kein wirklicher Widerstand gegen das brutale und menschenverachtende System, das als solches immer schon deutlich zu erkennen war, bescheinigt werden. Soweit man nicht Anhänger nationalsozialistischer Ideen war, musste man sich damals ent-scheiden, wie weit die Bereitschaft zum Mitmachen ging.

Besondere Bedeutung in der Presselandschaft des Dritten Reichs hatte die 1940 gegründete Wochenzeitung »Das Reich«, die zwar auch ein Glied der Propaganda-maschinerie darstellte, aber in sachlichem Ton und mit wesentlich höherem Niveau anspruchsvolle Leser im In- und Ausland erreichen sollte. Der Propagandaminister Goebbels schrieb selbst Leitartikel, und die besten und teils auch liberalen Journa-listen der damaligen Zeit, die im Nachkriegsdeutschland oft noch eine große Rolle spielen sollten, lieferten Beiträge für alle Ressorts. Von anfänglich einer halben Mil-lion stieg die Auflage bis 1944 auf 1,4 Millionen Exemplare.

Mit Ausnahme einer Fehleinschätzung von Bedeutung und Manipulationskraft des damals schon entwickelten, technisch aber noch völlig unausgereiften Fernse-hens hatten die Nationalsozialisten die Bedeutung der Medien für die Durchset-zung ihrer Politik erkannt. Neben dem Rundfunk hatten sie vor allem die Presse als »ungeheuer wichtiges und bedeutsames Massenbeeinflussungsinstrument« (Joseph

Goebbels) angesehen. Deshalb »schalteten« sie Medien und Journalisten »gleich« und setzten die Menschen des bevölkerungsmäßig größten Staates in Mitteleuropa einer totalen Zensur und Medienkontrolle aus.

4 Die rechtliche Stellung der Medien

4.1 Meinungs-, Informations- und Pressefreiheit

Die verfassungsrechtliche Grundlage der Meinungs-, Informations- und Pressefreiheit in der Bundesrepublik bilden die beiden ersten Absätze des Artikels 5 des Grundgesetzes:

(1) »Jeder hat das Recht, seine Meinung in Wort, Schrift und Bild frei zu äußern und zu verbreiten und sich aus allgemein zugänglichen Quellen ungehindert zu unterrichten. Die Pressefreiheit und die Freiheit der Berichterstattung durch Rundfunk und Film werden gewährleistet. Eine Zensur findet nicht statt.

(2) Diese Rechte finden ihre Schranken in den Vorschriften der allgemeinen Gesetze, den gesetzlichen Bestimmungen zum Schutze der Jugend und in dem Recht der persönlichen Ehre.«

Die rechtliche Stellung der Presse ist darüber hinaus in den Pressegesetzen der Bundesländer festgelegt. Zahlreiche Regelungen gelten für alle Massenmedien, so der Rechtsanspruch auf Auskünfte von Behörden.

Die politische Bedeutung der Meinungsfreiheit hat das Bundesverfassungsgericht 1958 in einem Urteil so umschrieben:

> »Das Grundrecht auf freie Meinungsäußerung ist als unmittelbarster Ausdruck der menschlichen Persönlichkeit in der Gesellschaft eines der vornehmsten Menschenrechte überhaupt […] Für eine freiheitlich-demokratische Staatsordnung ist es schlechthin konstituierend, denn es ermöglicht erst die ständige geistige Auseinandersetzung, den Kampf der Meinungen, der ihr Lebenselement ist. Es ist in gewissem Sinn die Grundlage jeder Freiheit überhaupt […]«

Die Bestimmung des Artikels 5, wonach jeder das Recht hat, »sich aus allgemein zugänglichen Quellen ungehindert zu unterrichten«, betrifft die Informationsfreiheit. Während des nationalsozialistischen Regimes war dieses Recht seit Kriegsbeginn durch das Verbot, ausländische Sender zu hören, beträchtlich eingeschränkt. Die Informationsfreiheit ist eine wichtige Voraussetzung für das Funktionieren der Demokratie: Nur wenn es dem Staatsbürger möglich ist, sich frei zu unterrichten, kann er sich eine begründete Meinung bilden und ist in der Lage, im demokratischen Sinne verantwortlich zu handeln, beispielsweise am Wahltag. Daher ist es verfassungsrechtlich nicht zulässig,

- den Bezug ausländischer Zeitungen zu verwehren,
- das Hören von Rundfunksendungen zu untersagen,
- einen staatlich verordneten Index verbotener Schriften aufzustellen.

Im Gegensatz zur Meinungs- und Informationsfreiheit ist die Pressefreiheit in der Bundesrepublik mehr als ein Individualrecht des einzelnen Bürgers gegenüber dem Staat. Artikel 5 des Grundgesetzes schützt nach Ansicht des Bundesverfassungsgerichtes darüber hinaus die Presse in ihrer Gesamtheit als eine im demokratischen Staat unentbehrliche Einrichtung. Dass im Staat Pressefreiheit herrscht, liegt im Interesse nicht nur der Presse, sondern aller Staatsbürger. Verfassungswidrig sind:
- Zulassungsverfahren,
- die Kontingentierung von Papier nach politischen Gesichtspunkten,
- das Sperren von Nachrichtenquellen,
- die Zwangsmitgliedschaft von Journalisten in einer Berufsorganisation.

Das Grundgesetz verbietet ferner ausdrücklich jede Zensur, die Kontrolle des Inhalts eines Presseorgans vor seinem Erscheinen durch Behörden. Zulässig ist jedoch, ein Presseorgan, das gegen straf- oder grundgesetzliche Bestimmungen verstoßen hat, nach dem Erscheinen aufgrund einer richterlichen Anordnung zu beschlagnahmen. Von Zensur kann nicht die Rede sein, wenn Verlage oder Rundfunkanstalten die Aufnahme eines Beitrages von der vorherigen Prüfung durch Verleger, Intendanten, leitende Redakteure oder andere Beauftragte abhängig machen.

Die Pressefreiheit ist nicht nur gegenüber staatlichen Eingriffen geschützt. 1969 betonte das Bundesverfassungsgericht in einem Urteil:

> »Meinungs- und Pressefreiheit wollen die freie geistige Betätigung und den Prozeß der Meinungsbildung in der freiheitlichen Demokratie schützen; sie dienen nicht der Garantie wirtschaftlicher Interessen. Zum Schutz des Instituts der freien Presse muss aber die Unabhängigkeit von Presseorganen gegenüber Eingriffen wirtschaftlicher Machtgruppen mit unangemessenen Mitteln auf Gestaltung und Verbreitung von Presseerzeugnissen gesichert werden […] Die Ausübung wirtschaftlichen Druckes, der für den Betroffenen schwere Nachteile bewirkt und das Ziel verfolgt, die verfassungsrechtlich gewährleistete Verbreitung von Meinungen und Nachrichten zu verhindern, verletzt die Gleichheit der Chancen beim Prozeß der Meinungsbildung […]«

Der liberale Publizist Paul Sethe hat erkannt, dass die Pressefreiheit auch etwas mit wirtschaftlichen Dingen zu tun hat. Er schrieb am 5. Mai 1965 in einem Leserbrief an den SPIEGEL:

> »Im Grundgesetz stehen wunderschöne Bestimmungen über die Freiheit der Presse. Wie so häufig, ist die Verfassungswirklichkeit ganz anders als die geschriebene Verfassung. Pressefreiheit ist die Freiheit von zweihundert reichen Leuten, ihre Meinung zu verbreiten. Journalisten, die diese Meinung teilen, finden sie immer. Ich kenne in der Bundesrepublik keinen Kollegen, der sich oder seine Meinung verkauft hätte. Aber wer nun anders denkt, hat der nicht auch das Recht, seine Meinung auszudrücken? Die Verfassung gibt ihm das Recht, die ökonomische Wirklichkeit zerstört es. Frei ist, wer reich ist. Das ist nicht von Karl Marx, sondern von Paul Sethe. Aber richtig ist es trotzdem. Und da Journalisten nicht reich sind, sind sie auch nicht frei (jene wenigen Oasenbewohner ausgenommen).«

Das Grundgesetz regelt auch die Zuständigkeiten von Bund und Bundesländern. Nach Art. 70 Abs. 1 GG haben die Länder das Recht der Gesetzgebung, »soweit dieses Grundgesetz nicht dem Bunde Gesetzgebungsbefugnisse verleiht«. Da die Verfassung dem Bund keine Zuständigkeitsbefugnisse für den Bereich der Kultur verliehen hat, liegt die »Kulturhoheit« bei den Bundesländern. Sie sind daher auch für den Medienbereich zuständig und haben das Recht, Presse- und Rundfunkgesetze zu erlassen. Ferner ist in Art. 74 GG die so genannte »konkurrierende Gesetzgebung« geregelt, die sich u. a. auf die Gebiete des Wirtschafts- und Arbeitsrechts (Ziffer 11 bzw. 12) sowie auf die »Verhütung des Missbrauchs wirtschaftlicher Machtstellung« (Ziffer 16) bezieht. Hier haben gemäß Art. 72 Ziffer 1 GG im Gegensatz zur so genannten »ausschließlichen« Gesetzgebungskompetenz die Länder das Recht, Gesetze zu erlassen, »solange und soweit der Bund von seinem Gesetzgebungsrecht keinen Gebrauch macht«. Schließlich ist in Art. 73 GG dem Bund die ausschließliche Gesetzgebung über das »Postwesen und die Telekommunikation« sowie für den »gewerblichen Rechtsschutz, das Urheberrecht und das Verlagsrecht« zugeteilt.

Das eigentliche Medienrecht ist gemäß der Kulturhoheit der Bundesländer in deren Gesetzen und Staatsverträgen geregelt. So ist die Pressefreiheit noch einmal in § 1 der Pressegesetze sämtlicher Bundesländer bestätigt. Die Rundfunkfreiheit wird in den Satzungen der Landesrundfunkanstalten, den Rundfunk-Staatsverträgen sowie in den Landesrundfunk- und Landesmediengesetzen festgeschrieben.

4.2 Das Presserecht

Im Wesentlichen mit gleichem Inhalt hat jedes Bundesland sein eigenes Landespressegesetz (LPG), in dem die Rechte und Pflichten für Medien und Journalisten festgelegt sind. Am Beispiel des LPG Baden-Württembergs lassen sich einige Bestimmungen zitieren:

> **§ 3 Öffentliche Aufgabe der Presse**
> »Die Presse erfüllt eine öffentliche Aufgabe, wenn sie in Angelegenheiten von öffentlichem Interesse Nachrichten beschafft und verbreitet, Stellung nimmt, Kritik übt oder auf andere Weise an der Meinungsbildung mitwirkt.«

Es besteht außerdem »Zulassungsfreiheit«, nach der jedermann das Recht hat, ein Presseverlagsunternehmen zu gründen oder journalistisch zu arbeiten, ohne dass er hierfür eine Zulassung braucht, wie das im Nationalsozialismus der Fall war (§ 2 LPG BW).

Auskunftspflicht der Behörden

Die Massenmedien sind auf Informationen angewiesen, wenn sie ihre politischen Funktionen erfüllen sollen. In der Bundesrepublik gibt es bei Bundes-, Landes- und Gemeinde-Behörden amtliche Pressestellen. Ihre Informationen sollen
- dem Bürger das Regierungs- und Verwaltungsgeschehen durchsichtig machen,
- der Bevölkerung die Maßnahmen und Ansichten von Regierungen und Verwaltungen nahebringen
- und die Bereitschaft zur Teilnahme an den öffentlichen Angelegenheiten wecken.

Die Auskunftspflicht der Behörden ist in § 4 LPG BW für deren »Erfüllung ihrer öffentlichen Aufgabe« festgelegt. In der Praxis dienen jedoch Pressestellen zuweilen weniger der Presse und der Unterrichtung der Bevölkerung als den Interessen von Regierungen und Behörden. Sie neigen dazu, genehme Nachrichten zu verbreiten und unangenehme zurückzuhalten. Das war 1990 auch in den neuen Bundesländern zu beobachten. Ministerien und Behörden sperrten sich oftmals gegen recherchierende Journalisten und gaben keine Auskünfte.

Für die Behörden besteht nach den Pressegesetzen der Bundesländer eine Auskunftspflicht gegenüber den Medien. Diese bevorzugte Stellung wird den Journalisten um ihrer Aufgabe willen eingeräumt. Es handelt sich also nicht um persönliche Privilegien. Wirtschaftliche Vereinigungen wie Kapitalgesellschaften, Interessenverbände und einzelne Bürger können von sich aus frei darüber entscheiden, ob sie etwas sagen wollen oder nicht. In den Landespressegesetzen heißt es:

>»Die Behörden sind verpflichtet, den Vertretern der Presse, die sich als solche ausweisen, zur Erfüllung ihrer öffentlichen Aufgabe Auskünfte zu erteilen.«

Lehnen sie dies ab oder geben sie unwahre Informationen, kann die betroffene Zeitung Schadensersatzansprüche geltend machen. Amtliche Stellen müssen Mitteilungen allen interessierten Medien zukommen lassen und dürfen nicht jene aussortieren, die vielleicht einmal negativ über sie berichtet haben.

Nach den Landespressegesetzen können Ämter Auskünfte verweigern, und zwar »soweit

1. Vorschriften über die Geheimhaltung entgegenstehen oder
2. Maßnahmen ihrem Wesen nach dauernd oder zeitweise geheimgehalten werden müssen, weil ihre Bekanntgabe oder ihre vorzeitige Bekanntgabe die öffentlichen Interessen schädigen oder gefährden würde oder
3. hierdurch die sachgerechte Durchführung eines schwebenden Verfahrens vereitelt, erschwert, verzögert oder gefährdet werden könnte oder
4. ein schutzwürdiges privates Interesse verletzt würde« (LPG Berlin).

Da es im Ermessen der Verwaltung liegt, ob sie einen dieser vier Gründe für gegeben hält, sind in der Praxis zwischen ihr und der Presse Auseinandersetzungen über Informationsrecht und -pflicht unvermeidlich. Zuweilen hegen Journalisten den Verdacht, Behörden verweigerten Auskünfte, wenn sie einen Sachverhalt vertuschen wollen, der auf die Arbeit dieser oder jener Dienststelle ein schlechtes Licht werfen könnte. Unstrittig ist, dass Auskünfte über bevorstehende Verhaftungen und Hausdurchsuchungen, deren Erfolg von einem Überraschungsmoment abhängig ist, verweigert werden dürfen.

Während der Entführung des Arbeitgeber-Präsidenten Hanns Martin Schleyer im September 1977 entschied die Bundesregierung, im Interesse des Betroffenen und der Fahndung keine Auskünfte zu geben über den Stand der Verhandlungen mit den Terroristen und die Ermittlungen gegen sie. Diese so genannte Nachrichtensperre galt nur für Behörden. Die Journalisten waren – rechtlich – nicht gehindert, weiterhin über das Verbrechen zu berichten. Die meisten von ihnen verzichteten jedoch freiwillig darauf, Informationen weiterzugeben, die ihnen trotz des amtlichen Schweigens vorlagen. Ähnlich verhielt es sich im Sommer 2003, als Touristen sechs Monate lang in der Sahara von Terroristen festgehalten wurden. Auch nach ihrer Freilassung lehnte es die Bundesregierung ab, Auskünfte über die Bedingungen zu geben, die von den Entführern gestellt wurden.

Ganz anders im Frühjahr 1996. Damals kamen alle Journalisten dem Wunsch der Hamburger Polizei nach, über die Entführung des Tabakwaren-Erben Jan Philipp Reemtsma nicht zu berichten, obwohl sie über 33 Tage detailliert über den Fall informiert waren. Sie informierten die Öffentlichkeit erst, als Reemtsma unverletzt und nach Zahlung eines Lösegeldes von 30 Millionen DM, das höchste, das in der Bundesrepublik je gezahlt wurde, von der Polizei befreit wurde. Unabhängig von den erwähnten Fällen gilt: Nachrichtensperren sind nur in äußersten Notlagen hinnehmbar. Bei dem Bemühen beispielsweise, das Leben eines Entführten zu retten, erscheint es gerechtfertigt, das Informationsrecht des Bürgers zurücktreten zu lassen. Selbst dies ist allerdings nicht unproblematisch, weil im Dunklen bleibt, ob die Verantwortlichen richtig handelten.

Zeugnisverweigerungsrecht

Die Massenmedien haben im Zeugnisverweigerungsrecht ein weiteres gesetzliches Hilfsmittel, um ihre Funktionen zu erfüllen. § 53 der Strafprozessordnung bestimmt unter anderem:

> »Zur Verweigerung des Zeugnisses sind ferner berechtigt [...] Personen, die bei der Vorbereitung, Herstellung oder Verbreitung von Druckwerken, Rundfunksendungen, Filmberichten oder der Unterrichtung oder Meinungsbildung dienenden Informations- und Kommunikationsdiensten berufsmäßig mitwirken oder mitgewirkt haben, über die Person des Verfassers, Einsenders von Beiträgen und Unterlagen oder des sonstigen Informanten sowie über die ihnen im Hinblick auf ihre Tätigkeit gemachten Mitteilungen [...], soweit es sich um Beiträge, Unterlagen und Mitteilungen für den redaktionellen Teil handelt.«

Danach kann der Journalist vor Gericht die Aussage darüber verweigern, von wem er seine Kenntnisse bezogen hat. Eine ausschließlich auf die amtlichen Stellen angewiesene Presse könnte ihrer Informationsfunktion nur in sehr beschränktem Maße gerecht werden. Sie braucht die Mithilfe von Privatpersonen. Aus Scheu davor, ins Gerede zu kommen, aus Furcht vor gesellschaftlichem und geschäftlichem Boykott und aus Angst vor einem Verlust der Stellung arbeiten viele Gewährsleute nur dann mit, wenn ihre Anonymität gewahrt bleibt.

Das Recht, die Aussage zu verweigern, galt bis 2002 nicht für Material, das Journalisten selbst recherchierten. Diese Lücke führte vor allem zu Konflikten mit Bildjournalisten und Kameraleuten, die bei Demonstrationen beruflich tätig waren und ihr Material später ausliefern mussten. Um sie nicht in den Verdacht zu bringen,

Helfershelfer von Polizei und Staatsanwaltschaft zu sein, verlangten Journalistenorganisationen und Verlegerverbände das Zeugnisverweigerungsrecht auch für selbstrecherchiertes Material. Dieser Forderung entsprach der Bundestag im Jahre 2002.

Damit die Strafverfolgungsbehörden nicht durch eine Durchsuchung die Informationen beschaffen können, die ihnen die Mitarbeiter einer Zeitung oder eines Senders unter Berufung auf das Zeugnisverweigerungsrecht vorenthalten, gibt es ein Beschlagnahmeverbot. Es soll das Redaktionsgeheimnis und das Vertrauensverhältnis zwischen Medien und Informanten schützen. Dies wird aber nicht in jedem Fall garantiert. Wenn der zur Verweigerung des Zeugnisses berechtigte Journalist einer Tatteilnahme, Begünstigung, Strafvereitelung oder Hehlerei verdächtigt wird, darf der Richter eine Beschlagnahme von Redaktionsunterlagen anordnen, aus denen man auf den Informanten schließen könnte. Im Einzelfall muss der Richter abwägen, ob das Interesse der Strafverfolgungsbehörden an der Aufdeckung einer Straftat Vorrang vor dem Schutz des Redaktionsgeheimnisses hat. 1996 löste eine Durchsuchungsaktion der Polizei bei Bremer Zeitungs- und Rundfunkredaktionen heftige Proteste aus. Damals wollten die Strafverfolger herausfinden, wer den Medien einen als »vertraulich« bezeichneten Bericht des Landesrechnungshofes zugesteckt hatte. Nach einem längeren Verfahren, das auch beim Bundesverfassungsgericht anhängig war, entschied das Bremer Landgericht, dass die Justizaktion rechtswidrig war.

Ein Bundesverfassungsgerichts-Urteil, das die Pressefreiheit deutlich gestärkt hat, wurde im Jahr 2005 nach einer Durchsuchung der Redaktionsräume des Magazins CICERO und der Privaträume eines Redakteurs ausgelöst. Der Zeitschrift wurde wegen des Zitierens aus geheimen BKA-Papieren zur Terroristenverfolgung Beihilfe zum Geheimnisverrat vorgeworfen. In einem Grundsatzurteil erklärte das Gericht am 27. Februar 2007 die CICERO-Durchsuchung für verfassungswidrig.

Im Januar 1998 beschloss der Bundestag, dass Wohnungen von Verdächtigen akustisch, teilweise auch optisch überwacht werden dürfen (Großer Lauschangriff), um die organisierte Kriminalität besser bekämpfen zu können. Zunächst galt dies unter anderem auch für Journalisten. Sie sahen dadurch den Schutz von Informanten und das Redaktionsgeheimnis, beides Wesensbestandteile der Pressefreiheit, gefährdet. Ihr Protest führte dazu, dass der Bundestag seine Entscheidung änderte und Journalisten wie andere Berufsgruppen (Abgeordnete, Ärzte, Anwälte und Geistliche) vom Großen Lauschangriff ausnahm. Der Lauschangriff war für Journalisten abgewehrt.

Allerdings gibt es Telefonabhör-Möglichkeiten, die auch für Journalisten gelten. Das Bundesverfassungsgericht entschied 2003, Telefone von Journalisten dürften abgehört werden, wenn sie bei Recherchen mit Personen in Kontakt stehen, die eine Straftat von erheblicher Bedeutung begangen haben könnten. Kritiker behaupten, das Redaktionsgeheimnis sei damit zur Ansichtssache der Strafverfolgungsbehörden degradiert worden.

Ein weiteres Bundesverfassungsgerichts-Urteil stufte dann das dem Großen Lauschangriff zugrunde liegende »Gesetz zur Bekämpfung der organisierten Kriminalität« in Teilen als verfassungswidrig ein. Die Überwachung selbst wurde zwar als äußerstes Mittel der Strafverfolgung als verfassungskonform gesehen, das Gesetz musste aber im Hinblick auf diesen »Ultima Ratio«-Gedanken abgeändert werden, und die Überwachung kam nach dem jährlichen Rechenschaftsbericht, der der Bundesregierung aufgegeben war, nur selten zur Anwendung.

Gegenwärtig wird aber im Rahmen der Kriminalitäts- und Terrorismus-Bekämpfung und aufgrund einer Rahmenrichtlinie der Europäischen Union (EU) über ein Gesetz zur Vorratsdatenspeicherung diskutiert, für die bereits Vorschriften geschaffen worden waren, die aber 2010 ebenfalls vom BVerfG als verfassungswidrig verworfen wurden. Der Streit um diese Verpflichtung der Anbieter zur Speicherung von Telekommunikationsdaten, also zur Kontrolle und Überwachung von Telefon, Internetnutzung und E-Mails läuft schon über Jahre und hat bisher zu keiner gesetzlichen und anerkannten Regelung geführt. Nach den Vorstellungen der EU sollen die Daten generell über einen Zeitraum von sechs Monaten gespeichert werden, und Behörden hätten darauf Zugriff. Auch hier wird von Massenmedien und Journalisten darauf hingewiesen, dass die Pressefreiheit nur über den Informanten- und Quellenschutz gewährleistet werden kann, der beim Gesetzgebungsverfahren berücksichtigt werden muss.

Verdeckte Recherchen

Gelegentlich schleichen sich Journalisten unter falschem Namen und falscher Berufsangabe in Betriebe und andere Organisationen ein, um an Informationen heranzukommen, die ihnen versperrt blieben, wenn sie sich zu erkennen gäben. Die Methode der verdeckten Recherche ist heftig umstritten:

- Die einen lehnen sie rundum ab, da journalistische Tätigkeit grundsätzlich nicht auf Täuschung beruhen dürfe. Je häufiger Reporter sich tarnten, desto fragwürdiger müsse der Öffentlichkeit erscheinen, was Journalismus sei.
- Die anderen halten sie in gewissen Ausnahmefällen für gerechtfertigt, wenn – so das Landgericht Hamburg 1978 – »ein wirklich überragendes öffentliches Interesse besteht«, etwa wenn rechtswidrige Praktiken eines Unternehmens oder einer Behörde anders nicht aufzudecken seien.

Durch dieses Verfahren wurde vor allem der Kölner Schriftsteller Günter Wallraff bekannt. Unter anderem war er 1977 als Hans Esser über drei Monate freier Mitarbeiter in der hannoverschen Redaktion der BILD-ZEITUNG. Was er dort erlebte, beschrieb er in dem Buch »Der Aufmacher« (Köln 1977). Als der Springer-Verlag gegen Wallraff klagte, entschied der Bundesgerichtshof (BGH) im Jahre 1981, ein Journalist müsse abwägen zwischen dem Öffentlichkeitswert einer Nachricht und dem Einschleichverbot. Da der Verfasser »Fehlentwicklungen des Journalismus« aufgedeckt habe, der »die Aufgaben der Presse und ihre Verantwortung aus dem Auge verloren hat«, billigten die Richter sein Vorgehen:

> »Durch derartige Mißstände, deren Aufklärung und Bewertung im Austausch der Meinungen zu den Aufgaben gehört, um deretwillen das Grundgesetz die Meinungsfreiheit garantiert, wird die Rechtsordnung insgesamt gesehen stärker betroffen als durch den Umstand, daß ihre Offenlegung zugleich die illegale Informationsbeschaffung manifest macht.«

Andererseits untersagten sie ihm, über das zu berichten, was er bei einem Besuch in der Wohnung des damaligen BILD-Redaktionsleiters erfahren hatte. Das Bundesverfassungsgericht hob 1984 das Urteil des Bundesgerichtshofes in einem wichtigen Punkt auf und verwies die Sache zur abermaligen Verhandlung an ihn zurück: Wallraff hätte in seinem Buch das Wortprotokoll einer Redaktionskonferenz nicht wiedergeben dürfen, da die geschützte Pressefreiheit »auch die Vertraulichkeit der Redaktionsarbeit eines Presseunternehmens« umfasse. Sowohl dem Springer-Verlag als auch der Rechtsordnung würden Nachteile erwachsen, falls man hinnehme, dass jemand Informationen illegal beschaffe. Nur wenn Wallraff Rechtswidriges aus der Redaktionskonferenz mitgeteilt hätte, wäre der Abdruck zu rechtfertigen gewesen.

Sorgfaltspflicht

Journalisten haben nicht nur Rechte, sondern auch Pflichten. Sie müssen sorgfältig prüfen, ob ihre Informationen stimmen. Darauf, dass bestimmte Nachlässigkeiten in der täglichen Berufspraxis üblich seien, kann sich der Journalist nicht mit Aussicht auf Erfolg berufen. Auf der anderen Seite dürfen die Anforderungen an die Sorgfaltspflicht auch nicht überspannt werden. Maßstäbe gerichtlicher Wahrheitsfindung würden die Presse, den Hörfunk und das Fernsehen in unzumutbarer Weise überfordern. Die Wahrung pressemäßiger Sorgfalt muss deshalb als ausreichend angesehen werden.

Der Dortmunder Rechtswissenschaftler Udo Branahl nennt ein Beispiel:

> »Eine Zeitschrift berichtet, ein namentlich genanntes Industrieunternehmen habe ›Chemiegift einfach weggekippt‹. Sie bezieht sich in ihrem Bericht auf eine Ordnungsverfügung der Stadt, in der der Betrieb des Unternehmens liegt. Nach dieser Ordnungsverfügung wiesen mehrere Ab-

wasserproben in unzulässig hoher Konzentration chemische Stoffe auf, die in der Ordnungsverfügung teils als hochgiftig, teils als giftig, wassergefährdend, feuergefährlich, explosionsfähig oder übelriechend bezeichnet wurden. Der Bericht enthält auch den wesentlichen Inhalt einer Stellungnahme des Firmeninhabers zu den erhobenen Vorwürfen. Das Unternehmen bestreitet, dass die festgestellten Stoffe aus ihrem Unternehmen stammen, und behauptet, von den Abwässern sei mangels genügend hoher Konzentration keinerlei Giftwirkung ausgegangen. Es verlangt Unterlassung der Behauptung, es habe Chemiegift einfach weggekippt. Der Bundesgerichtshof wies die Klage ab. Er sah die Behauptung der Zeitschrift zwar nicht als erwiesen an, aber auch nicht als widerlegt. Mit der Auswertung der städtischen Ordnungsverfügung und der Berücksichtigung der Stellungnahme des Unternehmens habe die Zeitschrift ihrer Pflicht zur sorgfältigen Prüfung des Wahrheitsgehalts des Berichts genügt. Solange das Unternehmen die Unrichtigkeit des Berichtes nicht beweisen könne, sei deshalb davon auszugehen, dass dieser durch Artikel 5 des Grundgesetzes gerechtfertigt sei, weil er dem berechtigten Anliegen diene, vor der Öffentlichkeit Fragen des Umweltschutzes anzusprechen, Gefahren aufzuzeigen und Verstößen entgegenzutreten« (Udo Branahl: Medienrecht, Opladen 1992, S. 247).

Im amerikanischen Journalismus gilt der Grundsatz: »Be first – but be right«, und deutschen Journalisten wird als erste Maxime mit auf den Berufsweg gegeben, grundsätzlich immer eine zweite Quelle zur Kontrolle heranzuziehen, was in der Hektik des Alltagsgeschäfts natürlich nicht immer möglich ist.

4.3 Grenzen der Meinungs-, Informations- und Pressefreiheit

Falsche Tatsachenbehauptungen und Meinungsäußerungen

Meinungs-, Informations- und Pressefreiheit finden nach Art. 5 Abs. 2 GG »ihre Schranken in den Vorschriften der allgemeinen Gesetze, den gesetzlichen Bestimmungen zum Schutze der Jugend und in dem Recht der persönlichen Ehre«. Zu den allgemeinen Gesetzen gehören auch das Bürgerliche Gesetzbuch und das Strafgesetzbuch. Ein Journalist, der das Andenken Verstorbener verunglimpft oder einen Mitbürger verleumdet, verstößt gegen das Strafgesetzbuch und kann sich nicht auf die Pressefreiheit berufen. Jedes allgemeine Gesetz ist in seiner das Grundrecht beschränkenden Wirkung so auszulegen, dass der besondere Wertgehalt des Grundrechts auf jeden Fall gewahrt bleibt. Dies führt im Einzelfall zur Abwägung zwischen verschiedenen Rechtsgütern. Besonders konfliktreich sind die Begrenzungen der Meinungsäußerungs-, der Informations-, der Presse-, Rundfunk- und Filmfreiheit durch

- den Schutz der persönlichen Ehre,
- den Schutz der Persönlichkeit,
- den Schutz des Unternehmens und
- den Schutz des Staates.

Wer als Bürger, also auch als Journalist, eine Tatsachenbehauptung über einen anderen aufstellt oder verbreitet, die jenen verächtlich machen oder in der öffentlichen Meinung herabwürdigen kann, macht sich der üblen Nachrede schuldig, wenn sich die Wahrheit der Behauptung nicht nachweisen lässt (Beispiel: »In der Bundesregierung sitzt ein Landesverräter«). Tut er dies sogar wider besseres Wissen, erfüllt er den Tatbestand der Verleumdung. Eine Beleidigung im strafrechtlichen Sinne setzt hingegen keine Tatsachenbehauptung voraus, sondern kann bereits durch das Äußern oder Verbreiten einer Meinung, eines Werturteils, zustandekommen.

Tatsachen dürfen also nur behauptet werden, wenn sich ihr Wahrheitsgehalt notfalls in einem gerichtlichen Verfahren beweisen lässt – sonst macht man sich strafbar, selbstverständlich auch als Journalist. Ob es sich um beweispflichtige Tatsachenbehauptungen oder um unabhängig von ihrem Wert oder ihrer Richtigkeit geschützte Meinungsäußerungen handelt, die einen Beitrag zum geistigen Meinungskampf in einer die Öffentlichkeit wesentlich berührenden Frage darstellen, ist deshalb so häufig strittig, weil für beides unterschiedliche Maßstäbe angelegt werden: Was Artikel 5 des Grundgesetzes unter Umständen als Meinungsäußerung rechtfertigt, lässt er als falsche Tatsachenbehauptung nicht zu. Wird das Alter eines Menschen mit »über 30« angegeben, so kann der Wahrheitsgehalt dieser Aussage überprüft werden, also Tatsachenbehauptung. Wird hingegen ein 32 Jahre alter Mensch als »ziemlich alt« oder »relativ jung« bezeichnet, wird deutlich, dass es sich dabei um verschiedene Beurteilungsmaßstäbe handelt – aus der Sicht eines Kindes und eines Greises. Wir haben es in diesem Fall mit einer subjektiven Wertung zu tun.

Meinungsäußerungen genießen deshalb so einen starken verfassungsrechtlichen Schutz, weil die Diskussion das Salz der Demokratie ist. »Die Befürchtung«, so hat es einmal das Bundesverfassungsgericht formuliert,

> »wegen einer wertenden Äußerung einschneidenden gerichtlichen Sanktionen ausgesetzt zu werden, trägt die Gefahr in sich, jene Diskussion zu lähmen oder einzuengen und damit Wirkungen herbeizuführen, die der Funktion der Freiheit der Meinungsäußerung in der durch das Grundgesetz konstituierten Ordnung zuwiderlaufen.«

Der Bundesgerichtshof entschied 1998, dass dem damaligen brandenburgischen Ministerpräsidenten Manfred Stolpe weiterhin nachgesagt werden darf, er sei zu DDR-Zeiten ein Mitarbeiter der Stasi gewesen. Das Gericht sprach sich damit zugunsten der Meinungsfreiheit aus und sah in der von einem CDU-Politiker aufgestellten Behauptung keine rechtswidrige Ehrverletzung. Der tatsächliche Sachverhalt wurde im Prozess nicht aufgeklärt.

Die Meinungsäußerungsfreiheit muss jedoch sachbezogen bleiben. Als unzulässige Schmähkritik hat der Bundesgerichtshof die in einer Illustrierten-Reportage enthaltenen Aussagen über eine Fernsehansagerin gewertet, sie sehe aus wie eine »ausgemolkene Ziege« und bei ihrem Anblick werde den Zuschauern »die Milch sauer«. Während es mehrere Gerichte für zulässig gehalten haben, einen Hauseigentümer aufgrund seines Verhaltens gegenüber den Mietern als »Wohnungs-Hai«, Vorstandsmitglieder des Deutschen Tischtennisbundes als »Clique« und das DEUTSCHLAND-MAGAZIN als »rechtsradikales Hetzblatt« zu bezeichnen, ist es durch das Grundgesetz nicht gerechtfertigt, den politischen Gegner »Gesindel«, einen Minister einen »Oberfaschisten«, einen Querschnittsgelähmten einen »Krüppel« und einen Reinigungsmittelhändler einen »Halunken« zu nennen. Das Bundesverfassungsgericht hat die Rechtsprechung zur Schmähkritik so zusammengefasst:

> »Eine herabsetzende Äußerung nimmt erst dann den Charakter der Schmähung an, wenn in ihr nicht mehr die Auseinandersetzung in der Sache, sondern die Diffamierung der Person im Vordergrund steht. Die Schmähung muss jenseits auch polemischer und überspitzter Kritik in der Herabsetzung der Person bestehen« (BVerfG, 26.6.1990 – 1 BvR 1165/89).

Neben dem Ehrenschutz engt das allgemeine Persönlichkeitsrecht, das im Grundgesetz in den Artikeln 1 (Würde des Menschen) und 2 (Freie Entfaltung der Persönlichkeit) verankert ist, die Freiheit der Berichterstattung in den Medien ein. Wenn es sich um Informationen handelt, die für den Einzelnen zur sachlichen Meinungsbildung beitragen und damit insgesamt die Grundlage für die demokratische Willensbildung in Staat und Gesellschaft schaffen, darf in das Persönlichkeitsrecht eingegriffen werden. Ob das öffentliche Informationsinteresse überwiegt und damit im Einzelfall das Selbstbestimmungsrecht zurückdrängt, hängt auch von der Bedeutung der Information ab. Während die Intimsphäre, also das Sexualleben eines Menschen, absolut gegen die unbefugte Einsichtnahme durch die Medien geschützt ist, so weit die oder der Betroffene sein Liebesleben nicht selbst öffentlich ausplaudert, dürfen Betriebs- und Geschäftsgeheimnisse preisgegeben werden, um die Öffentlichkeit vor drohenden Gesundheitsgefahren durch unzulässige Zusatzstoffe in Lebensmitteln zu warnen. Ansonsten ist das Eindringen in die Privatsphäre, das Aufzeichnen von Telefonaten auf Tonträgern oder das Veröffentlichen privater Aufzeichnungen ohne Einwilligung des Betroffenen verboten. Auch über die Privatsphäre von Personen der Zeitgeschichte darf nur berichtet werden, wenn ein ernsthaftes Interesse der Öffentlichkeit besteht – pure Neugier des Publikums, Sensationsbefriedigung und Voyeurismus sind keine Rechtfertigung dafür, bei Prominenten herumzuschnüffeln. Falls jedoch das private Verhalten von Personen, die im öffentlichen Leben stehen, den Erfolg ihres Wirkens gefährdet, darf darüber geschrieben werden, weil ein Informationsinteresse besteht.

Ohne Abwägen kommen die Journalisten nicht aus, wenn es um die Frage geht, ob das Interesse der Allgemeinheit wichtiger ist als die wirtschaftlichen Interessen eines Unternehmens, dessen Ruf womöglich durch Veröffentlichungen Schaden nimmt. Wie die Rechtsprechung anerkannt hat, ist die Veröffentlichung der Ergebnisse von Warentests zulässig. Dabei sind vier Grundsätze zu beachten:

- Der Testveranstalter muss seine Untersuchung neutral durchgeführt haben.
- Was er herausgefunden hat, muss richtig sein.
- Die Wiedergabe muss dazu dienen, das Informationsinteresse der Öffentlichkeit wahrzunehmen (und nicht etwa nur eine Firma im Wettbewerb zu unterstützen).
- Sie darf den Rahmen sachlicher Kritik nicht überschreiten.

Nach einer Entscheidung des Bundesgerichtshofes von Ende 1975 schützt das Grundrecht der Pressefreiheit auch die Veröffentlichung vergleichender Warentests. Die Verbraucheraufklärung sei, so die Richter, »zur Gewinnung von Markttransparenz unerläßlich, und zwar nicht nur im Interesse der Verbraucher, sondern schlechthin unter volkswirtschaftlichen Gesichtspunkten«. Das so genannte »Metzeler-Urteil« des Bundesgerichtshofes von Anfang 1975 hat die rechtliche Position der Presse bei der Berichterstattung über Großbetriebe erheblich verbessert. Die Tageszeitung DIE WELT hatte sich mit der schwierigen finanziellen Lage der Metzeler AG befasst, eines der führenden Reifenhersteller der Bundesrepublik. Das Gericht entschied: Das Interesse der Öffentlichkeit an einer Großfirma, die wesentlichen Einfluss auf die Volkswirtschaft hat, ist höher zu bewerten als das der Eigentümer, nicht erwiesene abträgliche Tatsachenbehauptungen zurückzuhalten – zumal Unternehmen oftmals Gerüchte über Fusionen oder Verkäufe so lange dementieren, bis die Transaktionen abgeschlossen sind. Negative Werturteile über Restaurants sind ebenfalls durch das Recht auf freie Meinungsäußerung abgedeckt. So wies das Oberlandesgericht Hamm 1990 die Klage eines Lippstädter Lokalbesitzers zurück, der einem Journalisten Schmähkritik vorgeworfen und unterstellt hatte, es sei dessen Negativ-Berichterstattung zuzuschreiben, dass sein Gourmet-Restaurant nach drastischem Umsatzrückgang zwangsversteigert werden musste.

Im Jahr 2002 entschied der Bundesgerichtshof zugunsten des Nachrichtenmagazins FOCUS, das im Januar 1995 mit der Schlagzeile »Hamburger Privatbank in Not – Kunden zittern um ihr Geld« auf die Situation der Modi-Privatbank hingewiesen hatte. Die Bank behauptete, sie habe deswegen Konkurs anmelden müssen und verlangte Schadensersatz von der Münchner Zeitschrift. Bereits vor dem Bundesgerichtshof hatte das Hanseatische Oberlandesgericht festgestellt:

> »Erfährt die Presse von Missständen, so entspricht es ihrem Wächteramt, die Allgemeinheit darüber zu informieren und vor davon ausgehenden möglichen Gefahren zu warnen.«

Das Magazin musste also keinen Schadensersatz leisten und freute sich über den »Sieg für Pressefreiheit und Verbraucherinteressen.«

Pressefreiheit und Schutz staatlicher Interessen

Grenzen für die Freiheit der Medien gibt es nicht nur dort, wo die individuellen Rechte anderer berührt werden, sondern auch, wenn die Sicherheit des Staates gefährdet oder der öffentliche Frieden gestört wird. Die Problematik des Verhältnisses von Pressefreiheit und Staatsschutz wurde deutlich, als die Bundesanwaltschaft im Oktober 1962 gegen das Hamburger Nachrichtenmagazin DER SPIEGEL ein Ermittlungsverfahren wegen des dringenden Tatverdachts des Landesverrates einleitete. Nach dem damals geltenden § 99 des Strafgesetzbuches beging dieses Delikt, wer vorsätzlich ein Staatsgeheimnis an einen Unbefugten gelangen ließ oder es öffentlich bekannt machte und dadurch das Wohl der Bundesrepublik Deutschland oder eines ihrer Länder gefährdete.

Der SPIEGEL brachte als Auslöser der so genannten »SPIEGEL-AFFÄRE« im Oktober 1962 einen Artikel, der am Beispiel des NATO-Manövers »Fallex 62« Schwächen der Bundeswehr aufdeckte (»Bedingt abwehrbereit«). 19 Tage nach Erscheinen ließ die Bundesanwaltschaft den Herausgeber Rudolf Augstein und einige seiner Mitarbeiter verhaften. Vier Wochen lang durchsuchte sie die Redaktions- und Verlagsräume und beschlagnahmte umfangreiches Archiv- und Redaktionsmaterial. Die Anklage, publizistischen Landesverrat begangen zu haben, hielt der Bundesgerichtshof für so unbegründet, dass er das Hauptverfahren nicht eröffnete. Nun wollte es der SPIEGEL wissen. Er reichte beim Bundesverfassungsgericht eine Beschwerde ein. Sie sollte klären, ob das Vorgehen der Staatsanwaltschaft in Hamburg verfassungsgemäß war. 1966 lehnte das Gericht diese Beschwerde ab. Von den acht Richtern des 1. Senats sahen nur vier die Aktion als grundgesetzwidrig an. Mit anderen Worten: Das Vorgehen der staatlichen Stellen war verfassungskonform.

Das 1968 in Kraft getretene 8. Strafrechtsänderungsgesetz hat die Möglichkeit eingeschränkt, einen Publizisten wegen Landesverrats – oder besser gesagt: Geheimnisoffenbarung – zu bestrafen. Einer solchen Tat schuldig ist seitdem, wer

> »ein Staatsgeheimnis, das von einer amtlichen Stelle oder deren Veranlassung geheim gehalten wird, an einen Unbefugten gelangen läßt oder öffentlich bekannt macht und dadurch die Gefahr eines schweren Nachteils für die äußere Sicherheit der Bundesrepublik Deutschland herbeiführt« (§ 95 Abs. 1 StGB).

Entscheidend ist also, ob durch die Veröffentlichung ein schwerer Nachteil für die äußere Sicherheit der Bundesrepublik entsteht. Militärische Geheimnisse wie die Ausstattung der Bundeswehr oder taktische Konzepte für den Verteidigungsfall dürfen die Medien nicht veröffentlichen. Das bedeutet nicht, dass die offene Diskussion vor der Verteidigungspolitik Halt machen muss. Weitere Einschränkungen der Medienfreiheiten ergeben sich dadurch, dass

- das Aufstacheln zur Führung eines Angriffskrieges,
- das Auffordern zu Gewaltmaßnahmen gegen Minderheiten wie Juden, Asylbewerber und Ausländer,
- das Verherrlichen oder Verharmlosen von Gewalttätigkeiten gegen Menschen,
- das Aufrufen zur Begehung von Straftaten oder
- die Werbung für eine terroristische Vereinigung strafbar sind.

Pressefreiheit und Schutz der Privatsphäre

Die Medien müssen sich auch Zurückhaltung auferlegen und das Persönlichkeitsrecht beachten, wenn sie über Straftaten berichten. Bis zur rechtskräftigen Verurteilung von Beschuldigten gilt die Unschuldsvermutung. Sie soll ein faires Verfahren sichern. Einerseits ist ein Betroffener vor einer möglicherweise völlig unberechtigten Bloßstellung in der Öffentlichkeit zu bewahren, vor einer Rufschädigung, die selbst durch einen späteren Freispruch nicht mehr rückgängig zu machen ist. Auf der anderen Seite steht in einer Demokratie die Aufklärungspflicht der Medien, ohne deren Veröffentlichung vieles unter der Decke bliebe. Menschen, die vor Gericht stehen, dürfen vor dem Urteilsspruch nicht als »Mörder« bezeichnet werden, auch dann nicht, wenn bereits ein Geständnis vorliegt.

Das Recht am eigenen Bild, verankert im Kunst-Urheberrechtsgesetz von 1907, schützt den Bürger davor, ohne Einwilligung fotografiert zu werden. Allerdings dürfen von Personen der Zeitgeschichte – dazu zählen Politiker, Künstler, Wissenschaftler und lokale Größen, aber auch jene, die nur vorübergehend mit einem auffälligen

Ereignis das Informationsinteresse der Öffentlichkeit erregen – ohne deren Zustimmung Fotos verbreitet werden. Durch eine Veröffentlichung dürfen keine berechtigten Interessen des Abgebildeten verletzt werden.

Im Dezember 1995 entschied der Bundesgerichtshof, von Prominenten dürften zum Schutz ihrer Privatsphäre auch an öffentlich zugänglichen Orten keine Fotos publiziert werden, wenn sie sich unbeobachtet fühlen konnten. Das Gericht entschied damit zugunsten von Prinzessin Caroline von Monaco. Fotografen der FREIZEIT REVUE hatten von ihr Bilder gemacht, als sie ihren Freund im hinteren Bereich eines Gartenlokals küsste. Als eine Person der Zeitgeschichte habe die Prinzessin hingegen Fotos hinnehmen müssen, wenn sie sich mit ihrem Freund in einem vollbesetzten Restaurant aufgehalten hätte, betonte der Bundesgerichtshof. In einem anderen Fall sah das Bundesverfassungsgericht die Prinzessin in ihrem Persönlichkeitsrecht durch drei Fotos in der BUNTEN beeinträchtigt, die sie mit ihren Kindern zeigte. Im Urteil vom 15. Dezember 1999 stellten die Richter fest, Kinder bedürften eines besonderen Schutzes, weil sie sich zu eigenverantwortlichen Personen erst entwickeln müssten. Der Bereich, in dem Kinder sich frei von öffentlicher Beobachtung fühlen und entfalten dürfen, müsse umfassender geschützt sein als derjenige erwachsener Personen. Als unbegründet betrachtete das Gericht hingegen die Verfassungsbeschwerde zu fünf anderen Fotos, die Caroline in einem Gasthaus, Rad fahrend, reitend und auf einem Markt zeigten. Ein Markt sei ein von der breiten Öffentlichkeit aufgesuchter Platz, ein Gasthaus zwar ein räumlich umgrenzter Bereich, in dem die Prinzessin aber unter den Augen der anwesenden Öffentlichkeit stehe. Die Bilder mit Fahrrad und Pferd stammten ebenfalls nicht aus einer Sphäre öffentlicher Abgeschiedenheit, sondern seien der Öffentlichkeitssphäre zuzurechnen.

Nach einer Reihe von teilweise widersprüchlichen Entscheidungen unter Einbeziehung des Europäischen Gerichtshofs für Menschenrechte (EGMR) und Unklarheiten darüber, wer und in welcher Situation und Umgebung er oder sie als eine Person der Zeitgeschichte anzusehen sei, hat der Bundesgerichtshof (BGH) diese Definition in einer Entscheidung von 2007 nicht mehr an feststehende Kriterien gebunden, sondern jeweils der Einzelfallentscheidung überlassen. Diese Entscheidung wurde 2008 vom BVerfG und 2012 auch vom EGMR bestätigt und hat die Kritik deutscher Medien hervorgerufen, die feststellten, dass Einzelfallentscheidungen Rechtsunsicherheit mit sich brächten und wegen subjektiver Maßstäbe von Richtern sich auch nicht mit dem Gebot der Neutralität staatlicher Instanzen vertrügen. Der Streitpunkt ist letztlich ungelöst und wird sich bei der Berichterstattung der Klatsch- und Sensationspresse über Prominente immer wieder ergeben.

Fragwürdige Methoden bei der Jagd von Journalisten nach Fotos und Neuigkeiten erregten Kritik in der Öffentlichkeit, als es im Januar 2000 um die Berichterstattung über eine an Lassa-Fieber erkrankte Studentin ging, die in der Isolierstation einer Würzburger Klinik lag. Damals versuchte ein Journalist, über eine Terrasse in das Krankenzimmer einzudringen. Ein anderer gab sich als Vertreter einer Gesundheitsbehörde aus, um ein Foto der Patientin für einen Fahndungsaufruf nach Mitreisenden zu machen. Das Klinikpersonal fühlte sich von Reportern regelrecht verfolgt. Als im Frühsommer 2000 Touristen auf der südphilippinischen Insel Jolo von Geiselnehmern über Monate festgehalten wurden, drangen immer wieder Kamerateams in das Lager der Gefangenen vor. Häufig erhielten sie gegen Bezahlung die Erlaubnis, mit den Geiseln zu sprechen und Aufnahmen zu machen. Dies alarmierte einerseits die Weltöffentlichkeit. Andererseits fühlten sich die Festgehaltenen in ihrer erbärmlichen Lage von den Journalisten belästigt und baten schließlich dringend darum, in Ruhe gelassen zu werden. Politiker warfen den Medien vor, den Geiselnehmern ein Forum geboten und die Summen für Lösegeldzahlungen in die Höhe getrieben zu haben.

Die Liveübertragung des spektakulären O. J.-Simpson-Prozesses in den USA löste in der Bundesrepublik Debatten über eine Lockerung des Aufnahmeverbots von Gerichtsverhandlungen aus. Fernsehsender wie N-TV fordern, die Gerichtssäle für Kameras zu öffnen, um für mehr Transparenz zu sorgen und zur Versachlichung der Berichterstattung beizutragen. Kritiker befürchten, dass laufende Kameras die Aussagen beeinflussen, den Gerichtssaal zum Pranger machen oder in eine Bühne der Selbstdarstellung verwandeln könnten. In der Tat ist die Gefahr nicht zu leugnen, dass durch Gerichtsfernsehen das Tribunal zur Show werden könnte. Nach längerem Streit hat das Bundesverfassungsgericht in einem Urteil im Jahre 2008 Fernsehsendern erlaubt, aus Gerichtssälen zu senden, allerdings nur vor und nach der Verhandlung. Das Gericht kann dabei eine Anonymisierung von Personen anordnen. Der jüngst erlebte Prozess gegen den TV-Wettermoderator Jörg Kachelmann wäre sonst mit Sicherheit zu einer Show ausgeartet.

Die Gegendarstellung

Um die Waffengleichheit zwischen den Massenmedien und den von ihren Veröffentlichungen Betroffenen herzustellen, ist in Landespresse- und Rundfunk-Gesetzen das Recht auf Gegendarstellung verankert. Dadurch sollen private und juristische Personen, aber auch Behörden, Gerichte und Parlamente die Möglichkeit erhalten, die nach ihrer Meinung falsch dargestellten Vorgänge aus ihrer Sicht zu schildern, wobei sie allerdings nur Tatsachenbehauptungen gegen Tatsachenbehauptungen stellen dürfen. Bei Werturteilen besteht kein derartiges Recht:

> »Bürgermeister X ist bestochen worden« ist eine Tatsachenbehauptung, also Gegendarstellungsanspruch.

> »Bürgermeister X hat sein Amt schlecht verwaltet« ist ein Werturteil, also kein Gegendarstellungsanspruch.

Anspruch auf Gegendarstellung hat jeder, dessen Interessensphäre individuell durch Veröffentlichung berührt wird. Gruppen wie »die Ärzte« oder »die Frauen« sind dazu nicht berechtigt. Die Gegendarstellung muss im gleichen Teil der Zeitung oder Zeitschrift erscheinen wie die erste Mitteilung. Gleichwertig müssen auch die optische Aufmachung und das Schriftbild sein. Es ist also nicht zulässig, die Gegendarstellung an unauffälliger Stelle zu verstecken. So musste beispielsweise die Zeitschrift DIE AKTUELLE auf dem Titelblatt eine Gegendarstellung veröffentlichen, weil sie zuvor auch dort der Prinzessin Caroline von Monaco Heiratsabsichten angedichtet hatte. Eine Verfassungsbeschwerde des Hamburger Bauer-Verlages gegen diese erstinstanzliche Entscheidung wies das Bundesverfassungsgericht 1998 mit der Begründung zurück, dass Titelseiten nicht grundsätzlich von Gegendarstellungen frei gehalten werden müssen. Auch bei Kommentaren kann eine Korrektur verlangt werden, wenn sie falsche Tatsachenbehauptungen enthalten. Die Gegendarstellung ist ohne Einschaltung und Weglassung abzudrucken, auch dann, wenn sie nach Ansicht der Redaktion nicht der Wahrheit entspricht. Diese Vorschrift kann die Redaktion jedoch nicht daran hindern, die Gegendarstellung mit einem Vorspann oder Nachwort, dem von jeher gefürchteten »Redaktionsschwanz«, zu versehen. Manchmal versuchen Zeitungen, sich der Pflicht zur Richtigstellung zu entziehen, indem sie anbieten, einen Leserbrief des Betroffenen zu veröffentlichen. Wer sich darauf einlässt, verzichtet freiwillig auf ein Recht, das ihm der Gesetzgeber eingeräumt hat. Aber selbst bei einer förmlichen Gegendarstellung ist gelegentlich zu bezweifeln, ob sie den durch die Meldung angerichteten Schaden wieder gutmachen kann, oder ob sie nicht vielmehr die ganze Angelegenheit wieder aufrührt, die vielleicht schon längst vergessen war.

Selbstkontrolle durch den Deutschen Presserat

Zwischen dem rechtlich feststellbaren Missbrauch der Presse- und Rundfunkfreiheit und ihrer schonungslosen, rechtlich zulässigen Ausnutzung durch bestimmte Presseorgane und Fernsehsendungen liegt ein großer Spielraum. Anschauliche Beispiele für die Tendenz, bis an den Rand des Möglichen zu gehen, liefern täglich die Boulevardmedien. In der Demokratie muss man jedoch das Risiko in Kauf nehmen, dass in diesem Rahmen manches geschieht, was zwar juristisch statthaft ist, viele aber aus moralischen Gründen verurteilen.

Wer die Freiheit der Medien in ihrer Substanz beschneidet, verletzt ein Wesensmerkmal der Demokratie. Auch ein Blatt, das nur der Kurzweil oder Sensationslust der Leser dienen will, kann ausdrücklich dieses Grundrecht für sich beanspruchen. Vor dem Gesetz ist der Unterschied zwischen guter und schlechter Presse unerheblich. So, wie die Verfassung nicht nur die gute, sondern jede Ehe schützt, ist die Garantie der Pressefreiheit keine moralische Auszeichnung für die gute Zeitung oder Zeitschrift, sondern gilt für alle. Dürfte der Staat wertvolle von wertlosen Publikationen unterscheiden, gäbe es bald keine Pressefreiheit mehr. Darum sind Bestrebungen abzulehnen, rechtlich zwischen einer verantwortungsbewussten politischen und einer geschäftlichen Presse zu trennen und nur der Ersteren den Schutz von Artikel 5 des Grundgesetzes zuzubilligen. Ließe man sich darauf ein, würde man die Justiz in die Lage bringen, über das Verantwortungsbewusstsein der Medien zu urteilen. Wer nach einer solchen Aufteilung ruft, fordert in Wirklichkeit eine Zensurinstanz.

Um sich nicht vom Staat bevormunden zu lassen und gleichzeitig für eine verantwortungsbewusste Nutzung ihrer Freiheit zu sorgen, hat die Presse selbst eine Institution gebildet, die freiwillig arbeitet und eine Art Gewissen sein soll. In der Bundesrepublik entstand so 1956 der Deutsche Presserat. Dem Plenum gehören jeweils sieben ehrenamtliche Mitglieder folgender Organisationen an:
* Deutscher Journalisten-Verband (DJV),
* Deutsche Journalistinnen- und Journalisten-Union (dju) in der Dienstleistungsgewerkschaft ver.di,
* Bundesverband Deutscher Zeitungsverleger (BDZV) und
* Verband Deutscher Zeitschriftenverleger (VDZ).

An den Deutschen Presserat kann sich jeder wenden. Er ist frei von staatlichem Einfluss. Seine Aufgaben sind:
* Eintreten für die Pressefreiheit und den ungehinderten Zugang zu Nachrichtenquellen,
* Achtung des Ansehens der deutschen Presse und Wahrung des Pressekodex,
* Missstände im Pressewesen festzustellen und auf deren Beseitigung hinzuwirken,
* Beschwerden über einzelne Blätter zu prüfen und gegebenenfalls Missbilligungen oder Rügen auszusprechen,
* Strukturveränderungen in der Presse aufzuzeigen und Entwicklungen entgegenzutreten, die eine freie Information und Meinungsbildung des Bürgers gefährden könnten,
* in Pressefragen gegenüber Gesetzgeber, Regierung und Öffentlichkeit Vorschläge zu machen und Stellung zu nehmen,
* die Selbstregulierung des redaktionellen Datenschutzes sowie
* Ansprechpartner zu sein.

Der Presserat kann die Beachtung seiner Beschlüsse nicht erzwingen, sondern ist auf die freiwillige Anerkennung seiner Maßnahmen angewiesen. Seine Bedeutung steht und fällt mit dem Maß an Autorität, die er sich durch seine Tätigkeit verschafft. In zahlreichen Resolutionen hat der Presserat zu Gesetzen Stellung genommen, in denen die Presse eine Rolle spielt. Der Rat sparte auch nicht mit Kritik: Er

- verurteilte die Vermischung von Text- und Anzeigenteil,
- verfasste Entschließungen gegen das Einladungs- und Geschenke-Unwesen,
- legte mehrere Berichte über die Konzentrationstendenzen in der deutschen Presse vor,
- erklärte es für unzulässig, dass Presseangehörige Aufträge von Geheimdiensten entgegennehmen oder nachrichtendienstlich tätig werden,

Publizistische Grundsätze (Pressekodex)

Vom Deutschen Presserat in Zusammenarbeit mit den Presseverbänden beschlossen und Bundespräsident Gustav W. Heinemann am 12. Dezember 1973 in Bonn überreicht.

In der Fassung vom 3. Dezember 2008

Präambel

Die im Grundgesetz der Bundesrepublik verbürgte Pressefreiheit schließt die Unabhängigkeit und Freiheit der Information, der Meinungsäußerung und der Kritik ein. Verleger, Herausgeber und Journalisten müssen sich bei ihrer Arbeit der Verantwortung gegenüber der Öffentlichkeit und ihrer Verpflichtung für das Ansehen der Presse bewusst sein. Sie nehmen ihre publizistische Aufgabe fair, nach bestem Wissen und Gewissen, unbeeinflusst von persönlichen Interessen und sachfremden Beweggründen wahr.

Die publizistischen Grundsätze konkretisieren die Berufsethik der Presse. Sie umfasst die Pflicht, im Rahmen der Verfassung und der verfassungskonformen Gesetze das Ansehen der Presse zu wahren und für die Freiheit der Presse einzustehen.

Die Regelungen zum Redaktionsdatenschutz gelten für die Presse, soweit sie personenbezogene Daten zu journalistisch-redaktionellen Zwecken erhebt, verarbeitet oder nutzt. Von der Recherche über Redaktion, Veröffentlichung, Dokumentation bis hin zur Archivierung dieser Daten achtet die Presse das Privatleben, die Intimsphäre und das Recht auf informationelle Selbstbestimmung des Menschen.

Die Berufsethik räumt jedem das Recht ein, sich über die Presse zu beschweren. Beschwerden sind begründet, wenn die Berufsethik verletzt wird.
Diese Präambel ist Bestandteil der ethischen Normen.

Ziffer 1 – Wahrhaftigkeit und Achtung der Menschenwürde

Die Achtung vor der Wahrheit, die Wahrung der Menschenwürde und die wahrhaftige Unterrichtung der Öffentlichkeit sind oberste Gebote der Presse.

Jede in der Presse tätige Person wahrt auf dieser Grundlage das Ansehen und die Glaubwürdigkeit der Medien.

Ziffer 2 – Sorgfalt

Recherche ist unverzichtbares Instrument journalistischer Sorgfalt. Zur Veröffentlichung bestimmte Informationen in Wort, Bild und Grafik sind mit der nach den Umständen gebotenen Sorgfalt auf ihren Wahrheitsgehalt zu prüfen und wahrheitsgetreu wiederzugeben. Ihr Sinn darf durch Bearbeitung, Überschrift oder Bildbeschriftung weder entstellt noch verfälscht werden. Unbestätigte Meldungen, Gerüchte und Vermutungen sind als solche erkennbar zu machen.

Symbolfotos müssen als solche kenntlich sein oder erkennbar gemacht werden.

Ziffer 3 – Richtigstellung

Veröffentlichte Nachrichten oder Behauptungen, insbesondere personenbezogener Art, die sich nachträglich als falsch erweisen, hat das Publikationsorgan, das sie gebracht hat, unverzüglich von sich aus in angemessener Weise richtig zu stellen.

Ziffer 4 – Grenzen der Recherche

Bei der Beschaffung von personenbezogenen Daten, Nachrichten, Informationsmaterial und Bildern dürfen keine unlauteren Methoden angewandt werden.

Ziffer 5 – Berufsgeheimnis

Die Presse wahrt das Berufsgeheimnis, macht vom Zeugnisverweigerungsrecht Gebrauch und gibt Informanten ohne deren ausdrückliche Zustimmung nicht preis.

Die vereinbarte Vertraulichkeit ist grundsätzlich zu wahren.

Ziffer 6 – Trennung von Tätigkeiten

Journalisten und Verleger üben keine Tätigkeiten aus, die die Glaubwürdigkeit der Presse in Frage stellen könnten.

Ziffer 7 – Trennung von Werbung und Redaktion

Die Verantwortung der Presse gegenüber der Öffentlichkeit gebietet, dass redaktionelle Veröffentlichungen nicht durch private oder geschäftliche Interessen Dritter oder durch persönliche wirtschaftliche Interessen der Journalistinnen und Journalisten beeinflusst werden.

Verleger und Redakteure wehren derartige Versuche ab und achten auf eine klare Trennung zwischen redaktionellem Text und Veröffentlichungen zu werblichen Zwecken. Bei Veröffentlichungen, die ein Eigeninteresse des Verlages betreffen, muss dieses erkennbar sein.

Ziffer 8 – Persönlichkeitsrechte
Die Presse achtet das Privatleben und die Intimsphäre des Menschen. Berührt jedoch das private Verhalten öffentliche Interessen, so kann es im Einzelfall in der Presse erörtert werden. Dabei ist zu prüfen, ob durch eine Veröffentlichung Persönlichkeitsrechte Unbeteiligter verletzt werden.

Die Presse achtet das Recht auf informationelle Selbstbestimmung und gewährleistet den redaktionellen Datenschutz.

Ziffer 9 – Schutz der Ehre
Es widerspricht journalistischer Ethik, mit unangemessenen Darstellungen in Wort und Bild Menschen in ihrer Ehre zu verletzen.

Ziffer 10 – Religion, Weltanschauung, Sitte
Die Presse verzichtet darauf, religiöse, weltanschauliche oder sittliche Überzeugungen zu schmähen.

Ziffer 11 – Sensationsberichterstattung, Jugendschutz
Die Presse verzichtet auf eine unangemessen sensationelle Darstellung von Gewalt, Brutalität und Leid. Die Presse beachtet den Jugendschutz.

Ziffer 12 – Diskriminierungen
Niemand darf wegen seines Geschlechts, einer Behinderung oder seiner Zugehörigkeit zu einer ethnischen, religiösen, sozialen oder nationalen Gruppe diskriminiert werden.

Ziffer 13 – Unschuldsvermutung
Die Berichterstattung über Ermittlungsverfahren, Strafverfahren und sonstige förmliche Verfahren muss frei von Vorurteilen erfolgen. Der Grundsatz der Unschuldsvermutung gilt auch für die Presse.

Ziffer 14 – Medizin-Berichterstattung
Bei Berichten über medizinische Themen ist eine unangemessen sensationelle Darstellung zu vermeiden, die unbegründete Befürchtungen oder Hoffnungen

beim Leser erwecken könnte. Forschungsergebnisse, die sich in einem frühen Stadium befinden, sollten nicht als abgeschlossen oder nahezu abgeschlossen dargestellt werden.

Ziffer 15 – Vergünstigungen
Die Annahme von Vorteilen jeder Art, die geeignet sein könnten, die Entscheidungsfreiheit von Verlag und Redaktion zu beeinträchtigen, sind mit dem Ansehen, der Unabhängigkeit und der Aufgabe der Presse unvereinbar. Wer sich für die Verbreitung oder Unterdrückung von Nachrichten bestechen lässt, handelt unehrenhaft und berufswidrig.

Ziffer 16 – Rügenveröffentlichung
Es entspricht fairer Berichterstattung, vom Deutschen Presserat öffentlich ausgesprochene Rügen zu veröffentlichen, insbesondere in den betroffenen Publikationsorganen bzw. Telemedien.

Zu den jeweiligen Ziffern gibt es Richtlinien, nach denen im Einzelfall entschieden wird.

In seiner praktischen Arbeit ahndet der Beschwerdeausschuss des Presserats vor allem Verstöße gegen den Pressekodex. So rügte er
- das Satiremagazin TITANIC, deren Reporterin Beichtväter um kirchlichen Rat wegen einer angeblich von ihr verübten Abtreibung gebeten und diese Gesprächsprotokolle veröffentlicht hatte (Verletzung von Ziffer 4 und 10 des Pressekodex);
- die HERSFELDER ZEITUNG, die einen Bericht über die Vorführung einer örtlichen Künstlerin mit dem Satz einleitete: »Zu Goebbels Zeiten […] hätte man ihr den nackten Hintern versohlt und sie ohne Abendbrot ins Bett geschickt« (Verstoß gegen Ziffer 10 des Pressekodex, in diesem Fall Verknüpfung von Sexismus mit faschistischer Gewalt);
- das WESTFALEN-BLATT. Die Zeitung hatte in einem Beitrag über Asylbewerber und Asylbewerberheime Angehörige verschiedener Volksgruppen mit Kriminellen gleichgesetzt. Wörtlich hieß es: »Was mit den Asylbewerbern […] sonst los ist, konnten die Steinhagener in den vergangenen Wochen hautnah miterleben. Rumänen prügeln Albaner und umgekehrt, Serben gegen Kroaten oder Bosnier… und was sonst noch an Kriminellen sich so dabei finden mag […].« Der Ausschuss sah durch diese pauschale und undifferenzierte Bezeichnung von Volksgruppen Ziffer 12 des Pressekodex verletzt;

- b.z. (die im Springer-Verlag erscheinende Boulevardzeitung) und den BERLINER KURIER. Die Zeitungen hatten das Foto eines Vergewaltigungsopfers veröffentlicht. Die Gewalttat lag zwölf Jahre zurück. Der Beschwerdeausschuss sah darin eine Verletzung des Persönlichkeitsrechts;
- die BILD-ZEITUNG wegen ihrer Berichterstattung über den Tod des Fernsehpfarrers Adolf Sommerauer. Unter der Schlagzeile »Es war Selbstmord auf der Intensiv-Station« berichtete die Zeitung über die letzten Stunden des Pfarrers, der lebenserhaltende Maßnahmen von einem bestimmten Zeitpunkt an abgelehnt hatte. Dieses Verhalten war laut Zeitung von den Ärzten der Klinik sowie von der Familie des Mannes respektiert worden. Nach Auffassung des Ausschusses hat die Zeitung durch die Überschrift gegen die Ziffer 2 des Pressekodex verstoßen, da mit der Bezeichnung »Selbstmord« der tatsächliche Sachverhalt nicht richtig wiedergegeben wurde. Der Beitrag verstieß darüber hinaus gegen die Ziffer 8 des Pressekodex, die den Schutz der Intimsphäre des Menschen in Abwägung mit öffentlichen Interessen fordert. Indem die Zeitung Sterben und Tod des Pfarrers auf diese Weise schilderte, verletzte sie nach Meinung des Ausschusses dessen Persönlichkeitsrechte;
- die Wochenzeitung DIE ZEIT. Sie hatte in ihrer Fernsehkritik über eine ARD-Kunstfälscherdokumentation formuliert, dass man Kunstfälschern »am liebsten eine Briefbombe schicken würde«. Der Presserat sah in dem spielerischen Umgang der Wochenzeitung mit der Drohung einer Briefbombe eine Verharmlosung krimineller Gewalt und eine Verletzung der Menschenwürde vor allem von Briefbomben-Opfern.

Das Jahre 2010 und 2011 brachten dem Deutschen Presserat einen Rekord an Beschwerden. Dazu trugen die Berichterstattung über das Unglück auf der Loveparade und die Massaker von Winnenden und in Norwegen bei. Insgesamt 1.661 Menschen beschwerten sich über Verstöße gegen die redaktionellen Richtlinien und die Berufsethik des Journalismus, 348 Beschwerden wurden als unbegründet abgelehnt, aber 34 öffentliche (also vom betreffenden Medium zu veröffentlichende) Rügen, sieben nicht-öffentliche Rügen, 74 Missbilligungen und 84 Hinweise wurden ausgesprochen. Sehr oft ging es gerade bei den Attentaten um Verstöße gegen den Opferschutz, also um die Persönlichkeitsrechte der Opfer gemäß Ziffer 8 Pressekodex.

Im Jahr 2001 verabschiedete der Deutsche Bundestag ein neues Bundesdatenschutzgesetz. Darin regelte er unter anderem die Verarbeitung und Nutzung personenbezogener Daten durch die Medien. Der Presserat übernahm eine neue Aufgabe: die Freiwillige Selbstkontrolle Redaktionsdatenschutz. Dafür bildete der Presserat einen besonderen Beschwerdeausschuss. Betroffene haben also die Möglichkeit, hier überprüfen zu lassen, ob die Presse mit personenbezogenen Daten korrekt umgegangen ist.

Der Konflikt zwischen Pressefreiheit und Datenschutz ist offensichtlich. Eine strikte Anwendung des Datenschutzgesetzes würde journalistische Arbeit unmöglich machen, weil jeder Befragte stets Auskunft darüber verlangen könnte, was eine Redaktion über ihn weiß. Deshalb genießen Redaktionen eine besondere Stellung und Freiheiten beim Datenschutz. Damit die Persönlichkeitsrechte des Einzelnen dadurch nicht ausgehöhlt werden, haben sich Zeitungen und Zeitschriften einer freiwilligen Selbstkontrolle durch den Presserat unterworfen.

Die meisten Zeitungen und Zeitschriften haben sich zum Abdruck der Rügen verpflichtet, die ihnen das Selbstkontrollorgan erteilt, lösen dieses Versprechen aber nicht immer ein. Kritiker halten den Presserat insgesamt für einen »zahnlosen Tiger« wegen seiner fehlenden Sanktionsmöglichkeiten. Sie bezweifeln seine Wirksamkeit und halten die gesetzlichen Bestimmungen für ausreichend, um einem Missbrauch der Pressefreiheit vorzubeugen. Auch wenn der Deutsche Presserat kein Reparaturbetrieb des Journalismus sein kann, erscheint er zumindest als geeignet, Diskussionen über Maßstäbe journalistischen Handelns in Gang zu halten.

Seit 2009 ist die Zuständigkeit des Deutschen Presserates auch auf die journalistischen Onlineangebote ausgedehnt worden.

Die Bundesprüfstelle

Um das »Jugendschutzgesetz (JuSchG)« anzuwenden, besteht die Bundesprüfstelle für jugendgefährdende Medien. Die zuständige Bundesministerin für Familie, Senioren, Frauen und Jugend und die Länderregierungen ernennen die Mitglieder. Sie können – nur auf Antrag und weisungsfrei – »Träger und Telemedien, die geeignet sind, die Entwicklung von Kindern oder Jugendlichen oder ihre Erziehung zu einer eigenverantwortlichen und gemeinschaftsfähigen Persönlichkeit zu gefährden« (vor allem »unsittliche, verrohend wirkende, zu Gewalttätigkeit, Verbrechen oder Rassenhass anreizende Medien«), in eine besondere Liste eintragen (indizieren). Ausgenommen hiervon sind nur Tageszeitungen und politische Zeitschriften. Periodische Veröffentlichungen, die während eines Jahres mehr als zweimal in dieses Verzeichnis gelangen, dürfen für die Dauer von drei bis zwölf Monaten Jugendlichen nicht zugänglich gemacht und deshalb nicht am Kiosk verkauft oder in Büchereien und Lesezirkeln verliehen werden. Die Bundesprüfstelle muss sich seit der Kommerzialisierung der Medien und der Vervielfachung der Angebote verstärkt auch mit besonders abstoßenden Gewaltdarstellungen und den Problemen, die neue Medien mit sich bringen, beschäftigen. Hierzu gehören insbesondere in Internet, Mobilkommunikation und anderen Medien:

- Computerspiele und Gefährdungen durch die »virtuelle Welt«,
- Beteiligung von Kindern und Jugendlichen in Social Communities und
- Mobbing und jugendgefährdende Texte mit Videos.

Einbezogen sind aber auch Film und Fernsehen sowie Lese- und Hörmedien in Zusammenarbeit mit den in diesen Bereichen existierenden Aufsichtsgremien. Für den Rundfunk ist die rechtliche Basis der »Staatsvertrag über den Schutz der Menschenwürde und den Jugendschutz in Rundfunk und Telemedien«, der als Bestandteil des Rundfunkstaatsvertrags in den Dokumentationsheften der Zeitschrift Media Perspektiven in seiner jeweiligen Fassung veröffentlicht wird.

Weitere Einrichtungen der (Selbst)Kontrolle in anderen Medienbereichen können hier nur erwähnt werden: So gibt es die Freiwillige Selbstkontrolle Fernsehen (FSF), die von den privaten TV-Veranstaltern gegründet wurde, und die Freiwillige Selbstkontrolle der Filmwirtschaft (FSK), die z. B. über Altersgrenzen bei Filmfreigaben entscheidet.

4.4   Rundfunkrecht/Telemedienrecht

Das Rundfunkrecht wird in seinen wesentlichen Bestimmungen, Gesetzen und Staatsverträgen ausführlich in Kapitel 6 behandelt. Auch hier gilt als wichtigste Rechtsnorm der Artikel 5 im Grundgesetz, in dem die Freiheit des Rundfunks festgeschrieben ist. Und auch hier gilt das Gebot, dass Freiheit eine Vielfalt des Angebots voraussetzt.

Unter »Telemedien« werden elektronische Informations- und Kommunikationsdienste verstanden, die nicht unter den Rundfunkbegriff fallen und die daher auch nur bedingt im Rahmen der »Kulturhoheit« der Bundesländer deren Regulierung unterstehen. Die wichtigste Rechtsnorm ist in diesem Bereich das Telemediengesetz (TMG) mit vielen Vorschriften z. B. zum Datenschutz, zur Haftung von Dienstebetreibern oder zur Bekämpfung von unerwünschter Werbung per E-Mail (Spams). Da es sich allerdings um Medien der Individualkommunikation handelt, werden sie hier nicht weiter behandelt.

5 Entwicklung und Struktur der Presse

5.1 Die Lizenzpresse in den vier Besatzungszonen

Nach zwölfjähriger zentraler politischer Lenkung und Kontrolle waren trotz des allgemeinen Nachrichtenhungers die Bedingungen für den Neuaufbau der deutschen Presse 1945 denkbar schlecht. Das gesprochene und gedruckte Wort war hoffnungslos kompromittiert. Die Presse musste das Vertrauen der nun skeptisch gewordenen Leser zurückgewinnen, ihre Nachrichten mussten wieder glaubwürdig werden. Nach einem von der Abteilung für Psychologische Kriegsführung im Hauptquartier der alliierten Streitkräfte in Europa im Oktober 1944 entworfenen Programm für die künftige angloamerikanische Informationspolitik in den westlichen Besatzungszonen entwickelte sich der Neuaufbau der westdeutschen Presse in drei Phasen:

1. Totales Verbot auf dem Gebiet des Informations- und Unterhaltungswesens, Schließung aller Zeitungsbetriebe,
2. Herausgabe von Militärzeitungen,
3. Herausgabe von deutschen Zeitungen unter alliierter Kontrolle.

Bis Ende 1949 erschienen in den Westzonen 149 Lizenzzeitungen, in den Westsektoren Berlins 20. Als erstes antinationalsozialistisches Presseerzeugnis im besetzten Deutschland kamen am 24. Januar 1945, dreieinhalb Monate vor der Kapitulation, die AACHENER NACHRICHTEN heraus. Zu den Blättern der ersten Stunde gehörten ferner die FRANKFURTER RUNDSCHAU, die BRAUNSCHWEIGER ZEITUNG und der Berliner TAGESSPIEGEL. Jede Besatzungsmacht gab für die gesamte Zone ein eigenes Organ heraus: DIE NEUE ZEITUNG (amerikanische Zone), TÄGLICHE RUNDSCHAU (sowjetische Zone), DIE WELT (britische Zone), NOUVELLES DE FRANCE (französische Zone).

Die Umerziehung des deutschen Volkes zur Demokratie, weg vom Nationalsozialismus und Militarismus, war nach den Vorstellungen der Alliierten die Aufgabe der Lizenzpresse. Deren Träger sollten politisch unbelastet sowie fachlich und als Treuhänder und Interpreten der Politik der Besatzungsmächte geeignet sein. Verleger und Journalisten, die während des nationalsozialistischen Regimes – auch wenn sie nicht Mitglieder der NSDAP gewesen waren – an einer Zeitung gearbeitet hatten, schieden von vornherein aus. Die Folge war, dass von den 113 Lizenzträgern der amerikanischen Zone ein Viertel aus pressefremden Berufen stammte. Die meinungslose Generalanzeigerpresse und Pressemonopole sollten nicht wieder erstehen. Ferner stimmten die westlichen Besatzungsmächte darin überein, den Föderalismus zu unterstützen und deshalb zunächst lokale und regionale Medien aufzubauen.

Bei der Vergabe von Lizenzen verfuhren die Alliierten sehr unterschiedlich:

- Die Amerikaner erstrebten eine überparteiliche und unabhängige Presse. Sie suchten zunächst drei oder mehr, später meistens zwei Lizenzträger aus, die verschiedenen politischen Parteien angehörten. So bestand die Lizenzträgergruppe der FRANKFURTER RUNDSCHAU ursprünglich aus drei Sozialdemokraten, drei Kommunisten und einem Linkskatholiken. Die Lizenzträger der RHEIN-NECKAR-ZEITUNG waren Mitglieder der Demokratischen Volkspartei (der späteren FDP), der KPD und der SPD.

- Die Briten genehmigten meistens Parteirichtungszeitungen. Sie sollten den Standpunkt einer Partei vertreten, ohne von ihr abhängig zu sein. Um zu verhindern, dass sich die Zeitungen zu Parteiorganen entwickelten, erteilten die Briten die Lizenzen nicht unmittelbar an die Parteien, sondern nur an einzelne Personen, die entweder Mitglieder oder Sympathisanten waren.

- Die Franzosen verfuhren zum Teil nach dem amerikanischen und zum Teil nach dem britischen Prinzip.

- Die Sowjets vergaben Lizenzen nicht an Einzelpersonen, sondern an Parteien und Organisationen. Sie benachteiligten sozialdemokratische und bürgerliche Blätter gegenüber kommunistischen durch knappe Papierzuteilungen. Als erste Parteizeitung erschien in Berlin am 13. Juni 1945 die DEUTSCHE VOLKSZEITUNG der KPD. Ihr folgte am 7. Juli 1945 das SPD-Organ DAS VOLK. Beide wurden mit der Gründung der SED im April 1946 zum NEUEN DEUTSCHLAND vereinigt.

Wie die anderen Massenmedien hatte auch die Presse in der sowjetischen Besatzungszone die Aufgabe,

- die Ideologie des Marxismus-Leninismus zu verbreiten,
- an der Formung des sozialistischen Bewusstseins mitzuwirken,
- den Aufbau der sozialistischen Gesellschaft zu unterstützen,
- alle Elemente der bürgerlichen Ideologie zu bekämpfen.

Die Presse sollte nach der Formel Lenins »nicht nur ein kollektiver Propagandist und kollektiver Agitator, sondern auch ein kollektiver Organisator« sein. Trotz dieser Funktionsbestimmung zeichnete sich die Periode des antifaschistisch-demokratischen Beginns und des Übergangs zur volksdemokratischen Ordnung noch durch eine relative Vielfalt der publizistischen Stimmen aus. Allmählich begann jedoch die Gleichschaltung der bürgerlichen Presse, die anfangs gelegentlich opponierte (Beispiel: LEIPZIGER ZEITUNG) und bis 1950 den Rest eines eigenen Stils und Gesichts bewahrte. In der Periode der Grundlegung der Publizistik vom neuen Typus wurden nach der Gründung der DDR die in der Sowjetunion entwickelten Vorstellungen von der gesellschaftlichen Funktion der Publizistik für die gesamte Presse verbindlich. Die an der politischen Zuverlässigkeit und klassenmäßigen Herkunft orientierte Personalpolitik und das System der Perspektivpläne und Agitationsschwerpunkte sicherten die linientreue Gestaltung der Presse, die die Macht der Staatspartei ausbauen und rechtfertigen sollte.

Nachdem die Amerikaner bereits im September 1945 auf ihr Recht verzichtet hatten, Publikationen vor der Veröffentlichung zur Zensur einzusehen, schlossen sich die Briten und Franzosen einige Zeit später diesem Vorgehen an und begnügten sich mit der Nachzensur. Jede Ausgabe war den Besatzungsbehörden aber noch am Erscheinungstage vorzulegen. Die alliierten Presseoffiziere äußerten bei dieser Gelegenheit häufig Kritik, etwa an ungenügender Trennung von Nachricht und Kommentar, erzwangen jedoch nicht den Abdruck von Auflagemeldungen.

Das Lizenzierungs- und Kontrollsystem der Alliierten beschränkte die Pressefreiheit beträchtlich. Lizenzzwang und Nachzensur verhinderten die Gründung und Verbreitung von Zeitungen, deren Tendenz nicht mit den Interessen des jeweiligen Siegerstaates übereinstimmte. Die Lizenzpresse war nicht frei. »Es gab Tabuthemen wie die Vertreibung der Deutschen aus ehemals deutschen Gebieten im Osten oder Unstimmigkeiten zwischen den Besatzungsmächten« (Kurt Koszyk: Presse unter alliierter Besatzung, in: Jürgen Wilke (Hg.): Mediengeschichte der Bundesrepublik Deutschland, Köln/Weimar/Wien 1999, S. 42).

Die Lizenzierung war ebenso wie die Entnazifizierung notwendig, aber mit vielen Mängeln belastet. Sie war keine Patentlösung, ist aber trotz vieler Einschränkungen als der ehrlich gemeinte Versuch der westlichen Alliierten zu verstehen, die Deutschen zu Demokraten zu erziehen bzw. sie wieder an die Demokratie heranzuführen.

5.2   Entwicklung in beiden deutschen Staaten

Am 21. September 1949 verkündete die Alliierte Hohe Kommission das Gesetz Nr. 5, das jedem in der Bundesrepublik lebenden Deutschen (mit Ausnahme der von den Spruchkammern als Hauptschuldige oder Belastete eingestuften ehemaligen Nationalsozialisten) das Recht einräumte, ohne vorherige Genehmigung ein Blatt herauszugeben. Innerhalb eines halben Jahres stieg die Zahl der Zeitungen um etwa 400 auf 568. Die Neugründer waren vor allem die Altverleger, die wegen des Vorwurfs, mit dem nationalsozialistischen Regime zusammengearbeitet zu haben, bis 1949 keine Lizenz erhalten hatten. In ihren Händen waren in der Regel auch nach 1945 die Druckereien und technischen Einrichtungen geblieben. Doch konnten sie sich häufig erst wieder betätigen, als die mit Lizenzträgern abgeschlossenen Zwangspacht- und Lohndruckverträge abgelaufen waren. Zahlreiche Lizenzzeitungen hingegen, die nun nicht mehr über technische Ausrüstungen verfügten, bekamen von den Alliierten Kredite zum Kauf von Druckereien und Verlagsgebäuden.

Zwischen neuen und alten Verlegern entwickelte sich 1949/50 ein harter Konkurrenzkampf. Letztere waren insofern benachteiligt, als es für sie jetzt trotz begrenzter finanzieller Mittel und der schwierigen Beschaffung von Zeitungspapier darauf ankam, das inzwischen an die lizenzierten Zeitungen verloren gegangene frühere Verbreitungsgebiet ihrer Blätter zurückzuerobern. Obwohl sich die Neugründungen zunächst neben den Lizenzzeitungen behaupten konnten, blieb den Altverlegern häufig die redaktionelle Zusammenarbeit mit anderen Zeitungen als einzige Möglichkeit, um wirtschaftlich rentabel zu arbeiten. Anzeigenverbunde hätten sicherlich ihren Start erleichtert und ihre Lage auf Dauer stabilisiert, aber dazu waren sie »in falsch verstandener Eigenständigkeit« (Walter J. Schütz: Entwicklung der Tagespresse, in: Wilke, ebenda, S. 112) nicht bereit.

Nachdem die erste Pressekonzentrationswelle, die aus dieser Konkurrenz in den ersten Jahren der Bundesrepublik entstanden war, sich beruhigt hatte, entwickelte sich in Westdeutschland rasch ein vielfältiges Pressewesen, das Mitte der 50er-Jahre einen Höhepunkt mit 225 Vollredaktionen erreichte. In den folgenden Jahren führte der Kostendruck (hohe Investitionen für neue Druck- und Satztechniken, Rückgang der Verkaufs- und Anzeigenerlöse) dazu, dass viele Zeitungen eingestellt wurden oder nur durch Zusammenarbeit mit Großverlagen überleben konnten. So entstand eine weitere Konzentrationswelle, die zur Bildung großer Pressekonzerne führte. 1976 brachte der Axel Springer Verlag in Hamburg allein 29 Prozent der Gesamtauflage der Tageszeitungen heraus. Da war es nicht verwunderlich, dass sich die Außerparlamentarische Opposition Ende der 60er-Jahre vor allem gegen den Hamburger Konzern mit dem Schlachtruf »Enteignet Springer« wandte.

Opfer des Konzentrationsprozesses waren vorwiegend kleinere Zeitungen. Im Zuge dieser Entwicklung vermehrte sich auch drastisch die Zahl der Ein-Zeitungs-Kreise, also jener Gebiete, in denen sich die Bevölkerung nur aus einer Zeitung über das lokale Geschehen informieren konnte. Ähnliche Konzentrationsprozesse wie in der Tagespresse vollzogen sich im Zeitschriftenbereich. Dort entstanden in den 50er-Jahren bereits jene Großverlage, die heute noch dominieren: Heinrich Bauer Verlag, Axel Springer Verlag, Gruner + Jahr und der Burda-Verlag.

Wie schon vor der Gründung der DDR im Jahre 1949 war die Presse auch danach von staatlichen Organen weisungsabhängig. Der Berufszugang der Journalisten wurde staatlich kontrolliert, der Nachrichtenstrom zentral gesteuert. Der ALLGEMEINE DEUTSCHE NACHRICHTENDIENST (ADN) hatte ein Monopol. Von Pressefreiheit konnte keine Rede sein. Eine Vorzensur fand nicht statt, denn sie erübrigte sich auch wegen der umfassenden Anleitung der Journalisten durch die Abteilung für

Agitation und Propaganda beim Zentralkomitee der Sozialistischen Einheitspartei Deutschlands.

Wie detailliert die SED die Berichterstattung lenkte, belegen folgende Beispiele:
- »Wir bitten, von der Behandlung des 17. Juni 1953 in Veröffentlichungen abzusehen.«
- »Kein Protokoll-Obst auf den Tischen fotografieren« (sonst wird die Bevölkerung neidisch).
- »Nichts über selbstgebaute Fluggeräte« (sonst hauen uns die Leute ab).
- »Nichts über Formel-1-Rennen« (die können wir uns nicht leisten).

In der DDR hatte die Presse wie alle anderen Medien die Funktion, durch Agitation und Propaganda die sozialistischen Ideen populär zu machen. Allenfalls kleine örtliche Missstände, zumeist als Versorgungsengpässe umschrieben, durften kritisiert werden. Eine führende Rolle nahmen die Tageszeitungen der SED ein. Erst ab Mitte der 80er-Jahre erschienen im Untergrund Presseorgane, die sich mit Menschenrechts- und Friedensthemen beschäftigten. Sie spielten eine politische und publizistische Rolle im Hinblick auf die Wende. Vor rund einer halben Million Menschen forderten am 4. November 1989 auf dem Berliner Alexanderplatz prominente DDR-Schriftsteller die Freiheit der Medien. In den wenigen Monaten vom Ende der SED-Herrschaft bis zur Wiedervereinigung im Oktober 1990 erlebte die Presselandschaft im Gebiet der DDR einen radikalen Umbruch. Die Zeitungen sprachen offen die über Jahrzehnte tabuisierten Probleme an. Westdeutsche Zeitungs- und Zeitschriftenverlage lieferten ihre Presseerzeugnisse in die DDR. Die Zeitungen der Bürgerbewegungen erlebten eine kurze Blütezeit, während die auflagenstarken überregionalen Blätter der SED und der »gesellschaftlichen« Organisationen (u. a. FDGB, FDJ, NVA) drastische Verluste erlitten oder eingestellt wurden. Die großen SED-Bezirkszeitungen allerdings wurden von der Treuhand an westdeutsche Großverlage verkauft und von diesen mit hohen Investitionen saniert und umgestaltet. Sie beherrschen heute den Pressemarkt in den neuen Bundesländern.

5.3　Die heutige Struktur der Zeitungen

Die folgenden Strukturmerkmale kennzeichnen die Presse in Deutschland:
- Zeitungen sind nahezu sämtlich in privatem Eigentum,
- Erscheinungsweise am Morgen,
- lokale Bindung vieler Tageszeitungen,
- starke Position der Regionalzeitungen,
- wenige überregionale Qualitätszeitungen,

- wenige Kaufzeitungen, vor allem BILD,
- fast nicht vorhandene Parteipresse,
- Überparteilichkeit im Anspruch,
- Anzeigenabhängigkeit,
- hohe Leser-Blatt-Bindung,
- starke Pressekonzentration,
- »Cross-Ownership«: Beteiligung der Zeitungsverleger an anderen Medien,
- weitgehende Marktsättigung: Marktzutritt stark erschwert bis unmöglich.

Privates Eigentum

Zeitungen und Zeitschriften befinden sich in privatem Eigentum. Zuweilen besitzen eine Familie oder mehrere einen Verlag. Große Unternehmen wie der Springer- oder Bertelsmann-Konzern sind Aktiengesellschaften. Es gibt eine Ausnahme, das ist die Wochenzeitung DAS PARLAMENT. Das Blatt, das vor allem über politische Vorgänge und die Debatten im Bundestag berichtet, wird vom Parlament finanziert.

In der DDR gehörten Presseerzeugnisse (von der Druckmaschine bis zum Zeitungstitel) Parteien und Massenorganisationen, vor allem der SED. 1990/91 privatisierte die Treuhandanstalt diese Verlage.

Die private Presse hat einen Doppelcharakter: Sie soll einerseits der Allgemeinheit dienen – ihr wird deshalb auch in den Landespressegesetzen ausdrücklich eine öffentliche Aufgabe zuerkannt – und sie ist andererseits darauf aus, Gewinne zu machen. Dieser Gegensatz – Unternehmen mit dem Ziel der Gewinnmaximierung und Institution mit der Verpflichtung zur Wahrnehmung einer öffentlichen Aufgabe – hat eine Tradition, die bis in die Anfänge der Presse im 17. Jahrhundert zurückreicht. Sie kommt darin zum Ausdruck, dass sich Zeitungen und Zeitschriften vorrangig über Anzeigeneinnahmen finanzieren. 1915 umschrieb der Leipziger Nationalökonom und Pionier der Kommunikationswissenschaft, Karl Bücher, diesen Sachverhalt so:

> »Es kann nicht entschieden genug ausgesprochen werden. Die Redaktion ist für die kapitalistische Erwerbsunternehmung nichts weiter als ein lästiger Kostenbestandteil, der gebraucht wird, um die Annoncen vor die

Augen von Menschen zu bringen, auf die sie wirken können [...] Also ist die Zeitung ein Erwerbsunternehmen, das Annoncenraum als Ware erzeugt, die nur durch einen redaktionellen Teil verkäuflich wird [...] Es gab eine Zeit, in der die Zeitung nur neue Nachrichten und Artikel zur Belehrung und Beeinflussung der öffentlichen Meinung enthielt. Aber die liegt lange hinter uns [...]« (Karl Bücher: Gesammelte Aufsätze zur Zeitungskunde, Tübingen 1926, S. 377).

Zeitungen wie Zeitschriften werden also auf zwei verschiedenen Märkten angeboten und verkauft – auf dem Markt der Leser als publizistisches Produkt und auf dem Anzeigenmarkt als Werbeträger. Hohe Leserzahlen bringen hohe Anzeigenerlöse, weil die Anzeigenpreise von der Reichweite der Presseorgane abhängen. Andererseits ermöglicht ein hohes Anzeigenaufkommen niedrige Bezugspreise und ein anspruchsvolleres journalistisches Produkt. Dies kann für mehr Leser attraktiv sein. Zwischen dem Anzeigen- und Lesermarkt bestehen also enge Wechselbeziehungen. In den letzten Jahren ist die Ökonomisierung der Presse gewachsen. Damit ist gemeint: Weil die Auflagen vieler Produkte sinken und der Anteil am Werbekuchen zurückgeht, sind Zeitungs- und Zeitschriftenverlage bemüht, einerseits die Kosten für die Redaktionen zu senken und andererseits neue Leser vor allem unter dem Gesichtspunkt zu gewinnen, ob sie für Anzeigenkunden interessant sind.

Das Angebot der deutschen Zeitungen

Im internationalen Vergleich erscheint das Zeitungsangebot in Deutschland zunächst als groß und auch vielfältig. Aber die Reichweiten der Tageszeitungen im europäischen Vergleich zeigen nur einen guten Mittelfeldplatz für Deutschland, mit etwa 70 Prozent. Deutlich wird aus der folgenden Tabelle auch ein europäisches »Nord-Süd-Gefälle«, da mit Ausnahme von Portugal die nord- und mitteleuropäischen Länder erheblich höhere Zeitungsreichweiten haben als die südeuropäischen. Großbritannien nimmt in dieser Tabelle insofern eine Sonderstellung ein, als die Zeitungen unter Einbeziehung der hier nicht enthaltenen regionalen und lokalen Blätter auch eine Reichweite von deutlich mehr als 70 Prozent haben.

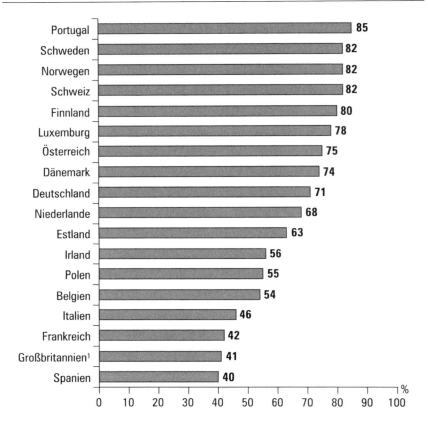

Reichweiten der Tageszeitungen im europäischen Vergleich
Angaben für 2009 in Prozent der Bevölkerung
(BDZV Zeitungen 2010/11, S. 409)

Im außereuropäischen Vergleich liegt nur Japan mit der nordeuropäischen Spitzengruppe etwa gleichauf.

Die vermeintliche Vielfalt erhält aber auch einen deutlichen Dämpfer, wenn man danach fragt, wie viele der Zeitungen oder Zeitungsausgaben eine so genannte Vollredaktion haben, also in allen Ressorts von der Innen- und Außenpolitik, über Wirtschafts-, Kultur- und Sportteil bis zu den lokalen und regionalen Seiten journalistisch selbstständig gestaltet werden. Über die Entwicklung dieser Vollredaktionen, der »publizistischen Einheiten«, gibt die folgende Tabelle Auskunft:

Jahr	Publizist. Einheiten	Verlage als Herausgb.	Ausgaben	Verk. Aufl. TZ in Mio.	Sonntags- zeitungen	Wochen- zeitungen
1954	225	624	1.500	13,4	3	28
1964	183	573	1.495	17,3	3	50
1976	121	403	1.229	19,7	3	47
1989	119	358	1.344	20,6	5	37
1991	158	410	1.673	27,3	7	29
2001	136	356	1.584	23,8	7	24
2010	132	347	1.509	19,4	6	26

Entwicklung der Tages-, Sonntags- und Wochenzeitungen
(BDZV Zeitungen 2010/11, S. 400)

Sehr stark abgenommen hatte die Zahl der publizistischen Einheiten bis Mitte der 70er-Jahre, wo es dann wegen verschiedener Maßnahmen und eines neuen Gesetzes zur Regelung von Zeitungsfusionen zu einer Beruhigung kam. Die nächste große Welle der Schließung von Vollredaktionen kam in der Folge der deutschen Wiedervereinigung nach dem Marktzutritt der 39 DDR-Zeitungen, als in der Hauptsache ostdeutsche publizistische Einheiten von der Bildfläche verschwanden. Die Zahl der Verlage hat sich im gesamten Zeitraum ständig verringert (vgl. hierzu auch Kapitel 5.8).

Während die Zahl der Ausgaben mehr oder weniger konstant geblieben ist, zeigt sich bei den Zeitungsauflagen im langfristigen Vergleich ein starkes Wachstum in den 50er-, 60er- und 70er-Jahren, das dann von einer Phase der Stagnation in den Achtzigern abgelöst wurde.

Mit dem Hinzukommen der Zeitungen aus der alten DDR und einzelnen Neugründungen erreichten auch die Auflagen mit mehr als 27 Millionen verkauften Exemplaren ihren Höchststand im Jahre 1991. Die zwanzig Jahre seither zeigen dramatische Auflagenverluste bei den deutschen Tageszeitungen, die mehr als 30 Prozent betrugen, und nach Ablauf des Jahres 2010 wurden erneut Verluste von mehr als einer Million Exemplare gemeldet.

Diese Auflagen- oder Werbeverluste setzen die so genannte Auflagen-Anzeigen-Spirale in Gang, denn sinkende Auflagen bedeuten über dann ebenfalls sinkende Anzeigenpreise Einnahmeverluste. Einsparnotwendigkeiten können dann Einbußen an Qualität bedeuten und zu weiteren Auflagenverlusten führen.

Weniger dramatisch zeigt sich die Entwicklung bei den Wochenzeitungen, von denen es zwar ein Drittel weniger Objekte gibt, die aber insgesamt kaum an Auflage verloren haben, wohingegen die Sonntagszeitungen wiederum ebenfalls erhebliche Auflageneinbußen hinnehmen mussten.

Lokal- und Regionalzeitungen

Lokalausgaben sind Zeitungen, die nur ihren lokalen Teil selbst gestalten, den allgemeinen Teil aber von ihrer Hauptausgabe übernehmen. Lokal- und Hauptausgabe befinden sich wirtschaftlich und rechtlich im selben Verlag. Bei den Redaktionsgemeinschaften bleiben die einzelnen Zeitungsverlage wirtschaftlich und rechtlich selbstständig. Eine zentrale Redaktion produziert die allgemeinen Seiten wie Politik, Wirtschaft und Kultur für alle. Jedes einzelne Mitglied einer Redaktionsgemeinschaft stellt lediglich einen eigenen lokalen Teil her.

Zeitungen	Anzahl	Auflage
lokale und regionale Abonnementzeitungen	329	13,75 Mio.
überregionale Zeitungen	10	1,59 Mio.
Straßenverkaufszeitungen	8	4,10 Mio.
Tageszeitungen insgesamt	347	19,44 Mio.
Wochenzeitungen[2]	26	1,97 Mio.
Sonntagszeitungen[3]	6	3,38 Mio.
Gesamtauflage der Zeitungen		24,78 Mio.
Zeitungsausgaben insgesamt	1.509	
Publizistische Einheiten	132	

Auf je 1.000 Einwohner über 14 Jahre kommen in Deutschland 275 Tageszeitungsexemplare.

[1] 1. August 2010. Die Auflagenangaben beziehen sich auf die Meldungen an die IVW/II 2010.

[2] Wochenzeitungen, die der IVW angeschlossen sind.

[3] Alle durch die IVW separat ausgewiesenen Sonntagszeitungen.

Zeitungen in Deutschland[1]
(BDZV Zeitungen 2010/11, S. 398)

Der wirtschaftliche Vorteil, den solche Gemeinschaften bieten, ist: Nicht ein Verleger, sondern mehrere bringen das Geld für die politische, die Wirtschafts- und Feuilletonredaktion, die Nachrichtenagenturen und einen Teil des technischen Apparates auf. So arbeitet man Kosten sparend und ist gleichzeitig leistungsfähiger. Welcher Verleger eines Blattes mit einer Auflage unter 10.000 Exemplaren könnte zwei Nachrichtenagenturen abonnieren oder Journalisten für verschiedene Ressorts anstellen? Redaktionsgemeinschaften erlauben ihren Mitgliedern, sich einen publizistisch anspruchsvollen allgemeinen Teil zu leisten und zusätzlich im lokalen Teil durch ausführliche Berichterstattung Profil zu zeigen. Und genau das, die Information über die Region, interessiert nach Umfragen die Leser mit Abstand am meisten in ihrer Tageszeitung.

In der überregionalen Berichterstattung ist in der Bundesrepublik keine Zeitung ohne Konkurrenz. Überall gibt es die Möglichkeit, sich über Ereignisse von nationaler Bedeutung – beispielsweise den Verlauf einer wichtigen Debatte des Bundestages – gleichzeitig aus mehreren Zeitungen zu informieren, aus überregionalen wie auch aus regionalen und lokalen Blättern. Über das lokale Geschehen kann man sich hingegen häufig nur durch eine Zeitung, nämlich das Heimatblatt, die lokale Zeitung am Ort, unterrichten. In dieser Lage waren in Westdeutschland 1954 genau 8,5 Prozent der Bevölkerung, 2010 aber schon etwa 60 Prozent, wie der Zeitungsstatistiker Walter J. Schütz berechnet hat. In Ostdeutschland berichtet inzwischen in mehr als zwei Dritteln aller Kreise und Städte nur noch ein einziges Blatt über das, was in der Region passiert.

Gerade das, was das Freiheitliche einer privatwirtschaftlichen Presse ausmacht, der Wettbewerb, ist in großen Teilen Deutschlands nicht mehr vorhanden. Hier verfügt ein Blatt in der Lokalberichterstattung über ein Monopol. Das ist politisch bedeutsam, weil die Gefahr besteht, dass die Leser, die lokalen Berichten nachweislich eine viel größere Aufmerksamkeit schenken als politischen Meldungen, Leitartikeln oder Wirtschaftsnachrichten, häufig nur einseitige Informationen erhalten.

Wenn die lokale Konkurrenz fehlt, entfällt für die Journalisten ein wesentlicher Anreiz für die eigene Arbeit:

- Was haben die anderen gebracht?
- Warum sind nicht wir auf das Thema gekommen?
- Welche Gesichtspunkte haben wir in unserem Kommentar zur Lokalpolitik vergessen?

Lokale Pressemonopole sind bedenklich: Sie können ihre publizistische Leistung verringern, ohne dass der unzufriedene Leser die Möglichkeit hat, zur Konkurrenz abzuspringen, und ihre Informations- und Kontrollfunktion vernachlässigen, ohne dass es der Leser merkt.

Unabhängig von der Marktposition, also auch dann, wenn mehrere miteinander konkurrieren, tun sich auflageschwache Zeitungen (unter 10.000 Exemplaren) häufig schwer mit der kritischen Lokalberichterstattung. Zu diesem Zeitungstyp, auch Heimatpresse genannt, zählt die überwiegende Mehrheit der Blätter in Deutschland. Für sie stellt sich das Problem der Pressefreiheit mit besonderer Schärfe. Der Kreis der Anzeigenkunden ist normalerweise nicht sehr groß; die Zeitungen sind also auf jedes einzelne Inserat angewiesen. Manchmal bestehen Anzeigenkunden darauf, dass im redaktionellen Teil ein Hinweis auf die Anzeige erfolgen muss. Nicht immer geben die Redaktionen diesem Druck nach.

Für Lokaljournalisten gibt es ein spezielles Problem. Sie informieren über die örtliche Prominenz und kritisieren sie auch zuweilen, wohl wissend darum, dass sie ihr Tag für Tag begegnen können. Mehr noch: Mit dem einen oder anderen haben sie gemeinsam die Schulbank gedrückt oder im Tennisclub gespielt. Das sind andere Probleme als sie Korrespondenten in Berlin oder Moskau haben, die aber deutlich machen können, welchem politischen Druck Lokaljournalisten auch ausgesetzt sein können.

Die Nähe zu den Honoratioren der Stadt verschafft Journalisten zwar den Vorteil, viele Informationen zu bekommen, die sie sonst nicht hätten. Man kennt sich eben seit Jahrzehnten. Da fällt es aber schwer, auf Distanz zu gehen. Andererseits sucht auch die Stadtprominenz die Nähe zur Lokalredaktion. Das »Projektteam Lokaljournalisten« der Bundeszentrale für Politische Bildung urteilte 1998:

> »Die Umarmung der Journalisten ist die perfekte Bestechung mit großer und meist anhaltender Wirkung; sie ist jedenfalls wirkungsvoller als eine Beschwerde beim Verleger oder Chefredakteur.«

Zuweilen versuchen Interessierte, den Redakteur durch großzügige Bewirtung oder kleine Aufmerksamkeiten geneigter zu stimmen, einen Bericht zu veröffentlichen oder unter den Tisch fallen zu lassen. Der Deutsche Presserat hat sich mit diesem Geschenkeunwesen wiederholt kritisch auseinander gesetzt. Auf der Grundlage einer seiner Resolutionen trafen der Deutsche Journalisten-Verband und der Bundesverband Deutscher Zeitungsverleger eine Vereinbarung, in der es unter anderem heißt:

> »Redakteure und redaktionelle Mitarbeiter dürfen Einladungen und Geschenke in Bezug auf ihre berufliche Tätigkeit, die – bei Anlegung eines strengen Maßstabes – den Rahmen des Üblichen übersteigen, nur mit Zustimmung des Verlages und des Chefredakteurs annehmen. Dies gilt besonders für Reisen, bei denen die Fahrt- und Aufenthaltskosten nicht vom Verlag getragen werden. Die Annahme von Einladungen und Geschenken darf keinesfalls zu einer Beeinträchtigung der Entscheidungsfreiheit

und der unabhängigen Urteilsbildung der Redakteure oder redaktionellen Mitarbeiter führen.«

Der Hamburger Medienberater Manfred Hintze hat die Lokalberichterstattung von Lokal- und Regionalzeitungen untersucht, von der HARZER VOLKSSTIMME über die SAARBRÜCKER ZEITUNG bis zum MIESBACHER MERKUR. Sein Ergebnis lautet,

> »dass Kritik im redaktionellen Teil der ländlichen Lokalzeitungen äußerst selten, häufiger dagegen in Großstädten betrieben wird« (Manfred Hintze: Lokalpresse – Quo vadis, Frankfurt/M. 2002, S. 89).

In Kommentaren werden nach Hintzes Untersuchungen klare Aussagen vermieden. Wenn überhaupt Kritik geübt wird, stamme sie nicht von der Redaktion. Die verschanze sich oft hinter den Meinungen Dritter. Insgesamt stellte der Medienberater fest:

> »Die Lokalpresse liefert weder ausreichend recherchierte Hintergründe, noch erschöpfende Erklärungen. Zudem treten ihre originär erarbeiteten Beiträge gegenüber Verlautbarungen in den Hintergrund.«

Die Gründe für diese Misere liegen auf der Hand: Unzureichende Honoraretats für freie Mitarbeiter, Unterbesetzung der Redaktionen und die damit verbundene Arbeitsüberlastung der Journalisten. Erschwerend kommen die Nähe zu den Honoratioren und mangelnde Rückendeckung durch Verleger und Chefredaktion hinzu, die enge Kontakte zur politischen und wirtschaftlichen Elite pflegen.

Kritiklosigkeit kann schwerwiegende politische Folgen haben. Der Leser wird unter Umständen das Vertrauen zu seiner Zeitung verlieren, wenn er feststellt, dass sie die von ihm in einem überschaubaren politischen Gemeinwesen beobachteten Mängel totschweigt. Andererseits kann übertriebener Negativismus in der lokalen Berichterstattung Politikverdrossenheit fördern. Lokalredakteure dürfen durchaus ihre Region lieben, sie den Lesern näher bringen, ihnen Freude machen und sie vom Alltagsfrust befreien. Es kommt letztlich im Lokaljournalismus darauf an, die Waage zu halten zwischen zu viel und zu wenig Kritik.

Einige Blätter gehen neue Wege und gestalten ihre Lokalteile marktgerechter. Sie haben die Bedeutung des Lokalteils erkannt und schichten zu seinen Gunsten Arbeitsplätze um. Sie schließen sich bei der Produktion des überregionalen Teils, von der Politik bis zur Kultur, mit anderen Verlagen zusammen. Sie sparen also Finanzmittel, die sie in den Lokalteil investieren können. Die MAGEDEBURGER VOLKSSTIMME berücksichtigt nach umfangreichen Marktforschungen stärker die Wünsche ihrer Leser. Sie bietet im Lokalteil ein Lesertelefon an, veröffentlicht Gastkommentare, täglich Porträts von Mitbürgern, stellt Dörfer ausführlich vor und veranstaltet Umfragen in Landkreisen zu allen Themen, die ihre Kunden interessieren.

Viele Zeitungen, nicht nur die Heimatblätter, bemühen sich inzwischen darum, durch Serviceleistungen die Bindung an die Leser zu verstärken. Die RHEINISCHE POST richtete eine Dialogredaktion ein, die OBERRHEINISCHE PRESSE in Marburg lässt von fünf Redakteuren alle Verbraucher-, Ratgeber-, Jugend-, Kultur-, Computer-, Fernseh- und Terminseiten in einem eigenen Teil erarbeiten, wo auch alle Gewinnspiele und Verlosungen, Leseraktionen, Veranstaltungspräsentationen und andere Marketingprojekte zusammenfließen. Die DEISTER- UND WESERZEITUNG in Hameln unterhält im Verlagshaus ein Lesercafé, wo Kunden Kritik äußern und Anregungen geben können. Die BERLINER ZEITUNG stellte den ehemaligen Bürgermeister der Stadt, Klaus Schütz, als so genannten Ombudsmann ein. Seine Diskussionen mit den Lesern wurden regelmäßig auf einer Extraseite veröffentlicht.

Seit Mitte der 70er-Jahre versuchten Alternativzeitungen, Informationslücken zu schließen, die offensichtlich die herkömmliche Presse vor allem in der lokalen Berichterstattung ließ. Die Auflage der in der Regel nicht von professionellen Journalisten, sondern von Bürgern unterschiedlicher Berufe und sozialer Schichten gemachten Blätter schwankten zwischen einigen hundert und mehreren tausend Exemplaren. Die überwiegend in Großstädten erscheinenden Periodika wollten zumeist andere Informationen bringen. Sie verstanden sich zum großen Teil als ein Forum der Gegenöffentlichkeit, das Probleme aufgreift, die alteingesessene Medien nur kurz abtun, totschweigen oder lediglich aus der Sicht der Etablierten darstellen. Vorrangig schrieben hier Betroffene für Betroffene, berichteten die da unten für die da unten, beispielsweise über Aktivitäten von Bürgerinitiativen, Frauengruppen, Stadtteilkomitees, Alten-Selbsthilfeorganisationen sowie über Wohn- und Miet-, Straßenbau- und Umweltschutz-Fragen der Neubausiedlung. Inzwischen hat sich die Alternativpresse weithin überlebt.

> »Die Alternativblätter waren das publizistische Phänomen einer Zeit, in der die gesellschaftlichen und politischen Rahmenbedingungen eine Gegenöffentlichkeit herausforderten und auch ein Publikum für solche Medien schufen. Die Faktoren, die schon Anfang der Achtzigerjahre in die Krise führten, machten die Neuorientierung notwendig, die die Alternativpresse herkömmlichen Typs marginalisierte und für andere den Abschied aus dem alternativen Segment bedeutete« (Christina Holtz-Bacha: Alternative-Presse, in: Wilke, ebenda, S. 345).

Kommerzieller und professioneller arbeiten die Stadtmagazine. Mit Anzeigen reichlich bestückt, bieten sie einen breiten Überblick über die Programme von Fernsehen, Hörfunk, Film, eine bunte Mischung lokaler (auch politischer) Informationen, vorwiegend über Kultur und Subkultur.

Die föderalistische Struktur der Bundesrepublik spiegelt sich in ihrer Presse wider. In den Ländern haben sich am Sitz der Landesregierung und darüber hinaus in den Großstädten rund 60 Tageszeitungen mit Auflagen über 100.000 Exemplaren entwickelt. Sie sind wie die Lokalzeitungen für die Leser ein Stück Heimat. Ein Viertel ihres redaktionellen Textes hat in der Regel regionale oder lokale Informationen zum Inhalt. Das gilt für die STUTTGARTER ZEITUNG wie das HAMBURGER ABENDBLATT, die OSNABRÜCKER ZEITUNG wie die WESTDEUTSCHE ALLGEMEINE ZEITUNG (Essen). Dank ihrer Auflagen und ihres Anzeigenaufkommens gehören sie, sofern sie die erste Position im Markt einnehmen, zu den finanzkräftigen Verlagen.

Selbst sie gerieten seit 2001 in finanzielle Schwierigkeiten, als die Einnahmen aus Anzeigen erheblich schrumpften. Sie reagierten darauf zum großen Teil mit einem Abbau von Stellen in allen Ressorts.

In Ostdeutschland spielte die SED-Presse in den Bezirken über Jahrzehnte eine beherrschende Rolle. Diesen Regionalzeitungen, die häufig über ein Dutzend lokale Ausgaben herausbrachten, galt nach der Wende 1989 das besondere Interesse westdeutscher Verlage. Noch bevor die alten SED-Verlage Kooperationsverträge abschlossen, gaben sich die Zeitungen häufig einen neuen Titel; so nennt sich die FREIHEIT in Halle jetzt MITTELDEUTSCHE ZEITUNG und die MÄRKISCHE VOLKSSTIMME in Potsdam MÄRKISCHE ALLGEMEINE. Die westdeutschen Partner standen zunächst vor dem Problem, die früheren Bezirksblätter der Einheitspartei technisch zu modernisieren. Sie statteten sie mit

- Redaktionssystemen zur Verarbeitung von Nachrichten und Beiträgen,
- leistungsfähigen Druckereien,
- neuen Vertriebssystemen und
- dem Wissen zur Ankurbelung des Anzeigengeschäfts aus.

Die Übernahme des westlichen Modells schloss Frustrationen und Irritationen nicht aus. Den Ostdeutschen war ein Produkt fremd, das sich allein aus Vertriebs- und Anzeigeneinnahmen finanzieren sollte; den Westdeutschen erschien ein 16 Seiten starkes und fast ohne Anzeigen erscheinendes Blatt nicht konkurrenzfähig auf einem freien Markt. Nachdem sich westdeutsche Großverlage bei den Regionalzeitungen östlich der Elbe als Partner angedient hatten, blieben Überraschungen nicht aus, als die für die Privatisierung zuständige Treuhandanstalt darüber entschied, welcher westdeutsche Verlag welchen ostdeutschen bekam. Den Berliner Verlag durften der Hamburger Zeitschriften-Multi Gruner + Jahr und der britische Großverleger Robert Maxwell erwerben. Neben etlichen Zeitschriften kommen dort die BERLINER ZEITUNG und ein Boulevardblatt (BERLINER KURIER) heraus. Kritik zog die Treuhandanstalt bereits mit ihrer Entscheidung auf sich, die Chemnitzer FREIE PRESSE und die Hallenser MITTELDEUTSCHE ZEITUNG an einen in Ludwigshafen bzw. Köln ansässigen Verlag zu vergeben. Im zuerst genannten Fall wurden dem neuen Besitzer enge Kontakte zum damaligen Bundeskanzler Helmut Kohl, im zweiten Fall zum damaligen Bundesaußenminister Hans-Dietrich Genscher nachgesagt – mögliche Mauscheleien, die von der Treuhandanstalt in Berlin bestritten wurden. Nach den Vorentscheidungen im Herbst 1990 genehmigte diese 1991 den Verkauf weiterer zehn Ex-SED-Blätter an westdeutsche Verlage. Sie nehmen auf dem ostdeutschen Zeitungsmarkt inzwischen eine überragende Position ein. Über 90 Prozent der Gesamtauflage der lokalen und regionalen Abonnementzeitungen entfällt auf sie, so dass die Presse dort schon 1992 »noch stärker als in der früheren DDR hochgradig konzentriert« war (Beate Schneider: Die ostdeutsche Tagespresse – eine [traurige] Bilanz, in: Media Perspektiven, H. 7/1992).

Zum Zuge kamen in Ostdeutschland ausschließlich westdeutsche Großverlage oder mit ihnen kapitalmäßig verflochtene mittelständische Unternehmen. Nach Auskunft der Treuhand spielten neben dem Vielfaltsgesichtspunkt der Kaufpreis, Arbeitsplatzgarantien sowie Investitionszusagen eine Rolle. Durch ihre Entscheidungen gestaltete die Treuhand die Wirtschafts- und Gesellschaftsstruktur im Gebiet der ehemaligen DDR. Der Verkauf der Zeitungen war ein Lehrstück der Intervention in den Pressemarkt durch eine Stelle, die dazu weder durch ihre Sachkunde noch durch ihre Aufgabe prädestiniert und legitimiert war. Die Treuhandanstalt brauchte freilich auch hohe Investitionszusagen in Milliardenhöhe, um eine rasche Umstrukturierung der Verlage sicherzustellen, und diese Versprechen konnten kleinere und mittelständische westdeutsche Verlage nicht geben. Medienpolitisch bleibt allerdings zu bedauern, dass

• die von der SED überlieferten Verbreitungsgebiete zementiert,
• die westdeutschen Großverlage noch größer geworden sind und damit auch die Pressekonzentration in Deutschland insgesamt gewachsen ist und
• die Vielfalt weithin auf der Strecke geblieben ist.

Mit wenigen Ausnahmen waren die Auflagenverluste der Zeitungen in den neuen Bundesländern sogar höher als in den alten. Bis zu einem Drittel an Auflagen verloren beispielsweise Zeitungen wie die MITTELDEUTSCHE ZEITUNG in Halle seit dem Jahr 2000, und nahezu die Hälfte verloren die MÄRKISCHE ODERZEITUNG in Frankfurt/Oder und die LEIPZIGER VOLKSZEITUNG. Im Durchschnitt liegen die Verluste in den letzten zehn Jahren dort bei einem Drittel bis einem Viertel der Auflagen.

Überregionale Qualitätszeitungen

Wie schon in der Vergangenheit gibt es in Deutschland nur wenige überregionale (gemeint ist hiermit bundesweit verbreitete) Tageszeitungen. Manche zählen die Wirtschaftszeitungen HANDELSBLATT (137.000) und die FINANCIAL TIMES DEUTSCHLAND (100.000) dazu, die ebenfalls Vollredaktionen mit allerdings einem Schwerpunkt auf der Wirtschaftsberichterstattung haben. Im engeren Sinne geht es dabei um die folgenden fünf Zeitungen:

Die SÜDDEUTSCHE ZEITUNG (Auflage rund 437.000), die seit 1945 in München herauskommt und zur Südwestdeutschen Medienholding gehört, zeichnet sich durch einen breiten überregionalen Nachrichten- und Meinungsteil aus, ergänzt durch eine umfangreiche Auslands-Berichterstattung. Ihre allgemeine Linie ist in ihrem Redaktionsstatut festgeschrieben: »Sie verteidigt und erstrebt freiheitliche, demokratische Gesellschaftsformen nach liberalen und sozialen Grundsätzen.« Die SZ ist eine liberale Zeitung. Obwohl ihr Hauptverbreitungsgebiet in Bayern liegt, kritisiert sie, wenn auch zumeist folgenlos, seit Jahr und Tag die CSU-Regierung in München. Viele loben ihre journalistische Brillanz vor allem in Glossen und Reportagen. Sie ist die einzige überregionale Qualitätszeitung, die ihre Auflage im abgelaufenen Jahrzehnt nicht nur halten, sondern zwischenzeitlich sogar leicht steigern konnte.

Die FRANKFURTER ALLGEMEINE ZEITUNG (Auflage rund 362.000) erscheint seit 1949 in der Mainstadt. Ihre Stärke ist ihr weltweites Korrespondentennetz, das ihr eine internationale, von den Nachrichtenagenturen unabhängige Berichterstattung ermöglicht, ganz besonders im Wirtschaftsteil. Unter ihren Lesern überwiegen leitende Mitarbeiter von Behörden und Betrieben sowie Selbstständige. Die »FAZIT«-Stiftung ist als Mehrheitsgesellschafterin verpflichtet, ihre Einnahmen zu gemeinnützigen Zwecken zu verwenden. Charakteristisch für die FAZ ist das Kollegialprinzip, das in dem Herausgebergremium (also kein Chefredakteur) Ausdruck findet. Der Zeitung sagten Kritiker des liberal-konservativen Blattes früher einen eigenen Zeitbegriff nach. Die Uhr ticke bei ihr langsamer als in der Welt. Manchmal komme es einem vor, als hingen viele Redakteure an den Zeigern der großen Weltuhr, um ihren Lauf ein wenig zu bremsen. Das ist jedoch vorbei. In den letzten Jahren hat es in Aufmachung und Inhalt der FAZ doch einen deutlichen Modernisierungsschub gegeben, der 2012 sogar in einen Relaunch mündete.

DIE WELT (Auflage rund 250.000), die seit 1946 besteht, ist das publizistische Flaggschiff und seit vielen Jahren auch das finanzielle Sorgenkind des Springer-Konzerns mit Zentralredaktion in Berlin. Auch ihre Leser sind oft Führungskräfte in Staat und Wirtschaft. Gebunden an die redaktionellen Leitlinien in der Unternehmenssatzung, vertritt sie eher konservative Positionen. Versuche, dem Blatt einen liberalen Anstrich zu geben, unternahm 1995 der damalige Chefredakteur Thomas Löffelholz, der allerdings schon wenige Monate nach seiner Amtsübernahme zu spüren bekam, dass dieser Kurs dem damals mit 35 Prozent der Aktien an der Springer AG beteiligten Filmkaufmann Leo Kirch nicht passte. Der verlangte die »umgehende Ablösung des Chefredakteurs« mit der Begründung, die »bürgerliche, dem christlich-abendländischen Weltbild verpflichtete Grundhaltung« des Verlags sei beschädigt worden. Löffelholz hatte einen Gastkommentar veröffentlicht, der das so genannte Kruzifix-Urteil des Bundesverfassungsgerichts in Schutz nahm. Die Richter hatten das bayerische Schulgesetz für verfassungswidrig erklärt, das vorschrieb, dass in allen Volksschulklassenzimmern ein Kruzifix hängen muss. Dies wirft ein Schlaglicht auf die häufig beeinträchtigte innere Pressefreiheit in Zeitungsverlagen, die umstrittene Teilung von Zuständigkeit und Verantwortung zwischen Verleger und Redaktion.

Die FRANKFURTER RUNDSCHAU (Auflage rund 125.000) war am 1. August 1945 als eine der ersten Lizenzzeitungen in Deutschland auf Veranlassung der amerikanischen Besatzungsmacht gegründet worden. In ihrer wechselvollen Geschichte wurde die FR zunächst von einer Stiftung und später von der SPD-eigenen Deutschen Druck- und Verlagsgesellschaft (DDVG) übernommen, blieb aber immer ein Sorgenkind, auch als dann 2006 das Verlagshaus M. DuMont Schauberg als Mehrheitsgesellschafter einstieg. Mit dieser Übernahme wurde die Kölner Verlagsgruppe zur viertgrößten in der Bundesrepublik nach Springer, Südwestdeutscher Medienholding und der Gruppe WESTDEUTSCHE ALLGEMEINE ZEITUNG (WAZ).

Auch die Qualitätszeitungen gerieten seit dem Jahr 2000 hauptsächlich wegen der dramatischen Stellenanzeigen-Verluste in eine tiefe Krise. Um sie zu überstehen, bauten sie Arbeitsplätze ab und reduzierten die Umfänge. Im Einzelnen zwangen die horrenden Verluste die SÜDDEUTSCHE ZEITUNG dazu, ihr Jugendmagazin und die Regionalausgabe für Nordrhein-Westfalen einzustellen. Mehr noch: Sie musste sich nach einem finanzstarken Investor umsehen. Den fand sie in der Südwestdeutschen Medienholding (STUTTGARTER ZEITUNG/STUTTGARTER NACHRICHTEN/ DIE RHEINPFALZ/SÜWESTPRESSE), die heute als zweitgrößte Verlagsgruppe in Deutschland mehrheitlich Besitzer auch dieser Qualitätszeitung geworden ist.

Die FRANKFURTER ALLGEMEINE entließ eine große Zahl von Redakteuren oder schickte sie in den Vorruhestand. Sie stellte ihr Tiefdruck-Supplement »Bilder und Zeiten« ein. Der Springer-Verlag legte die Redaktionen der WELT und der BERLINER MORGENPOST zusammen und sparte damit über 100 redaktionelle Arbeitsplätze. Bei der FRANKFURTER RUNDSCHAU (FR) sollten mit der Übernahme der Zeitung durch die Verlagsgruppe M. DuMont Schauberg von den verbliebenen 190 Journalisten zwischen 40 und 90 entlassen werden, da die überregionale Berichterstattung nunmehr gemeinsam mit der ebenfalls zu DuMont Schauberg gehörenden BERLINER ZEITUNG in Berlin produziert wird und in Frankfurt nur die regionalen und lokalen Berichte geliefert werden. Die arg gebeutelte FR ist ein Beispiel dafür, wie aufgrund von Einsparmaßnahmen durch Zusammenlegung oder Auslagerung von Arbeiten zu externen Dienstleistern (Outsourcing) Arbeitsplätze, und vor allem journalistische Arbeitsplätze, eingespart werden. Auszeichnungen, die der FR wegen ihres sehr gelungenen Relaunches und ihrer Umstellung auf das kompakte Tabloid-Format zuerkannt wurden, helfen darüber dann auch nicht hinweg.

Zu den überregionalen Zeitungen gehört als fünfte die in Berlin erscheinende linksalternative taz, DIE TAGESZEITUNG (rund 50.000). Sie ist eine der wenigen Neugründungen in Westdeutschland in den letzten Jahrzehnten und entwickelte 1979 ein neues Modell: niedriger Einheitslohn für alle, Ablehnung hierarchischer Prinzipien und Selbstverwaltung. Davon ist das Blatt teilweise inzwischen abgerückt. Herausgeberin ist heute eine taz Verlagsgenossenschaft eG aus Mitarbeitern, Sympathisanten und Lesern.

Die überregionalen Zeitungen haben insgesamt aber in der Zeitungskrise des letzten Jahrzehnts mit Ausnahme der FRANKFURTER RUNDSCHAU von den Auflagen- und Reichweitenverlusten her weniger stark zu leiden gehabt und diese teilweise halten können. Die überregionalen Zeitungen der alten DDR, also die Zeitungen der FDJ, des Freien Deutschen Gewerkschaftsbundes, der SED und der Blockparteien haben sich als Zeitungen in den neuen Bundesländern nicht halten können und führen heute – wenn sie nicht eingestellt wurden – nur noch ein Schattendasein der alten Zeiten.

Sonntagszeitungen

Die beiden auflagenstärksten Sonntagszeitungen BILD AM SONNTAG (rund 1,5 Millionen) und WELT AM SONNTAG (rund 405.000) stammen aus dem Axel Springer Verlag. Sie sind wegen ihres Erscheinungsrhythmus eher den Wochenzeitungen zuzurechnen. Sie berichten sonntags tagesaktuell und lösen häufig durch Exklusivinterviews mit Politikern lebhafte Diskussionen am Wochenende aus. Über viele Jahre füllten sie damit eine Lücke, die von den Tageszeitungen gelassen wurde. Von ihnen sind inzwischen einige dazu übergegangen, auch sonntags zu erscheinen, unter anderem die FAZ mit ihrer FRANKFURTER ALLGEMEINEN SONNTAGSZEITUNG (235.000) und die BERLINER ZEITUNG sowie der TAGESSPIEGEL mit einer Sonntagsausgabe.

Die Straßenverkaufspresse

Von den rund 19 Millionen Tageszeitungen, die heute täglich verkauft werden, entfallen knapp vier Millionen auf die Boulevardpresse. Das sind jene Blätter, die ausschließlich am Kiosk zu haben sind. Sie spielen nicht nur an Stammtischen wegen

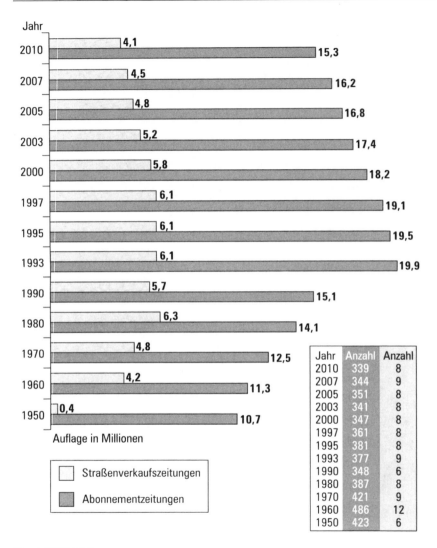

Jahr

Auflage in Millionen

□ Straßenverkaufszeitungen

■ Abonnementzeitungen

Jahr	Anzahl	Anzahl
2010	339	8
2007	344	9
2005	351	8
2003	341	8
2000	347	8
1997	361	8
1995	381	8
1993	377	9
1990	348	6
1980	387	8
1970	421	9
1960	486	12
1950	423	6

Stand: IVW/II 2010

Abonnement- und Straßenverkaufszeitungen 1950–2010
(BDZV Zeitungen 2010/11, S. 402)

74

ihrer populären Themen, sondern auch in der politischen Meinungsbildung eine nicht zu unterschätzende Rolle. Kennzeichnend ist die auffällige Aufmachung: reißerische Überschriften, großformatige Fotos, Sex- und Grusel-, Prominenten- und Skandalgeschichten in mehr oder weniger extremer Form.

Wegen ihrer außergewöhnlich hohen Auflage (früher über vier und heute noch etwa 2,7 Millionen) nimmt die BILD-ZEITUNG (Axel Springer Verlag) mit mehr als 30 Regionalausgaben eine Sonderstellung ein. Ein Drittel ihrer heute etwa zehn Millionen Leser verlässt sich ganz auf sie. Die anderen benutzen sie als Zweitzeitung, lesen also auch noch ein regionales Blatt oder informieren sich zusätzlich aus anderen Medien. Über Jahrzehnte galt BILD als ein konservatives Kampfblatt. Inzwischen rühmt sich die Chefredaktion, ideologiefrei zu sein und weder gegen Rechts oder Links zu kämpfen. Die Diffamierung von Minderheiten, in den 70er-Jahren durchaus üblich, gehört der Vergangenheit an. So hieß die Zeitung 1999 bei der Einführung des neuen Staatsbürgerschaftsrechts die künftigen Mitbürger auf Türkisch willkommen und richtete eine Rubrik ein, in der Fehler korrigiert werden. Dennoch sind die Meinungen über das Blatt geteilt. Seine Anhänger loben …
- die Kürze der Artikel,
- die leicht verständliche Sprache,
- das Engagement (»BILD Dir Deine Meinung«),
- den hohen Unterhaltungswert,
- den ausführlichen Sportteil,
- die Aktualität.

Kritiker betonen, BILD …
- vereinfache viele Sachverhalte bis zur Verfälschung des Nachrichtenkerns,
- bausche unwichtige Themen auf und lasse wichtige weg,
- verwende zuweilen illegale Methoden der Nachrichtenbeschaffung,
- verstoße häufiger als andere Presseorgane gegen die »Publizistischen Grundsätze« des Deutschen Presserates.

Dass und wie BILD Nachrichten unterdrückt und fälscht, haben schon mehrmals Wissenschaftler und Journalisten, ja sogar Gerichte festgestellt. Einige Beispiele:

Der Schriftsteller Günter Wallraff, der unter dem Namen Hans Esser in der BILD-Redaktion Hannover mehrere Monate arbeitete, beschrieb, wie das Millionenblatt Informationen erfand oder zurechtbog – so etwa bei der Aktion »BILD schafft Lehrstellen«: »Die meisten Lehrstellen wurden nicht – wie vorgegeben – durch BILD geschaffen, sondern waren ohnehin offen« (Der Aufmacher. Der Mann, der bei BILD Hans Esser war, Köln 1977).

Vampir-Fall: Gestützt auf eine »reißerische Mitteilung« der Polizei über die Festnahme eines Frankfurter Schülers, druckte BILD 1979 tagelang eine Serie über den

»Vampir von Sachsenhausen«, der Menschenblut getrunken und minderjährige Mädchen missbraucht habe – Vorwürfe, von denen später ein Gericht den jungen Mann freisprach. Dazu veröffentlichte BILD Privatfotos, die einige seiner Reporter bei zwei Einbrüchen in die Wohnung des Verhafteten gestohlen hatten. Das Landgericht Frankfurt verurteilte, bestätigt vom Bundesgerichtshof (BGH), vier Mitarbeiter des Boulevardblattes zu mehrmonatigen Freiheitsstrafen auf Bewährung und zu Geldbußen. BGH-Senats-Vorsitzender Mösl bezeichnete die Tat der Angeklagten als »Praktizierung eines verantwortungslosen und kriminellen Journalismus«.

Im Sommer 2001 berichtete BILD, viele Monate zuvor hätten in der sächsischen Kleinstadt Sebnitz Neonazis den kleinen Joseph ertränkt und viele hätten zugeschaut, ohne einzugreifen. Diese Meldung übernahmen viele Journalisten ungeprüft, auch seriöse Medien wie die SÜDDEUTSCHE ZEITUNG. Es war ein Gau im deutschen Journalismus. BILD verließ sich ohne weitere Recherchen auf die Aussagen von Josephs Mutter. In Wirklichkeit war der Kleine nicht ertränkt worden, sondern an Herzversagen gestorben.

Und dennoch: Das Blatt beeinflusst viele, auch der ehemalige Bundeskanzler Gerhard Schröder ließ sich, so wird berichtet, bei seinen Entscheidungen von seinem politischen Instinkt, Umfragen, seiner Frau Doris, »der Glotze« und der BILD-ZEITUNG leiten. Die Zeitung hat sich als Leitmedium durchgesetzt. Sie überflutet Deutschland gelegentlich mit einer Wutwelle nach der anderen. Sie setzt die Themen, heute dieser Aufreger, morgen jener Skandal, und viele Medien und Politiker pfeifen die Leitmelodie mit.

In jüngster Zeit hat BILD deutlich gemacht, dass es sich durchaus berufen fühlt und es auch forciert, Politiker zu fördern und groß zu machen, wie dies kampagnenartig beim Bundesverteidigungsminister Karl-Theodor zu Guttenberg geschah, den sie dann nach seinen offensichtlichen Verfehlungen, vor allem den Plagiaten in seiner Doktorarbeit, aber auch nicht mehr halten konnte.

Im vorerst letzten Skandal eines führenden Politikers in Deutschland, des Bundespräsidenten Christian Wulff, der zum Jahreswechsel 2011/2012 wegen Vorteilsannahme und verschiedenen Verbindungen zu dubiosen Geschäftsfreunden unter Dauerbeschuss der Medien geraten war und daraufhin im Februar 2012 schließlich zurücktreten musste, hat sich BILD zu einem der Vorreiter der Kampagne gemacht, was bei der CDU-freundlichen Haltung des Blatts immerhin ungewöhnlich war. BILD-Journalisten hatten sogar die ersten Verfehlungen des Bundespräsidenten recherchiert, und die Redaktion hat sich dann bei dem folgenden Versuch Wulffs, durch einen Anruf beim Chefredakteur die Veröffentlichung zu verhindern, nicht beirren lassen. Dies wurde als Eingriff des Staatsoberhauptes in die Pressefreiheit gewertet, der dann auch wesentlich zu seiner Demission beigetragen hat.

Ähnlich wie BILD versuchen auch andere Blätter, mit oft reißerischer Aufmachung Kunden zu fangen – so der EXPRESS (Erscheinungsorte Köln und Düsseldorf), die

MORGENPOST (Hamburg, Dresden), die TZ und die ABENDZEITUNG (München), die BZ (Berlin) und der BERLINER KURIER. Nicht nur BILD, sondern auch diese Boulevardzeitungen hatten in den letzten Jahren erhebliche Auflagenverluste zu verzeichnen, vielleicht, weil die Unterhaltungsbedürfnisse des Publikums durch das Fernsehen und andere Medien in zunehmendem Maße abgedeckt werden.

Wochenzeitungen und -magazine

Anders als die BILD-ZEITUNG, die durchaus an Vorbilder in der Weimarer Republik anknüpfen konnte, haben Blätter wie DIE ZEIT und der im Jahre 2010 eingestellte RHEINISCHE MERKUR/CHRIST UND WELT einen neuen Zeitungstyp in Deutschland begründet. Im Gegensatz zur Tagespresse bietet er weniger Nachrichten als vielmehr ausführliche Analysen und Kommentare, um aktuelle Ereignisse in größere Zusammenhänge einzuordnen. Diese Wochenzeitungen leisten wegen ihres hohen Niveaus und der überregionalen Verbreitung einen gewichtigen Beitrag zur Diskussion politischer, wirtschaftlicher und kultureller Probleme in der Bundesrepublik. Weil die überregionalen Qualitätszeitungen ihre Hintergrundberichterstattung ausgebaut haben, und ein Teil der jüngeren Generation lieber im Internet surft, haben die Wochenzeitungen das Problem, genügend Leser und Anzeigenkunden zu finden.

DIE ZEIT (rund 505.000), die zur Verlagsgruppe Georg von Holtzbrinck gehört, bezeichnet sich selbst als liberal. Dies definierte die 2002 verstorbene Mitherausgeberin und eine der Großen des deutschen Journalismus, Marion Gräfin Dönhoff, so:

> »Toleranz auch gegen Andersdenkende, sofern sie nicht zur Gewalt greifen, geistige Freiheit und Minderheitenschutz, sofern die Minderheit nicht den Versuch macht, die Mehrheit zu terrorisieren. Wir werden weiterhin ein Forum für die verschiedensten Meinungen sein, aber selber immer wieder schreiben und predigen, dass es nicht auf das Ziel ankommt – alle Ziele werden ja als Heilsverheißung dargestellt –, sondern auf die Mittel, mit denen diese Ziele erreicht werden sollen.«

Das Blatt verfolgt keine bestimmte politische Linie im Sinne einer Partei. Vielmehr veröffentlicht es, vor allem im politischen Teil, zu besonders umstrittenen Themen oft unterschiedliche Standpunkte.

In anderen Ressorts ist das Meinungsspektrum enger, wie der damalige Chefredakteur Theo Sommer einmal einräumte:

> »Spötter meinten früher, eigentlich bestehe die ZEIT ja aus drei verschiedenen Zeitungen, die sich der Einfachheit halber auf eine gemeinsame Typo-

grafie und einen gemeinsamen Erscheinungstermin geeinigt hätten. Die Politik sei die gedämpfte Mitte, die Kultur radikal links, die Wirtschaft aber konservativ. Das ist gar nicht so unrichtig und ja auch gar nicht so unlogisch. Man kann eine gute Politik nun einmal nur aus der Mitte machen, ein gutes Feuilleton nur von eher links, eine gute Wirtschaft nur von eher rechts.«

Die wegen ihres publizistischen Niveaus zu den besten Blättern Europas zählende Wochenzeitung gehört zu den Meinungsführern in der Bundesrepublik. Sie informiert, gibt Denkanstöße und beeinflusst den gesamtgesellschaftlichen Diskurs.

Ebenso wie der RHEINISCHE MERKUR/CHRIST UND WELT, eine Wochenzeitung, die vorwiegend an katholische Leser gerichtet war, musste auch das andere, diesmal von der evangelischen Kirche finanzierte Organ, das DEUTSCHE ALLGEMEINE SONNTAGSBLATT, nach langen verlustreichen Jahren eingestellt werden. Stattdessen wird jetzt von der Kirche ein monatlich erscheinendes Magazin herausgegeben, das unter dem Namen CHRISMON verschiedenen Zeitungen beigelegt wird.

Manchmal kommt es bei diesem Pressetyp auch vor, dass die Blätter neben der erwähnten kirchlichen Bindung ein offizielles Parteiorgan darstellen, wie das CSU-Blatt BAYERNKURIER (66.000).

Unter den Wochenzeitungen nimmt DAS PARLAMENT eine Sonderstellung ein. Die vom Deutschen Bundestag herausgegebene und finanzierte Publikation (rund 57.000) dokumentiert vor allem Debatten im Bundestag, im Bundesrat, in den Parlamenten der Länder und europäischen Entscheidungsinstanzen. Mit der Beilage AUS POLITIK UND ZEITGESCHICHTE stellt das Blatt ein wichtiges Forum für wissenschaftliche Beiträge zu aktuellen politischen Fragen her. Von der Auflage werden nur etwa zehntausend Exemplare verkauft, die Mehrzahl wird also kostenlos verbreitet.

Das Nachrichtenmagazin DER SPIEGEL (Auflage beim erstmaligen Erscheinen 1947: 15.000; im Jahre 2011: rund 960.000) ist in der deutschen Presse ohne Vorgänger. Die dem amerikanischen Nachrichtenmagazin TIME nachgebildete Zeitschrift ist bemüht, alle Nachrichten zu Geschichten zu verarbeiten und Menschen in den Mittelpunkt der Handlung zu stellen. Über Jahrzehnte prägte der Gründer Rudolf Augstein, der 2002 starb, das Magazin. Er machte es zu einem Leitmedium in Deutschland, von dem Politiker sagen, es sei zwar ein hartes Los, vom SPIEGEL zitiert zu werden, aber noch ein härteres, nicht erwähnt zu werden.

Die Skala der Urteile über den SPIEGEL reicht von Skandalblatt bis zu Kampfblatt der Aufklärung. Im Einzelnen heißt es, er …
- krititsiere immer nur,
- informiere einseitig,
- befördere Klischeevorstellungen und
- verwende die Technik der Andeutung zwischen den Zeilen als Hauptmittel der Charakterisierung von Personen.

Diese Vorwürfe sind nur zum Teil berechtigt. Der SPIEGEL möchte die Kehrseite der Medaille zeigen. Der Einwurf, es fehle das Positive, er nenne keine Alternativen, verkennt, dass die Kritikfunktion der Presse nicht dazu verpflichtet, selbst Lösungen anzubieten. Dass der SPIEGEL Fakten und Wertungen vermischt, ergibt sich aus seinem Selbstverständnis, ein Nachrichtenmagazin zu sein. Die Art und Weise, wie das Blatt Politiker vor allem der CDU/CSU der Lächerlichkeit preisgibt, hat ihm den Vorwurf eingetragen, es sei einseitig. Die einzelne Story enthält in der Regel eine Tendenzaussage – für die Freunde des Magazins ein Grund, sein Engagement zu loben, für die Kritiker ein Beweis für die Absicht, durch Manipulation bestimmte Wirkungen zu erzielen.

Viele loben an dem Magazin, dass es …
* die Kritik- und Kontrollfunktion der Presse ernst nehme,
* über die Tagespresse weit hinausreichende Informationen bringe,
* unpopuläre Themen aufgreife,
* unabhängig sei.

In Deutschland nutzt eine Große Zahl von Journalisten den SPIEGEL regelmäßig. Er gilt deshalb als wichtigstes Orientierungsmedium, als innerjournalistischer Meinungsführer und als klassisches »Leitmedium«. Er bestimmt weniger, welche Haltung die Medien einnehmen, sondern welche Themen die Medien aufgreifen. Dass der SPIEGEL mit Erfolg Kritik übt, belegen viele Beispiele:
* Bereits 1950 hatte der SPIEGEL aufgedeckt, dass Bundestagsabgeordnete bei der Wahl Bonns zur Bundeshauptstadt bestochen worden waren, um nicht für Frankfurt am Main zu stimmen.
* *Oktober 1962:* Die Titelgeschichte »Bedingt abwehrbereit« löste die so genannte SPIEGEL-Affäre aus. Die zitierten internen Dokumente über die Stärke der Bundeswehr veranlassten den damaligen Verteidigungsminister Franz-Josef Strauß mit Unterstützung Konrad Adenauers zu Haftbefehlen und Redaktionsdurchsuchungen. Er vermutete einen »Abgrund von Landesverrat«, ein Vorwurf, der sich dann als unhaltbar erwies; den SPIEGEL aber als Kontrollorgan und Hüter der demokratischen Grundrechte in der noch jungen Bundesrepublik etablierte.
* *September 1987:* Titelgeschichte über »Barschels schmutzige Tricks«, die nach dem Selbstmord des schleswig-holsteinischen Ministerpräsidenten ein Untersuchungsausschuss des Landtages bestätigte. »Waterkantgate«, so die SPIEGEL-Formulierung für die Kieler Affäre, führte zu einer länger anhaltenden Krise der CDU des Landes und zum Regierungswechsel.
* *Januar 1991:* Mehrere Berichte über Reisen, die der baden-württembergische Ministerpräsident Lothar Späth auf Kosten von privaten Firmen unternommen hatte, erzwangen dessen Rücktritt.

- *Januar 1998:* Eine Titelgeschichte zum Thema Lauschangriff (»Pressefreiheit in Gefahr«) alarmierte die anderen Medien und veranlasste sie, im Zusammenhang mit der bereits vom Bundestag beschlossenen Möglichkeit, auch Journalisten zu belauschen, zu harter Kritik. Daraufhin beschloss der Bundesrat Änderungen des Gesetzes, denen der Bundestag im zweiten Anlauf folgte und Journalisten wie andere Berufsgruppen von Abhöraktionen ausnahm.

Rudolf Augstein am Tag der Verhaftung (27. Oktober 1962)
(DER SPIEGEL 45/1962, Titelbild)

- *November 1999:* Titelgeschichten über die Parteispenden-Affären der CDU sorgten gemeinsam mit der Kritik anderer Medien für die Rücktritte prominenter Politiker.
- *2008 bis 2012:* Wesentliche Rolle der Recherchen und Veröffentlichungen des SPIEGEL bei der Telekom-Bespitzelungsaffäre, die Mitarbeiter und Journalisten betraf, sowie neben BILD, FAZ und SZ auch bei den Rücktritten des Verteidigungsministers Karl-Theodor zu Guttenberg und des Bundespräsidenten Christian Wulff.

Dass der SPIEGEL so viele Affären und Skandale in die Öffentlichkeit bringt, ist auch – aber nicht nur – das Verdienst seiner besonders hartnäckig recherchierenden Journalisten. Dem Magazin wird vieles serviert:

>»Das besorgen so genannte whistle blowers, Leute also mit hochkarätigem Insiderwissen, aber in nicht hervorgehobener Position, die aus irgendwelchen Gründen Informationen aus Ministerien, Verwaltung, Wirtschaft, Armee, Gewerkschaften, Geheimdiensten verpfeifen. Manche handeln aus Idealismus, um Fehlentwicklungen zu verhindern; andere wollen sich an ihrem Arbeitgeber rächen, oder sie sind schlicht aufs Geld aus. Und die Intelligenteren unter ihnen knüpfen über solche Kanäle weitgespannte Intrigennetze. Dem Journalisten ist es in der Regel egal, welche Gründe maßgebend sind. Hauptsache, die Information läßt sich überprüfen, und er wird nicht zum Spielball irgendwelcher Interessen, die nicht die seinen sind.
>Die Aufdeckung fast aller großen politischen Affären der letzten Jahre – übrigens auch des Watergate-Skandals – kam dank solcher whistle blowers zu Stande – und nicht, weil Journalistenheroen als zähe Einzelkämpfer den großen Scoop von sich aus ausgruben. In Deutschland waren es die Affären um Flick, Barschel und Neue Heimat, die allesamt beträchtliche politische Erdbeben nach sich zogen. Ohne whistle blowers wäre keiner dieser wirklich großen Skandale aufgeflogen« (Fred David: Geschichten von Herrn K., in: Deutsches Allgemeines Sonntagsblatt, Nr. 51/52 vom 21.12.1990).

Statt redaktioneller Mitbestimmung, die Herausgeber Augstein 1971 verweigerte, gibt es beim Nachrichtenmagazin ein Mitbeteiligungsmodell. Am SPIEGEL sind die Mitarbeiter zur Hälfte beteiligt. Sie haben in allen den Verlag betreffenden Fragen ein gewichtiges Wort mitzureden. Das Modell ist im Medienbereich einzigartig.

Seine Monopolstellung als Nachrichtenmagazin verlor der SPIEGEL 1993, als der Burda-Verlag in München FOCUS herausbrachte. Das anfangs als zu bunt, bieder und banal kritisierte Blatt fand in seiner besten Zeit bei über 800.000 Lesern Anklang. (Heute werden noch 560.000 Exemplare verkauft.) Wie beim SPIEGEL, zu dem sich die Zeitschrift nur zum Teil als Konkurrenz versteht, dient die Dramaturgie der Storys dazu, die Informationen in einen Handlungszusammenhang zu stellen und sie gleichzeitig auf unterhaltsame Art zu vermitteln. Großen Wert legt die Redaktion auf den Nutzwert ihrer Geschichten (Wo soll ich studieren, wo Urlaub machen, zu welcher Krankenkasse oder zu welchem Arzt gehen?). Ihr liegt an der Mischung aus farbigen Fotos, Grafiken und kurzen Artikeln, ein Rezept, das in Ansätzen auch vom Marktführer aus Hamburg verwendet wird. Knapper, farbiger und in der Grundstimmung positiver zu sein als der SPIEGEL, das ist die Devise, die für FOCUS gilt und vor allem der jüngeren Infoelite und den Anzeigenkunden zu gefallen scheint. Die Publizistikwissenschaftler Wilfried Scharf und Ralf Stockmann fanden bei einer vergleichenden Inhaltsanalyse für die Jahre 1993 bis 1996 (in: PUBLIZISTIK, Heft 1/1998, S. 18/19) heraus:

>»Das Bewußtsein für die Grundaufgabe von Nachrichtenmagazinen, nämlich Kontrolle und Kritik auszuüben, ist bei FOCUS vielleicht weniger ausgeprägt als beim SPIEGEL, aber dennoch vorhanden. In jeder Ausgabe finden sich einige Enthüllungen wenn auch oft nur auf kommunaler Ebene und von mäßiger Bedeutung [...] Im SPIEGEL finden sich weit mehr Fakten. FOCUS liefert eher Meinungen: Jedoch nicht die der Redakteure wie beim SPIEGEL, sondern Meinungen von Politikern, Prominenten und Betroffenen. Dem Leser wird somit keine Meinung aufgedrängt, sondern es werden ihm verschiedene Meinungen offeriert [...] Zwar ist die Berichterstattung im SPIEGEL oft tendenziöser und die Meinungen des Autors oder der Redaktion treten offen zu Tage, doch hat der Leser auf Grund des umfangreichen Hintergrundmaterials zumeist die Möglichkeit, ein eigenständiges Urteil zu fällen.«

Zwei weitere Wochenblätter kamen seit 1990 hinzu: DER FREITAG, heute herausgegeben von Jakob Augstein, dem Sohn des früheren Verlegers des Nachrichtenmagazins DER SPIEGEL. Diese Wochenzeitschrift hat den dezidiert schon im Titel erscheinenden Anspruch: »Das Meinungsmedium. Aktuelle Artikel, News und Blogbeiträge«, und ist klar dem linken oder linksliberalen Spektrum zuzuordnen.

Ursprünglich mit dem Untertitel »Ost-West-Wochenzeitung« versehen, wurde das Blatt nach dem Eigentümerwechsel zu Augstein im Jahre 2009 umgestaltet. Kennzeichen ist die besondere Verknüpfung von Online- und Printausgabe und ein entsprechend stärker betonter Dialog mit den Lesern. Die Auflage beträgt durchschnittlich 18.000 Exemplare.

Ein weiteres monatlich erscheinendes neues Nachrichtenmagazin ist der CICERO, »Magazin für politische Kultur«, ebenfalls als linksliberal einzustufen, und mit dem Anspruch, neben kommentierter Politik besonders auch Literatur und Kunst in den Mittelpunkt seiner Information und Kommentare zu stellen. 2004 von dem Journalisten und späteren FOCUS-Chefredakteur Wolfram Weimer gegründet, wurde CICERO, das »Debattenmagazin«, auch bekannt aufgrund einer Durchsuchungsaktion der Redaktionsräume im Jahre 2005, nachdem das Magazin im Rahmen eines Interviews mit einem arabischen Terroristen aus Akten des Bundeskriminalamtes zitiert hatte. Dies wurde zwei Jahre später vom Bundesverfassungsgericht als verfassungswidrige Verletzung der Pressefreiheit angesehen. Eine solche Durchsuchung sei allein aufgrund des Verdachts, ein Journalist könne Beihilfe zum Geheimnisverrat geleistet haben, nicht gerechtfertigt. Die später so genannte CICERO-Affäre wurde mit der SPIEGEL-Affäre verglichen und das Urteil als Meilenstein für den Schutz der Pressefreiheit gesehen. CICERO hat heute eine Auflage von rund 80.000 Exemplaren.

Die Parteipresse

Im Vergleich zur ersten deutschen Demokratie hat in der Bundesrepublik eine parteieigene Presse faktisch keine Bedeutung mehr. Während der Weimarer Republik bekannte sich fast die Hälfte aller Tageszeitungen offen zu einer politischen Richtung. Von den 4.700 Blättern, die 1932 erschienen, unterstützten über 600 das Zentrum und die Bayerische Volkspartei. Die SPD verfügte mit den in der Konzentration AG vereinigten Druckerei- und Verlagsbetrieben ebenfalls über eine umfangreiche Presse (Höchststand 1931: 174 Zeitungen). Für die KPD war das wichtigste Unternehmen der ihrem Reichstagsabgeordneten Münzenberg gehörende Medienkonzern. Die im Vergleich zu den Wahlerfolgen auch 1932 noch schwach entwickelte Presse der NSDAP fiel durch ihren Kampf- und Agitationscharakter auf. Die Deutschnationale Volkspartei und die Deutsche Volkspartei erhielten Schützenhilfe durch zahlreiche Blätter, die sich als national bezeichneten. Die Deutsche Demokratische Partei besaß keine Parteizeitungen. Ihre die Demokratie stützende Politik befürworteten jedoch die bedeutenden überregionalen Tageszeitungen (VOSSISCHE ZEITUNG, BERLINER TAGEBLATT, FRANKFURTER ZEITUNG).

Die Parteien in der Bundesrepublik beschränken sich auf die Herausgabe von Presse- und Informationsdiensten. Parteieigene Tages- und Wochenzeitungen sind zu einer Seltenheit geworden. Vermutlich erklärt sich dieser Rückgang vor allem aus zwei Gründen:

- Kaum je löst die Parteipresse das schwierige Problem, am Kurs der Partei festzuhalten und zugleich zu einem interessanten Diskussionsorgan zu werden, in dem nicht nur Platz ist für parteiamtliche Verlautbarungen.
- Nur zwischen 3 und 4 Prozent der Wähler sind Mitglieder einer Partei. Daher ist die Zahl der Leser von vornherein nicht sehr groß.

Über die Deutsche Druck- und Verlagsgesellschaft (DDVG) hält allerdings die SPD Beteiligungen an mehr als 20 Regionalzeitungen, Zeitschriften und Druckereien sowie einem Lokalradio.

1991 machte die SPD bei der Treuhandanstalt Ansprüche auf Tageszeitungen geltend, die ihr während der Weimarer Republik gehört hatten, von den Nationalsozialisten konfisziert und nach der Zwangsvereinigung der SPD mit der KPD 1946 der SED zugesprochen wurden. Die Sozialdemokraten erreichten, dass sie sich mit 40 Prozent an der SÄCHSISCHE ZEITUNG in Dresden und der MORGENPOST (Sachsen) sowie mit 30 Prozent am FREIEN WORT in Suhl und der SÜDTHÜRINGER ZEITUNG beteiligen durften, als pauschale Entschädigung für alle Ansprüche auf Ex-SED-Blätter.

Neben der CSU mit dem BAYERNKURIER war die Nachfolgerin der SED die Partei des Demokratischen Sozialismus (PDS), mit dem NEUEN DEUTSCHLAND (ND) die einzige Partei, die über eine Zeitung verfügte. Die Auflage des ehemaligen Zentralorgans der Staatspartei sank nach der Wende von über einer Million auf heute noch rund 36.000 Exemplare. ND ist nicht mehr das Parteiorgan der Nach-Nachfolgerin, Die Linke, steht ihr aber nahe. Ähnlich steht es mit der marxistischen Tageszeitung JUNGE WELT, dem früheren FDJ-Organ mit einer Auflage von heute noch 18.000 Exemplaren.

Anzeigen- und Amtsblätter

Die Hauptkonkurrenten für lokale Tageszeitungen sind Anzeigenblätter. Sie haben sich redaktionell in die Lücken begeben, die bei lokalen Tageszeitungen entstanden sind. Durchschnittlich lesen 80 Prozent der Lokalzeitungs-Konsumenten regelmäßig oder gelegentlich ein Anzeigenblatt.

Die an alle Haushalte unentgeltlich verteilten lokalen Anzeigenblätter, von denen im Jahr 2010 rund 1.400 Titel mit einer Auflage von mehr als 91 Millionen Exemplaren erschienen, haben einen Werbeumsatz von nahezu 2 Milliarden Euro. Davon entfallen die meisten auf die Blätter der Tageszeitungs-Verleger, die sich in das Geschäft mit diesen Werbeträgern frühzeitig eingeschaltet hatten. Die lediglich aus Inseraten finanzierten Produkte zielen in den großräumigen Verbreitungsgebieten der Regionalzeitungen auf Nischen. Kleinere Städte und Gemeinden werden häufig in den Regionalteilen großer Abonnementzeitungen in der Berichterstattung nur wenig berücksichtigt.

Im Gegensatz zu den Tageszeitungen haben sich die Umsätze der Anzeigenblätter im abgelaufenen Jahrzehnt seit dem Jahr 2000 sogar erhöht, wo sie noch 1,8 Mrd. Euro betrugen. Anfang des Jahrzehnts gab es erst 1.200 Anzeigenblätter mit einer Gesamtauflage von nahezu 80 Millionen Exemplaren. Das macht deutlich, dass diese Pressegattung die einzige war, die sich erfolgreich behaupten und sogar zulegen konnte.

Selten allerdings sind die Anzeigenblätter eine echte journalistische Alternative zur Tageszeitung. Das verhindert schon zumeist die direkte Zugehörigkeit zu dem Verlag, in dem auch die örtliche Tagespresse erscheint, der an einer publizistischen Konkurrenz im eigenen Haus nicht interessiert ist. Ein anderes Problem ist die unvermeidliche Nähe zu den Anzeigenkunden. So sind es Rubriken wie der Veranstaltungskalender, Berichte über Vereinsaktivitäten und Stadtratsentscheidungen, über lokale Sportereignisse und Schultheater-Aufführungen, Gesundheitstipps der örtlichen Apotheke oder Verlautbarungen der Parteien, die den redaktionellen Teil der Anzeigenblätter füllen. Nach einer Studie des Bundesverbandes Deutscher Anzeigenblätter nutzen die Leser die redaktionellen Angebote fast gleichrangig mit den Anzeigen.

Als Konkurrenz, die ihnen den lokalen Anzeigenmarkt streitig macht, empfinden die Besitzer von Lokalzeitungen gelegentlich die von Stadtverwaltungen herausgegebenen Amtsblätter. Sie umfassen neben amtlichen Bekanntmachungen und Inseraten Mitteilungen aus der Gemeinde, den Vereinen und Kirchen, halten also die Bürger über Vorgänge auf der lokalen Ebene auf dem Laufenden. Da sie weder Leserbriefe noch Kommentare oder Interviews bringen, üben sie keine Kritik- und Kontrollfunktion aus und sind auch keine Foren gesellschaftlicher Kommunikation. Zuweilen wird ihnen vorgeworfen, Sprachrohr des Bürgermeisters zu sein. Manche Verleger sind nicht gut auf sie zu sprechen, weil ihnen die Kreise und Gemeinden mit den Nachrichtenblättern nicht nur Anzeigen wegnehmen, sondern auch die Einnahmen aus der Veröffentlichung amtlicher Bekanntmachungen in der Tagespresse vorenthalten.

1998 entschied das Landgericht Trier, dass die von der Stadt herausgegebene und kostenlos verteilte RATHAUS-ZEITUNG weiterhin erscheinen darf. Es wies damit eine Klage des TRIERISCHEN VOLKSFREUNDES auf Einstellung ab. Nach Ansicht des Gerichts ist die Herausgabe des Amtsblatts nicht wettbewerbswidrig. Die Zeitung berichte lediglich über die Kommunalpolitik und erscheine nur einmal wöchentlich. Sie könne daher keine echte Konkurrenz sein.

5.4   Zeitungskrise / Werbekrise

In den beiden letzten Jahrzehnten haben die deutschen Tageszeitungen Auflagen- und Reichweitenverluste hinnehmen müssen, die schon vorher einmal als dramatisch bezeichnet wurden. Im Jahre 2011 wurden mit 18,8 Millionen Exemplaren nur noch etwa zwei Drittel der Zeitungsexemplare abgesetzt, die 20 Jahre zuvor verkauft wurden (1991: 27,3 Millionen). Und darüber hinaus gibt es keinerlei Anzeichen dafür, dass sich diese Situation ändert.

Einher gehen Verluste an Reichweite, und dies besonders bei den jüngeren Lesern, was nur zum Teil durch deren Zuwendung zu den Zeitungs-Onlineangeboten oder den »E-Papers« kompensiert werden kann. Insgesamt erreichen die Zeitungen heute nach Auskunft des Zeitungsverleger-Verbandes BDZV zwar noch 72 Prozent aller Bürger, aber auch dies folgerichtig mit abnehmender Tendenz.

	1980	1990	2000	2010	2011
Tageszeitungen	2.704	4.122	6.557	3.638	3.557
Wochen-/ Sonntagszeitungen	105	181	278	218	214
Zeitungssupplements	k. A.	111	68	85	85
Publikumszeitschriften	1.036	1.565	2.247	1.450	1.440
Fachzeitschriften	529	984	1.210	860	875
Anzeigenblätter	k. A.	1.005	1.792	2.011	2.060
Fernsehwerbung	572	1.461	4.705	3954	3981
Hörfunkwerbung	204	465	733	692	709
Anschlagwerbung (Außenwerbung)	216	348	746	766	811
Adressbuchwerbung (Verzeichnismedien)	243	702	1.243	1.155	1.139
Filmtheaterwerbung	52	110	175	75	85
Direktwerbung (Post)	675	1.531	3.386	2.984	2.988
Onlineangebote	–	–	153	861	990
Gesamt	6.335	12.584	23.290	18.748	18.939

Die Entwicklung der Werbeträger in den vergangenen 30 Jahren (in Mrd. Euro)
(Zentralverband der deutschen Werbewirtschaft ZAW, Werbung in Deutschland, Jahrbücher, zuletzt 2012)

Ähnlich dramatisch zeigen sich die Einbrüche auf dem Werbemarkt. Konjunktural- als auch konkurrenzbedingt sind die Werbeeinnahmen der Tageszeitungen seit etwa dem Jahr 2000 ebenfalls erheblich gefallen, und zwar auf ein Niveau, das Mitte der

90er-Jahre schon einmal erreicht war. Diese Entwicklung vollzog sich im Zeitraum von 1990 bis 2010, in dem das Bruttoinlandsprodukt um etwa die Hälfte gewachsen war. Die früher geltende Faustregel, dass zwei Drittel der Erlöse der Zeitungen aus Werbung kommen und nur ein Drittel aus Verkäufen und Abonnements, gilt nicht mehr; mehr als die Hälfte der Einnahmen entstammt heute schon dem Verkauf, während der Anteil der Werbung auf unter 50 Prozent geschrumpft ist. Eine andere bemerkenswerte Entwicklung zeigt die folgende Tabelle: Über sechs Jahrzehnte waren die Zeitungen als Medientyp stets der bedeutendste Werbeträger. Seit dem Jahre 2010 sind sie als Marktführer vom Fernsehen abgelöst worden. Allein im Jahre 2009 hatten die Zeitungen eine extreme Schrumpfungsrate in Höhe von 15,5 Prozent hinnehmen müssen, die der schweren Wirtschafts- und Finanzmarktkrise dieses Jahres geschuldet war. Zwar hat dies den gesamten Werbemarkt getroffen; allerdings wird deutlich, dass es den Printmedien in all diesen Jahren am schlimmsten erging. Auch 2011 hat sich die Situation noch nicht verbessert.

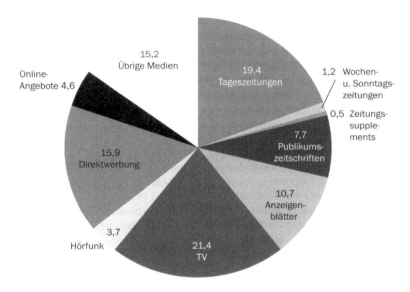

Angaben in Prozent
1) Verzeichnismedien, Außen-, Fachzeitschriften- und Filmtheaterwerbung

Marktanteile der Werbung
(BDZV Zeitungen 2011/12, S. 34)

Die Einnahmenverluste trafen viele Zeitungshäuser unvorbereitet. Sie hatten in den Boomjahren keine Rücklagen gebildet, sondern die Gewinne in riskante, inzwischen aufgegebene Projekte gesteckt, so die FRANKFURTER ALLGEMEINE ZEITUNG in Berlin-Seiten und die SÜDDEUTSCHE ZEITUNG in eine Regionalausgabe für Nordrhein-Westfalen. Alle Zeitungsverleger haben auch im Internet investiert und Online-»Auftritte« produziert, was kostenintensiv war, bis heute aber kaum Einnahmen gebracht hat, da Internetwerbung nun eher von anderen gemacht und verbreitet wird.

Sinkende Auflagen haben auch damit zu tun, dass sich Nutzungsgewohnheiten geändert haben. Rituale wie das morgendliche Zeitunglesen beim Frühstück und die enge Bindung der Leser an den lokalen Teil haben an Bedeutung verloren. Von den Zeitungslesern wird heute eine andere berufliche Mobilität verlangt als noch vor Jahrzehnten. Das früher so gewohnte Heimatgefühl kann nicht mehr entstehen, und die Konsequenzen treffen vor allem die kleineren Lokalzeitungen. Die Zeitungskrise führte zu einer bis heute andauernden Welle von Aufkäufen und Fusionen, zu Entlassungsschüben und umfangreichen Sparmaßnahmen (vgl. Seite 96).

5.5 Die Zeitschriften

Überblick

Das Zeitschriftenangebot ist überaus breit gefächert. Die Gesamtzahl schätzt man, da genaue Statistiken fehlen, auf bis zu 20.000. Deren Gesamtauflage dürfte bei über 200 Millionen Exemplaren liegen. Allein die von der IVW gezählten Publikumszeitschriften, die sich im Gegensatz zu den Fachzeitschriften an eine bildungs-, alters- und einkommensmäßig oft sehr unterschiedliche Leserschaft richten, kommen auf über 1.500 Titel mit einer Auflage von rund 115 Millionen Exemplaren (2012 noch ca. 208 Millionen.

Das Angebot der deutschen Publikumspresse wird auch zunehmend größer, denn im Jahre 1998 wurden erst tausend Titel in dieser Zeitschriftengattung gezählt. Nur ein kleiner Teil davon erscheint mindestens in 14-täglichem Abstand. Im Jahr 2010 waren das von den 1.536 Publikumszeitschriften nur 136. Allerdings machen sich auch in diesem Pressesegment die schon fast dauerhaft gewordenen Negativtrends bemerkbar: Rückgänge bei den Werbeeinnahmen und Auflagenverluste. Während die Nettowerbeeinnahmen der Verlage im Jahr 2000 noch über 2,2 Milliarden Euro betrugen, waren es 2010 nur noch etwa 1,4 Milliarden Euro. Ebenso wie die Zeitungsverlage befinden sie sich heute auf einem Niveau, das in der zweiten Hälfte der 80er-Jahre erreicht war (vgl. die Tabelle in 5.4). Auch die Auflagenverluste der Publikumszeitschriften sind gravierend, da vor zehn Jahren noch eine Gesamtauflage von 127 Millionen Exemplare gezählt wurde. Beide Trends trafen eine erfolgsverwöhnte und bis dato stets wachstumsorientierte Branche. Ein Fachmann der Zeitschriftenstatistik schreibt zu den Strategien, mit denen Zeitschriftenverlage hier gegenhalten:

> »Die Reaktionen der Verlage: Um Kosten zu sparen, ändern sie Unternehmensstrukturen und Produktionsabläufe bzw. kündigen solche Änderungen an. Sie verstärken ihre Orientierung auf Vertriebserlöse. Sie erhöhen die Verwertung der vorhandenen Inhalte durch Line-Extensions und neue Angebote. Auch in die Strukturen der Redaktionen greifen die Verlagsführungen ein: Verschlankung, Poolbildung, Outsourcing sind hier die Stichworte. Derweil bleibt das vielfältige publizistische Onlineengagement für die meisten Verlage weiter eher vage Zukunftshoffnung denn eine wirksame ökonomische Stütze gegen einbrechende Unternehmensumsätze. Denn im Internet wird auf andere Weise deutlich mehr Geld verdient: Mit eCommerce und IT-Dienstleistungen – das zeigen die entsprechenden Geschäftsbereiche der Großverlage. Die etablierten Printerzeugnisse sind in dieser bunten digitalen Welt jedoch wichtige Markenanker: Digitalstrategien haben einen Vorteil, wenn sie an Zeitschriftenmarken gebundene Erlebniswelten errichten. Umgekehrt können Zeitschriften digitalen Angeboten wertvolle Unterstützung geben. Doch nach wie vor gilt: Publikumszeitschriften müssen zuerst und aus sich heraus ihre Leser überzeugen. Darauf sind ihre Konzepte auszurichten« (Andreas Vogel: Zeitschriftenmarkt: WAZ-Gruppe schließt zu dominierenden Konzernen auf, in: Media Perspektiven 6/2010, S. 296).

Trotz der herben Verluste sind die Zeitschriften aber immer noch bedeutende Informations- und Werbeträger, und wenn man die Zahlen auf die Privathaushalte (ca. 40 Millionen) in Deutschland bezieht, dann werden in jedem Privathaushalt durchschnittlich knapp drei Publikumszeitschriften gelesen.

Die wichtigsten Gruppen sind neben den aktuellen Zeitschriften die Frauen-, die Programm- und die Wohnzeitschriften sowie die Motorpresse.

Kaum ein anderer Pressemarkt ist so hart umkämpft wie der der Publikumszeitschriften, und kein anderer Markt ist so von Änderungen bei den Titelzahlen gekennzeichnet, wo Jahr für Jahr viele neue Titel erscheinen, andere aber auch eingestellt werden; und kein anderer Pressemarkt ist – wenn man von den Kaufzeitungen absieht – dermaßen hochkonzentriert. Die fünf größten Verlagsgruppen bringen knapp zwei Drittel der von der IVW gezählten Auflage der Publikumszeitschriften heraus; ähnlich wie im Zeitungsverlags-Gewerbe hat sich dieser Anteil in den vergangenen zehn Jahren nur noch wenig erhöht, da unter den vier größten Verlagen nur Plätze getauscht wurden und mit dem WAZ-Konzern eine weitere Verlagsgruppe in die Zählung aufgenommen wurde.

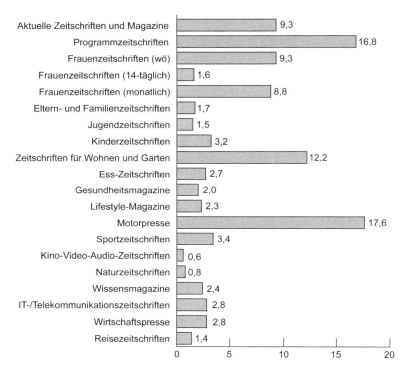

Verkaufsauflagen der 20 größten Publikumszeitschriften-Gruppen (in Mio. Ex.)
(IVW 4. Quartal 2011)

	Bauer	Burda	Springer	Gruner + Jahr	WAZ[1]	Gesamt
2000	22,3	10,8	15,4	10,1	–	58,6
2010	19,0	15,4	13,4	9,5	7,7	64,9

[1] Nicht ausgewiesen, da in den Vorjahren nur die vier größten Konzerne gemessen wurden.

Marktanteile der größten (Zeitschriften-)Konzerne
(IVW-Auflagelisten, in: Media Perspektiven 6/2010, S. 298)

Einerseits hat die Pressekonzentration bei den Publikumszeitschriften bereits einen hohen Stand erreicht und andererseits handelt es sich bei diesen Zahlen nur um den kleineren Anteil, nämlich die der von der »Informationsgemeinschaft zur Feststellung der Verbreitung von Werbeträgern e.V.« (IVW) gemessenen Publikationen. Die Objekte mit hohen Auflagen sind hier zwar enthalten, aber die sehr viel größere Zahl von Titeln mit kleinen oder kleinsten Auflagen meldet ihre Auflagenzahlen nicht oder nicht unbedingt an die IVW.

Aktuelle Zeitschriften und Frauenzeitschriften

Die »Aktuellen Illustrierten« hatten ihre große Zeit in den 50er-Jahren, als sie durch viele Fotos das Unterhaltungsbedürfnis eines Publikums befriedigten, das noch kein Fernsehen kannte. Später sorgten das breite TV-Angebot, aber auch zahlreiche Zeitschriften, die neben ausführlichen Programmhinweisen Unterhaltsames boten, dafür, dass von zehn Veröffentlichungen des Jahres 1958 heute noch zwei übrig geblieben sind, der STERN und die BUNTE.

Der STERN (Auflage 900.000) pflegt im politischen Bereich den so genannten Enthüllungsjournalismus. Bestrebt, Skandale aufzudecken, wittert er gelegentlich auch dort welche, wo gar keine sind. Im Mai 1983 geriet das Blatt durch die Veröffentlichung der »Hitler-Tagebücher«, die sich als Fälschung erwiesen, vorübergehend in den Ruf, bei der Gier nach Sensationen um der Auflage willen journalistische Sorgfaltspflichten zu missachten. Die Kritik traf neben der Verlagsleitung die Chefredakteure, die an der Redaktion vorbei die vermeintliche Entdeckung mit mächtigem Publicity-Rummel in die Welt posaunten. Illustrierte wie der STERN zahlen ähnlich wie andere Blätter zuweilen für Informationen Geld. Das hat ihnen den Vorwurf des Scheckbuch-Journalismus eingetragen. Rolf Schmidt-Holtz, damals Herausgeber und Chefredakteur des stern, hat diese Methode mit dem Hinweis zu rechtfertigen versucht: »Ohne Scheckbuch wären weder der Neue-Heimat-Skandal noch die Barschel-Affäre aufgedeckt worden.«

STERN wie auch BUNTE mussten zwar deutliche Auflagenverluste hinnehmen: STERN seit 2000 etwa 20 Prozent, und BUNTE von 2005 bis 2010 allein ca. 12 Prozent. Sie sind aber in ihrem Bereich und für ihre Zielgruppen nach wie vor entweder Marktführer oder zumindest wichtige Objekte. Erst 2008 ist die dritte aktuelle Zeitschrift eingegangen, die NEUE REVUE, die nach einer Lebensdauer von 62 Jahren bei einer Auflage von nur noch gut 300.000 Exemplaren angelangt war und sich trotz (oder wegen) häufiger Wechsel der redaktionellen Konzeption und inhaltlichen Ausrichtung wegen dieser Verluste offenbar nicht halten ließ.

Die IVW zählt zu der früher »Aktuelle Illustrierte« genannten Gruppe noch verschiedene andere Objekte, u. a. DER SPIEGEL, FOCUS und GALA. Beim SPIEGEL und bei FOCUS, die wegen ihrer Bedeutung als Nachrichtenmagazin bereits vorher behandelt wurden, macht das auch Sinn, da die Gruppe bei der IVW nun »Aktuelle Zeitschriften und Magazine« genannt wird, GALA ist dagegen eher ein Blatt der früher »Yellow Press« oder »Regenbogenpresse« genannten Kategorie der Klatsch- und Sensationsblätter. Auch »DAS BESTE aus Reader's Digest« wird hier dazugezählt.

Dass der ostdeutsche Lesermarkt für die Illustriertenmacher eigene Gesetze hat, zeigte sich nach der Wende. Anfangs ließen sich zwar in den fünf neuen Ländern von 233 westdeutschen Publikumszeitschriften je Ausgabe noch mehrere Millionen Exemplare verkaufen, doch galt das Interesse vor allem den billigeren Produkten unter den Programm-, Frauen- und Jugendzeitschriften. SPIEGEL, STERN und ZEIT blieben liegen. Der Burda-Verlag brachte mit der SUPER ILLU eine auf ostdeutsche Leser zugeschnittene neue Illustrierte auf den Markt, ein Blatt, das vornehmlich Frust und Lust ausbeutet.

Auch zwei Jahrzehnte nach dem Beitritt der DDR zur Bundesrepublik unterscheidet sich das Interesse der Ostdeutschen an Publikumszeitschriften von dem der Westdeutschen. Bevorzugt werden zwischen Ostsee und Erzgebirge nach wie vor Spezialprodukte für die neuen Bundesländer wie SUPER ILLU, Niedrigpreistitel wie AUF EINEN BLICK und ECHO DER FRAU und Blätter mit einem hohen Nutzwert wie MEIN SCHÖNER GARTEN. Dass der STERN, der SPIEGEL oder die DIE ZEIT auf so wenig Resonanz stoßen, ist auf dreierlei zurückzuführen: auf ihren Preis, ihre Orientierung an der westlichen Anspruchsgesellschaft und ihre Schwierigkeiten, sich in die historisch gewachsene Lebenswirklichkeit der Ostdeutschen hineinzuversetzen.

Wie alle Publikumszeitschriften richten sich auch die für Frauen an deren besonderen Lesebedürfnissen aus. Die jeweiligen Nutzerinnen sollen sich in ihrem Lebensstil in den verschiedenen Titeln wiedererkennen. So wenden sich einige Zeitschriften an ein vorwiegend am häuslichen Bereich interessiertes Publikum, geteilt in höhere und untere Einkommens- und Bildungsschichten. Jüngeren Zielgruppen und zum Teil stärker berufsorientierten Leserinnen versuchen Blätter wie BRIGITTE und FÜR SIE gerecht zu werden. Diese Zeitschriften geben auch Empfehlungen, damit sich Frauen in einer immer noch weitgehend männlich geprägten Arbeitswelt besser behaupten können. Während Länderreportagen, psychologische und gesellschaftspolitische Probleme an Raum gewinnen, pflegen sie weiterhin die Themen Mode und Kosmetik, Schönheit und Gastlichkeit, Wohnen und Gesundheit. Die Millionenauflage der Frauenblätter ist die Antwort darauf, dass Frauen interessierende Themen in der Tages- und Wochenpresse zu wenig berücksichtigt werden. Zugespitzt lautet die These: Zu viele Männer in den Chefetagen denken vorrangig an die Lesebedürfnisse der Männer.

Bei aller Differenzierung haben die Frauenzeitschriften eines gemeinsam: Die Kaufbotschaft muss an die Frau gebracht werden, oft auch mit publizistisch bedenklichen Mitteln. Wenn im redaktionellen Teil Firmennamen und Preise genannt werden und Werbung und Fotostrecken optisch nahtlos ineinander übergehen, stellt sich die Frage nach der Unabhängigkeit der Redaktion von der Anzeigenabteilung. Dies gilt auch für viele Zielgruppenzeitschriften und die Magazine renommierter Tages- und Wochenzeitungen. Frauenzeitschriften stellen mit einer Gesamtauflage von nahezu 20 Millionen Exemplaren (unter Berücksichtigung der Erscheinungsweise) das größte Segment im Publikumszeitschriften-Markt dar. In der Größe vergleichbar ist nur die sich vor allem an Männer richtende »Motorpresse«. Zu den primär an Frauen gerichteten Zeitschriften sind auch die Objekte der »Regenbogenpresse« zu rechnen, die von Klatsch und Tratsch, im Wesentlichen über Prominenz und den europäischen Hochadel, leben und Sensationsberichterstattung über »Sex and Crime« bevorzugen. Zur Gruppe der Frauenzeitschriften zählen natürlich auch seriöse Zeitschriften, wie die EMMA mit ihrem feministischen Blick auf Emanzipation und Frauenthemen.

Weitere Zeitschriftengruppen

Unter dem Begriff »Special-Interest-Zeitschriften«, zu dem streng genommen auch die Programmpresse mit ihrer fast 10-Millionen-Auflage gehört, werden alle Publikumszeitschriften zusammengefasst, die sich an Leser mit einem bestimmten Interesse wenden, an Heimwerker und Surfer, Skifahrer und Segler, Computerfans und Gartenfreunde, Geldanleger und Reise-Enthusiasten. Sie dienen neben der Information und der Erfüllung dieses speziellen Interesses auch der Unterhaltung. Die Fülle dieser Angebote ist in einem kleinen Ausschnitt in großen Bahnhofs-Buchhandlungen und Kiosken zu beobachten.

Spezialisiertes Wissen für Fachleute vermitteln die »Fachzeitschriften«. Vielfach sind diese sehr informativen Zeitschriften berufsbezogen und haben oft auch Relevanz für die Aus- und Fortbildung. Die mehr als 3.000 Titel dieser Zeitschriftengattung wurden im 4. Quartal 2010 mit einer Gesamtauflage von 12 Millionen Exemplaren verkauft, wegen der neuen Informationsmöglichkeiten in Medien wie dem Internet aber auch mit fallender Tendenz.

Eine weitere Gruppe stellen die »Kundenzeitschriften« dar, kostenlos abgegebene Informations- und Werbungszeitschriften, mit denen vor allem Public Relations gemacht wird und die oft einen hohen professionellen Standard erreichen. Titel und Auflagen dieser Gruppe sind in der Vergangenheit stark angestiegen; die Gesamtauflage beträgt heute etwa 43 Millionen Exemplare.

5.6 Bedeutung der Anzeigen für die Presse

Zeitungen und Zeitschriften sind auf die Einnahmen aus zwei Quellen angewiesen: Abonnement- oder Straßenverkauf einerseits sowie Werbung andererseits. Vom Umsatz stammt aus dem Anzeigengeschäft bei regionalen Tageszeitungen noch etwa die Hälfte, bei Publikumszeitschriften deutlich mehr als die Hälfte. Zeitungen und Zeitschriften werden also weit unter ihren Gestehungskosten verkauft. Ohne Anzeigen müsste DIE ZEIT doppelt, DIE WELT und der STERN fast dreimal so teuer sein, um die Kosten zu decken. Solche Bezugspreise sind unrealistisch. Defiziten versucht die Presse vorrangig durch die Bereitstellung von Anzeigenraum zu entgehen – ein riskantes Unterfangen, denn auf diese Weise wird die Ertragsstruktur konjunkturabhängig: Sobald die Unternehmen in Zeiten einer Rezession ihre Werbeetats kürzen, steigt das Rentabilitätsrisiko für die Verlage. Früher hieß es einmal, ein Verlust des Anzeigenumsatzes von

- 10 Prozent gefährdet die Existenzfähigkeit,
- 20 Prozent bedeutet, dass die Zeitungen ihr Erscheinen einstellen müssen.

Hiernach müssten bei den Werbeverlusten der letzten Jahre (vgl. Tabelle auf Seite 86) die meisten Zeitungen eingegangen sein. Sie haben diese Verluste aber offenbar anderweitig kompensiert. Inwieweit beeinflussen die Werbetreibenden die redaktionelle Gestaltung? Die Inhalte sind nicht immer eindeutig am Interesse der Leser ausgerichtet. Zwar bestimmt die Redaktion, zumindest theoretisch, worüber geschrieben werden soll. Dennoch werden auf Drängen der Anzeigenabteilung häufig Beiträge für interessante Zielgruppen der Werbenden angeboten, auch dann, wenn die Themen für die Leser von eher nachgeordneter Bedeutung sind (Beispiel: Reise- oder Lifestyle-Elemente in Wirtschaftsmagazinen). Dies gilt auch für Sonderbeilagen, die sich an der Akquisition von Anzeigen für die Produkte oder Dienstleistungen einzelner Branchen orientieren. Das redaktionelle Angebot wird selbst in Qualitätsblättern häufig von PR-Agenturen geliefert. Insofern überrascht es nicht, dass heute Zeitungen und Zeitschriften nach Anzeigenerwartungen und unter Mitsprache von Marketing und Werbung konzipiert werden. Redaktionell interessante Projekte, für die ein Leserbedürfnis besteht, werden nicht realisiert, wenn die Inserenten ausbleiben (Beispiel: Seniorenmarkt). Andererseits werden selbst für Themenbereiche, um die sich bereits viele Objekte kümmern, neue Zeitschriften auf den Markt gebracht, wenn der Anzeigenmarkt noch attraktiv erscheint (Beispiel: Frauen- und Computerzeitschriften).

Die Telekom hat einen der großen Werbeetats dieser Republik, ist also für Anzeigenabteilungen ein wichtiger Kunde. Nach kritischen Berichten verloren die BERLINER ZEITUNG, die FINANCIAL TIMES DEUTSCHLAND und FOCUS zu unterschiedlichen Zeiten Anzeigen des Kommunikationsunternehmens. Dieses bestritt jeglichen Zusammenhang.

Ähnlich handelte auch die Lufthansa. Nachdem die SÜDDEUTSCHE ZEITUNG einmal negativ über die Fluggesellschaft berichtet hatte, reduzierte diese die Zahl der Bordexemplare, also jener Zeitungen, die Fluggäste umsonst erhalten.

Zeitungen mit einem lokal begrenzten Verbreitungsgebiet, einem kleinen Anzeigenteil und geringen Auflagen (unter 10.000) sind darauf angewiesen, dass der lokale Einzelhändler bei ihnen inseriert; andererseits hat dieser außer dem lokalen Blatt kaum Möglichkeiten, Sonderangebote anzupreisen. In diesem Fall besteht eine gegenseitige Abhängigkeit, was nicht ausschließt, dass sich der Geschäftsmann bemüht, im redaktionellen Teil der Zeitung lobend erwähnt und nicht kritisiert zu werden. Pressionsversuche geschehen natürlich auch bei auflagestärkeren Zeitungen – in der Regel ohne Erfolg, da diese angesichts der breiteren Anzeigenstreuung Drohungen eines einzelnen Kunden mit einem Anzeigenentzug nicht als rentabilitätsgefährdend betrachten müssen. Im September 1994 berichtete die WESTDEUTSCHE ZEITUNG, die Düsseldorfer Stadtsparkasse habe ihr Anzeigenaufträge mit der Begründung entzogen, ihre Werbung werde durch die negative Berichterstattung über das Geschäftsgebaren des Sparkassenvorstands konterkariert. Sehr leicht können sich indirekte Abhängigkeiten von der Werbung einstellen. Redaktionell gestaltete Seiten wie »Haus und Garten«, »Reise und Urlaub«, »Das Heim« oder »Auto und Motor« sorgen für anzeigenfreundliche Umfelder, das heißt: Eine Rasenmäherfirma kann davon ausgehen, dass für ihre Anzeige das Interesse wächst, wenn in einem redaktionellen Beitrag vom Rasenmähen die Rede ist. Anzeigenfreundliche Umfelder unterstreichen den Doppelcharakter der Zeitung als Informations- und Werbeträger. Sie bestätigen, dass der redaktionelle Teil zumindest tendenziell Verkaufshilfe für den Anzeigenraum ist.

Aus Sicht der Werbestrategen lohnen sich Anzeigen in einem Zeitschriftentyp, der

- kaufkräftige Verbraucher anspricht, wobei er
- hohe Auflagen erzielt und
- jene erreicht, die in erster Linie über den Konsum entscheiden.

Formen der versteckten Werbung, auch Schleichwerbung und – vornehmer – Product Placement genannt, sind aus zwei Gründen abzulehnen: Sie täuschen den Leser, der davon ausgeht, dass im redaktionellen Teil ausschließlich journalistische Maßstäbe gelten, und sie benachteiligen die nicht erwähnten Werbekunden. Der Zentralverband der deutschen Werbewirtschaft (ZAW) hat Richtlinien herausgegeben, die dazu dienen sollen, Anzeigen für die Leserschaft klar erkennbar zu machen. Darin heißt es unter anderem:

»Eine Anzeige in einem Druckwerk, die durch ihre Anordnung, Gestaltung oder Formulierung wie ein Beitrag des redaktionellen Teils erscheint, ohne den Anzeigencharakter, d. h. den Charakter einer entgeltlichen Veröffentlichung, für den flüchtigen Durchschnittsleser erkennen zu lassen, ist irreführend gegenüber Lesern und unlauter gegenüber Mitbewerbern.«

Aus der Sicht des Verbandes Deutscher Zeitschriftenverleger (VDZ) müssen sich Kundenzeitschriften wie das LUFTHANSA MAGAZIN oder das Porsche-Magazin CHRISTOPHORUS nicht an die Trennung von Werbung und Redaktion halten, weil sie der Kundengewinnung und -betreuung dienen.

Publikumszeitschriften entstehen weniger aufgrund einer publizistischen Idee. Werbefachleute konstruieren sie vielmehr wie einen neuen Autotyp im Windkanal: Sie testen Verbrauchs-, Lebens- und Reisegewohnheiten der Leserschaft und ermitteln die Zielgruppen so exakt wie möglich. Das heißt in der Praxis: Eine für Frauen der konsumfreudigen Oberschicht entworfene Zeitschrift muss im redaktionellen Teil jene Themen aufgreifen, die bei ihr Anklang findet. Kaufen mehr und mehr Frauen der Unterschicht das Blatt, muss die Redaktion sich sagen lassen, sie arbeite laufend am Markt vorbei. Die Folge des Fehlkonzepts: Die Werbung macht nicht mehr mit, weil ihr die Streuverluste zu hoch erscheinen, wenn Inserate etwa für Orientteppiche, Platinarmbanduhren und Nerzmäntel nicht die Leserinnen erreichen, die sich solche Produkte leisten können.

5.7   Pressekonzentration

Gründe für Konzernbildungen

Seit Jahrzehnten ist auf dem deutschen Tageszeitungsmarkt ein Trend zu größeren Betriebseinheiten zu beobachten. Es gibt zwar immer noch einige Tageszeitungen mit einer Auflage unter 5.000 Exemplaren, doch werden die hohen Auflagen anteilsmäßig nur von einigen wenigen Verlagen erzielt.

Bei den Tageszeitungen sind dies der Axel Springer Verlag, die Verlagsgruppe der WESTDEUTSCHEN ALLGEMEINEN ZEITUNG (WAZ), die Verlagsgruppe STUTTGARTER ZEITUNG/RHEINPFALZ/SÜDWESTPRESSE (Südwestdeutsche Medienholding), die Verlagsgruppe DuMont Schauberg und die Gruppe Münchener Zeitungs-Verlag (Ippen-Gruppe). Sie bringen insgesamt fast 44 Prozent der Auflage aller Tageszeitungen heraus (vgl. die Tabelle auf Seite 101). Bei den Publikumszeitschriften beherrschen die großen fünf Verlage den Markt auflagenmäßig zu sogar fast zwei Dritteln, nämlich Bauer, Springer, Burda, Gruner + Jahr sowie die WAZ-Gruppe, die sich verstärkt auch im Zeitschriftenbereich engagiert hat (vgl. die Tabelle auf Seite 102).

In der Bundesrepublik bilden Verleger Pressekonzerne, um

- die Herstellungskosten zu senken (die unabhängig von der Auflage fixen Kosten für die Redaktion und große Teile der technischen Herstellung und des Vertriebs verteilen sich bei großer Verbreitung auf mehr Exemplare: Fixkostendegression);
- Anzeigen billiger anbieten zu können,
- Verwaltungskosten einzusparen und Anzeigen gemeinsam zu akquirieren.

Zeitungen in nachrangiger Marktposition (an zweiter, dritter oder vierter Auflagenstelle in einer Region) hatten in der Vergangenheit schon häufig mit wirtschaftlichen Schwierigkeiten zu kämpfen. Sie steckten oft so tief in den roten Zahlen, dass sie eine Kooperation mit einem größeren Presseunternehmen eingehen mussten. Rationalisieren mussten die Verlage vor allem den Vertrieb, da es für die Abonnementzeitungen immer schwieriger wurde, Zeitungsausträger zu finden. In den letzten Jahren entfiel von den Vertriebserlösen bereits häufig die Hälfte auf Auslieferungskosten.

Zu den berechtigten Sorgen der Zeitungsverleger gehört ferner die schnelle technische Entwicklung, die ständig zu Neuinvestitionen zwingt. Mit jedem Verfahren, das niedrige Kosten nur bei höheren Auflagen erlaubt, wächst der Vorsprung der großen Zeitungen vor den kleinen. Diese haben häufig nur dann Überlebenschancen, wenn sie sich zusammenschließen und durch Kooperation bei der technischen Herstellung, der Nachrichtenbeschaffung, der Vertriebs- und Anzeigenverwaltung und in der Redaktion ihren Aufwand senken können. Solche Zusammenarbeit kann einerseits dazu beitragen, publizistische Vielfalt zu erhalten, andererseits die Vorstufe einer weiteren Verflechtung sein, die möglicherweise mit dem völligen Verlust der Eigenständigkeit endet.

Auch das Motiv, für wirtschaftliche Krisenzeiten vorzusorgen, mag die Tendenz zu Zusammenschlüssen verstärkt haben. Die Verleger argumentierten, gerade durch die Bildung von größeren Konzernen sei es möglich, auch finanzschwache Zeitungen am Leben zu erhalten – eine Behauptung, die gelegentlich stimmt: DIE ZEIT war in vielen Jahren und DIE WELT ist noch heute ein Zuschussunternehmen, finanziert durch andere Gewinn bringende Objekte des Konzerns.

Die Werbung bevorzugt Großverlage nicht nur, weil ihr die Konzentration auf deren Presseorgane eine optimale Streuung von Inseraten bei den angepeilten Zielgruppen garantiert. Werbung in großen Zeitungen ist organisatorisch einfacher und billiger. Der so genannte Tausenderpreis (Preis für eine Anzeigenseite je 1.000 verkaufte Exemplare) fällt mit steigender Auflage.

Für Konzernbildungen gibt es wirtschaftliche und technische Gründe. Hinzu kommt, dass nicht jedes Konzentrationsopfer zu beklagen ist. Um kleine Zeitungen zu retten, die zwar Identität mit der Region stiften, aber nicht mehr überlebensfähig sind, erscheint es manchmal gerechtfertigt, wenn sie sich mit größeren Verlagen zusammenschließen.

Das Kartellreferat im Bundeswirtschaftsministerium hat vier verschiedene Formen des Verdrängungswettbewerbs im regionalen Zeitungsgewerbe festgestellt:
- gespaltene Abonnementpreise (in Verbreitungsgebieten, in denen man Alleinanbieter, also Monopolist, ist, nimmt man hohe, in Gebieten mit Mitbewerbern niedrige Bezugs- und Anzeigenpreise),
- übermäßig lange dauernde massierte Lieferungen von Freiexemplaren,
- Prämien für die Abbestellung bisher gehaltener Zeitungen,
- überhöhte Werbegeschenke für neue Abonnenten.

Formen der Pressekonzentration

Die Konzentration im Pressebereich lässt sich an vier Entwicklungen darstellen und messen:
- publizistische Konzentration
- Verlagskonzentration
- Auflagenkonzentration
- Lokalkonzentration

Mit publizistischer Konzentration ist die Abnahme der Zahl der publizistischen Einheiten gemeint, die auch eine Einschätzung von Vielfalt und Qualität der Zeitungslandschaft zulässt. Die offizielle Definition für diese pressestatistische Größe lautet, eine publizistische Einheit umfasst alle Tageszeitungen, die in ihrem Mantelteil, also im allgemeinen aktuellen und politischen Teil, übereinstimmen und sich nur im lokalen und im Anzeigenteil unterscheiden. Immer mehr Zeitungen sind im Laufe der Zeit aus Kostengründen dazu übergegangen oder wurden durch Fusionen oder Aufkäufe dazu gezwungen, den Mantelteil als überregionalen Teil von einer anderen größeren Zeitung zu übernehmen.

In der folgenden Tabelle lässt sich diese Entwicklung von 225 publizistischen Einheiten im Jahre 1954 auf heute noch 132 nachvollziehen, während die Zahl der Zeitungsausgaben trotz einiger Schwankungen in etwa konstant geblieben ist. Sie stellt einen Auszug aus der Tabelle auf Seite 63 dar, die hier als Veranschaulichung noch einmal aufgeführt wird.

Jahr	Publizist. Einheiten	Verlage als Herausgeber	Zeitungs- ausgaben	Verkaufte TZ-Auflagen (in Mio.)
1954	225	624	1.500	13,4
1976	121	403	1.229	19,7
1989	119	358	1.344	20,6
1991	158	410	1.673	27,3
2010	132	347	1.509	19,4

Entwicklung der Tageszeitungen
(BDZV Zeitungen 2010/11, S. 400)

Mit der Verlagskonzentration wird die Abnahme der Anzahl der Zeitungsverlage bezeichnet, die 1954 624 betrug, während es heute noch 347 Verlage gibt. Auflagenkonzentration benennt die Entwicklung zu immer weniger Großverlagen, deren Marktanteile ständig anwachsen, und Lokalkonzentration bedeutet die Tendenz zu lokalen und regionalen Zeitungsmonopolen, weil die in der Regel kleineren Konkurrenten aufgeben mussten.

Pressekonzerne und deren Macht

Das Ausmaß der Konzentration und die gegenwärtige Marktstruktur werden am deutlichsten sichtbar bei einem Blick auf die größten Pressekonzerne: So erscheinen von der Gesamtauflage der

- Tageszeitungen etwa 44 Prozent bei nur fünf von ca. 350 Verlagen
- und bei den Publikumszeitschriften sogar 65 Prozent bei den fünf größten Zeitschriftenverlagen, von denen es mehrere tausend gibt.

Der Axel Springer Verlag ist der größte Zeitungsverlag des europäischen Kontinents, und die Bertelsmann AG ist Europas größter Medienkonzern. Der Gruner+Jahr-Verlag gehört mehrheitlich zu Bertelsmann. Bauer ist der größte Zeitschriftenverlag, gefolgt von Springer und Burda; die WAZ-Gruppe ist wie Springer auf beiden Märkten vertreten und hält den sechsten Platz bei den Zeitungs- und den fünften bei den Zeitschriftenauflagen (vgl. die Abbildungen auf S. 101 und 102).
    Neben diesen und weiteren Großverlagen gibt es aber sowohl im Zeitungs- wie im Zeitschriftenbereich immer noch eine große Anzahl von mittleren und kleineren Verlagen, bei Zeitungen insgesamt etwa 350. Auch die Zahl der Zeitungen nimmt

sich mit 132 publizistischen Einheiten und etwa 1.500 Ausgaben sowie 6 Sonntags- und 26 Wochenzeitungen beachtlich aus. Insgesamt sehen die meisten Beobachter trotz kritischer Einstellung zur Pressekonzentration die Vielfalt in der deutschen Presselandschaft nicht oder noch nicht bedroht.

Es sind allerdings einzelne Entwicklungen oder Tatbestände, die zu Besorgnis Anlass geben: Zum einen die starke Marktstellung der Großverlage und namentlich des Axel Springer Verlags mit 22,5 Prozent Marktanteil bei Zeitungen sowie dessen absolut dominante Position bei den Kaufzeitungen mit über 80 Prozent. Die zweite für die Pressevielfalt als Vorbedingung der Informations- und Meinungsfreiheit (Art. 5 GG) nicht erwünschte Tendenz besteht in der Entwicklung zur Lokalkonzentration, wo heute bei weiter steigender Tendenz in etwa 60 Prozent der Kreise und kreisfreien Städte keine Wahlmöglichkeit mehr zwischen mehreren lokalen Zeitungsangeboten besteht. Auch da könnte der Einwand kommen, es gebe doch überregionale Zeitungen, lokalen Hörfunk und lokales Fernsehen oder auch die Zeitschriften, aber Tatsache ist, dass die Vielfalt des lokalen Angebots mit jeder Zeitungseinstellung ein Stück geringer wird und mit dem Schwinden von Konkurrenz politische Dominanz im lokalen Raum und neue Abhängigkeit entstehen kann. Beides entspricht nicht dem Anspruch des Grundgesetzes, das die Informations- und Meinungsfreiheit nur gesichert sieht, wenn eine entsprechende Vielfalt gewährleistet ist.

Die verschiedenen Formen des Verdrängungswettbewerbs praktizierten die westdeutschen Großverlage nach dem Erwerb der früheren SED-Bezirkszeitungen mit gesplitteten und niedrigen Bezugs- und Anzeigenpreisen geradezu modellartig in Ostdeutschland. Sie brachten damit einen Konzentrationsprozess in Gang, der an Tempo und Ausmaß alles überbot, was man bislang in Deutschland auf diesem Sektor erlebt hatte. Leidtragende waren vor allem die regionalen Ausgaben der ehemaligen Blockparteien und kurz nach der Wende neu gegründete Zeitungen, die sich schon bald dem Konkurrenzdruck der regionalen Auflagenriesen beugen mussten. Es zeigte sich auch, dass Goodwill-Klauseln beim Kampf um Käufer und Inserenten wenig wert sind: Die Erwerber der früheren SED-Bezirkszeitungen ließen die in den Verkaufsverträgen mit der Treuhandanstalt eingegangenen Verpflichtungen so gut wie unbeachtet,

> »in wirtschaftlich vertretbarem Umfang – im Wege der Kooperation oder auf andere geeignete Weise – nach Möglichkeiten zu suchen, die Entfaltung eigener Aktivitäten von kleinen Lokalzeitungen nicht zu behindern, sondern nach Möglichkeit zu erleichtern.«

	2006 Rang	%	2008 Rang	%	2010 Rang	%
Tageszeitungen gesamt						
Axel Springer AG	1	22,5	1	22,1	1	19,6
Verlagsgruppe Stuttgarter Zeitung/						
Die Rheinpfalz/Südwest Presse	3	5,2	2	8,5	2	8,6
Verlagsgruppe WAZ, Essen	2	5,6	3	6,0	3	5,8
Verlagsgruppe DuMont Schauberg, Köln	5	3,9	4	4,2	4	5,5
Ippen-Gruppe	4	4,1	5	4,0	5	4,2
Marktanteil der fünf größten Verlagsgruppen[1]		41,3		44,8		43,7
Madsack, Hannover	9	2,5	8	2,5	6	4,0
Frankfurter Allgemeine Zeitung	7	3,0	7	3,0	7	3,1
ddvg, Hamburg	10	2,2	9	2,4	8	3,0
Holtzbrinck, Stuttgart	6	3,7	6	3,8	9	2,3
Rheinische Post	–	–	–	–	10	2,0
(Süddeutsche Zeitung, München)	8	2,6	–	–	–	–
(Gruner + Jahr, Hamburg)	–	–	–	–	–	–
(BV Deutsche Zeitungsholding)	–	–	10	2,0	–	–
Marktanteil der zehn größten Verlagsgruppen[1]		55,3		58,5		58,1
Abonnementzeitungen						
Verlagsgruppe Stuttgarter Zeitung/						
Die Rheinpfalz/Südwest Presse, Ulm	2	6,7	1	10,8	1	10,9
Verlagsgruppe WAZ, Essen	1	7,1	2	7,7	2	7,2
Madsack, Hannover	–	–	–	–	3	5,1
Verlagsgruppe DuMont Schauberg, Köln	–	–	–	–	4	4,8
Ippen-Gruppe	5	4,2	5	4,2	5	4,3
(Axel Springer AG)	3	6,2	3	6,4	–	–
(Holtzbrinck, Stuttgart)	4	4,8	4	4,8	–	–
Marktanteil der fünf größten Verlagsgruppen[1]		29,0		33,9		32,3
Kaufzeitungen						
Axel Springer AG	1	80,4	1	79,3	1	79,8
Verlagsgruppe DuMont Schauberg, Köln	3	4,3	3	4,3	2	8,5
Abendzeitung, München	4	3,8	4	3,5	3	3,7
Ippen-Gruppe, München	5	3,5	5	3,5	4	3,7
Morgenpost Sachsen	–	–	–	–	5	2,3
(BV Deutsche Zeitungsholding)	2	5,3	2	5,5	–	–
(Hamburger Morgenpost)	–	–	–	–	–	–
Marktanteil der fünf größten Verlagsgruppen[1]		97,3		96,1		98,0

anteilige Auflage in Prozent

[1] Wegen der unterschiedlichen Rangfolgen ergeben die Summenbildungen nicht zwingend die ausgewiesenen Werte. Zudem sind Rundungseffekte zu berücksichtigen.

Konzentrationsgrad des Tageszeitungsmarktes

(Media Perspektiven, Basisdaten 2011, S. 54)

Konzern	Fünf Konzerne		Vier Konzerne			
	2010	2008	2010	2008	2004	2000
	gesamt					
Bauer	19,0	19,5	19,0	19,5	21,1	22,3
Burda	15,4	16,5	15,4	16,5	13,5	10,8
Springer	13,4	15,1	13,4	15,1	16,3	15,4
Gruner + Jahr	9,5	10,8	9,5	10,8	9,5	10,1
WAZ	7,7	6,6	[1]	[1]	[1]	[1]
Marktanteil der fünf bzw.						
vier größten Konzerne	64,9	68,5	57,3	61,9	60,4	58,6
	mindestens 14-täglich					
Bauer	30,9	30,6	30,9	30,6	31,5	32,2
Springer	21,6	22,6	21,6	22,6	20,9	22,0
Burda	17,6	18,0	17,6	18,0	15,1	13,5
WAZ	10,3	8,5	10,3	8,5	[1]	[1]
Gruner + Jahr	7,2	7,6	[1]	[1]	8,8	9,5
Marktanteil der fünf bzw.						
vier größten Konzerne	87,5	87,3	80,3	79,7	76,3	77,3
	seltener					
Burda	13,0	14,8	13,0	14,8	11,2	6,9
Gruner + Jahr	12,0	14,3	12,0	14,3	10,5	11,1
Bauer	6,2	6,7	6,2	6,7	6,7	7,4
WAZ	4,9	4,4	4,9	[1]	[1]	[1]
Springer	4,7	6,5	[1]	6,5	9,8	5,6
Marktanteil der fünf bzw.						
vier größten Konzerne	40,9	46,7	36,1	42,3	38,2	31,0

inklusive Beteiligungsunternehmen, gattungsbereinigt, in Prozent
[1] Nicht ausgewiesen, da in Vorjahren nur vier größte Konzerne gemessen.

Marktanteile der größten Publikumsverlage/Konzerne
(Media Perspektiven, Basisdaten 2011, S. 56)

Für das Zeitungssterben werden neben der Preispolitik der Großverlage Wettbewerbsungleichgewichte genannt, weil die Erwerber der großen ehemaligen SED-Bezirkszeitungen von Anfang an auch über Druckereien verfügten und die Zeitungen in nachrangiger Marktposition keine Möglichkeit hatten, Immobilien am Erscheinungsort der Zeitung zu erwerben, so dass Sicherheiten für die Kreditbeschaffung fehlten. Inzwischen ist die Konzentrationsentwicklung in Ostdeutschland zum Stillstand gekommen. Das Ergebnis ist, dass die westdeutschen Großverlage als Besitzer der ehemaligen SED-Bezirkszeitungen heute noch nur in Ausnahmefällen lokale Konkurrenz zu befürchten haben.

Die Pressekonzentration hat Konsequenzen: Zeitungen und Zeitschriften, konzernartig zusammengeballt unter dem einheitlichen Willen eines einzelnen oder einiger weniger Verleger, bedeutet Macht über Leser, über Parteien, über andere Verleger und über Journalisten. Wer es für wünschenswert hält, dass sich die Bürger aus einer möglichst großen Auswahl an Quellen unterrichten, muss die Bildung von Konzernen im Pressewesen ablehnen. Sobald mehrere Zeitungen in einem Verlag erscheinen, besteht die Gefahr, dass sie auch einem politischen Willen, nämlich dem des Verlegers, folgen. Die Konzentration kann also die Vielfalt von Informationsmöglichkeiten einschränken.

Große Pressekonzerne können mit ihrer moderneren technischen Ausrüstung und einem finanziellen Polster einen Wettbewerb mit einem kleineren Verlag leicht zu ihren Gunsten entscheiden. Ein Mittel, dessen sich Großverlage in besonderem Maße in Ostdeutschland bedienten, ist das Splitting bei den Abonnementpreisen. Das heißt: Die Verlage berechnen für Ausgaben der gleichen Zeitung unterschiedliche Preise – hohe in Gebieten, wo sie ein Monopol haben, niedrige in Gegenden, in denen es Wettbewerb gibt. Dieser unseriöse Preiskampf hat so manches Mal dazu geführt, dass eine der beiden – und zumeist die kleinere – früher oder später aufgeben musste.

Möglichkeiten der Konzentrationskontrolle

1976 hatte die damalige sozialliberale Bundesregierung die Presse-Fusionskontrolle eingeführt. Danach musste das Bundeskartellamt bei Zusammenschlüssen von Presseunternehmen um Genehmigung gefragt werden, die gemeinsam im Jahr mehr als 25 Millionen DM umsetzen. Dieser Betrag wurde später auf 50 Millionen DM erhöht und dann auf 25 Millionen Euro umgestellt. Das Bundeskartellamt hat drei Entscheidungsmöglichkeiten. Es kann seine Zustimmung
- verweigern, wenn durch die Fusion eine marktbeherrschende Stellung entsteht oder sich verstärkt;
- geben, wenn die beteiligten Firmen nachweisen, dass sich dadurch auch die Wettbewerbsbedingungen verbessern und dieses Plus die Nachteile der Marktbeherrschung überwiegt;
- jedoch auch mit Auflagen verbinden, beispielsweise von der (im Bundesanzeiger zu veröffentlichenden) Zusage abhängig machen, bei Vereinigungen zwei selbstständige Lokalredaktionen aufrechtzuerhalten.

Das Gesetz konnte zwar die Pressekonzentration insgesamt nicht verhindern, wohl aber in mehreren Fällen besonders wettbewerbsgefährdende Entwicklungen. 1981 wurde die geplante Mehrheitsbeteiligung von Burda bei Springer abgelehnt. Begründung:

>»Es ist zu erwarten, daß durch den Zusammenschluß auf dem Presse-
vertriebsmarkt, dem Anzeigen- und dem Tiefdruckmarkt für Zeitschriften marktbeherrschende Stellungen entstehen. Auf Grund des Machtzu-
wachses der Beteiligten auf diesen Märkten und weiterer Auswirkungen
ist zu erwarten, daß die alleinige überragende Marktstellung der Beteiligten auf den Lesemärkten für Programmzeitschriften, Kaufzeitungen und
Sonntagszeitungen durch den Zusammenschluss verstärkt wird« (Media
Perspektiven 11/1981, S. 805).

Danach beantragten beide Verlage, der Bundeswirtschaftsminister möge von seiner Befugnis Gebrauch machen, die Fusion aus übergeordneten gesamtwirtschaft-
lichen Erwägungen doch noch zu erlauben. Als auch dieser Anlauf an den heftigen
öffentlichen Protesten zu scheitern drohte, verzichtete der Burda-Verlag auf seinen
Plan und erwarb mit nur 24,9 Prozent einen Anteil knapp unter der Sperrminder-
heit (25 Prozent), den er später an die Springer-Erben zurückverkaufte.

1990 untersagte die Behörde den Einkauf Springers beim VOLKSBLATT in Berlin,
weil der Konzern damit nach Ansicht der Kartellwächter seine überragende Marktstellung auf dem Berliner Zeitungsmarkt verstärkt hätte. Im Vorfeld der Verkäufe ehemaliger SED-Bezirkszeitungen an westdeutsche Verlage sorgten Stoppsignale
des Kartellamts dafür, dass die Treuhandanstalt den meistbietenden Großverlagen
nur jeweils für eine Regionalzeitung den Zuschlag gab. Andererseits ist gerade die
Pressekonzentration in den neuen Bundesländern auch ein Beweis dafür, wie wenig die Fusionskontrolle ausrichten kann. Sie kann Aufkäufe, aber keine Schlie-
ßungen verhindern, obwohl das eine für die Vielfalt der Informationsmöglichkeiten so negativ zu beurteilen ist wie das andere. 1998 stellte das Kartellamt fest,
dass sich die WESTDEUTSCHE ALLGEMEINE ZEITUNG unzulässigerweise über einen
Strohmann mit 75 Prozent am ISERLOHNER KREISANZEIGER und der ZEITUNG IM
SAUERLAND beteiligte.

In einem weiteren Fall ist im Jahre 2003 das Kartellamt auf dem Pressemarkt der
Hauptstadt tätig geworden und hat die geplante Übernahme der BERLINER ZEITUNG
durch den Holtzbrinck-Verlag untersagt. Die Begründung: Holtzbrinck als Besitzer
der zweiten Qualitätszeitung in Berlin (DER TAGESSPIEGEL) wäre am Ort zumindest
in diesem Segment zu einer führenden Marktposition gekommen.

Zu einer heiß diskutierten und über den Pressebereich hinausreichenden Entscheidung kam das Bundeskartellamt, als es im Jahre 2006 die geplante Übernahme der ProSiebenSat.1-Gruppe, eines der beiden großen Privatfernsehkonzerne,
durch den Axel Springer Verlag nicht genehmigte. Die Begründung: Ein Zusammenschluss zweier so bedeutender Unternehmen führe zu unzulässiger Marktmacht
im Medienbereich. Dass dies gleichbedeutend sein würde mit der Gefahr vorherrschender Meinungsmacht hatte bereits vorher die Kommission zur Ermittlung der

Konzentration im Medienbereich (KEK) festgestellt (vgl. hierzu Kapitel 8). Da auch keine Ausnahmegenehmigung des Bundeswirtschaftsministers als Aufsichtsbehörde des Kartellamts zu erwarten war, gab Springer seine Pläne zunächst – aber keineswegs endgültig – auf. Eine entsprechende Klage durchläuft seit Jahren die Instanzen, wurde aber im Februar 2012 vom bayerischen Verwaltungsgerichtshof zugunsten von Springer entschieden.

Die Sensibilität dieses medienpolitischen Themas wird auch in einer seither und in den letzten Jahren besonders geführten Diskussion um eine Lockerung des Pressefusionskontrollgesetzes deutlich. Die Zeitungsverleger fordern eine Abschaffung des Aufgreifkriteriums für eine Genehmigung von Zusammenschlüssen oder verlangen inzwischen nur noch eine Heraufsetzung auf 62,5 Millionen Euro. Dabei werden sie von Bundeskanzlerin Merkel und der CDU/CSU unterstützt, nicht jedoch von vielen kleineren Verlegern, die eher um ihre Selbstständigkeit fürchten müssten. Das Bundeskartellamt selbst lehnt dieses Ansinnen mit dem Hinweis auf eine Gefährdung der Pressevielfalt und dem dann eher möglichen Anstieg von Fusionen ab. Die Diskussion wird kontrovers geführt und hat bis zum Jahre 2012 noch zu keiner Entscheidung geführt.

5.8 Konkurrenz durch neue Medien

Die Anfänge

In Kapitel 5.7 wurden die Folgen der Pressekonzentration dargestellt, die zwar keine Bedrohung der Presse insgesamt oder gar das »Sterben des gedruckten Wortes« ausmachen, aber doch zu deutlichen Reduzierungen der Pressevielfalt, vor allem im lokalen Bereich, geführt haben. Lässt man neben dieser so genannten »intramediären Konkurrenz« einmal das Revue passieren, was sich an »intermediärer« Konkurrenz in den vergangenen Jahrzehnten für Zeitungsverlage entwickelt hat und wie die Presseverlage damit fertig geworden sind, dann zeigt sich für diese Zeit eine Vervielfachung des Angebots an neuen Medien, die die Zeitungsverleger bisher jedoch immer kompensieren konnten.

Erster Streitpunkt noch in den 50er-Jahren des vergangenen Jahrhunderts war die Konkurrenz zwischen den Zeitungen und dem damals neuen Medium Fernsehen, die sich mit der Einführung von Fernsehwerbung im Jahre 1956 besonders verschärfte. Die Verleger forderten im Jahre 1964 in einer Denkschrift eine Beteiligung am Werbefernsehen und später sogar die Übernahme des seit 1963 sendenden ZDF, mindestens aber die Programmherstellung für dieses und klagten über einen vermeintlichen Verdrängungswettbewerb zu Lasten der Zeitungen. Eine daraufhin vom Deutschen Bundestag berufene Kommission, nach ihrem Vorsitzenden »Michel-Kommission« benannt, kam nach ausführlicher Betrachtung des Medienmarktes in der damaligen BRD zu der Aussage, dass sowohl die Argumente wie auch die Forderungen der Zeitungsverleger nicht begründet und nicht berechtigt seien:

> »Ein von den Zeitungsverlegern allein betriebenes Fernsehen wäre mit dem Ziel eines unabhängigen, wirtschaftlich selbständigen Rundfunks und einer unabhängigen, wirtschaftlich selbständigen Presse unvereinbar. Es entfiele nicht nur die intermediäre Kritik, die für die gegenseitige Kontrolle der Medien in der Öffentlichkeit unerlässlich ist. Es würde auch eine neue beherrschende Stellung der Zeitungsverleger begründet, die durch die potentielle Zusammenfassung des Anzeigengeschäfts dieser Verleger noch erheblich verstärkt würde« (ARD (Hg.): Rundfunkanstalten und Tageszeitungen, Frankfurt/Main 1969, S. 10).

Die so genannte »publizistische Gewaltenteilung« (öffentlich-rechtlicher Rundfunk einerseits und privatwirtschaftliche Presse andererseits) konnte damit für weitere fünfzehn Jahre bis zur Beteiligung der Zeitungsverleger bei Sat.1 und der Gründung weiterer privater Rundfunksender ab 1984, dem Start des dualen Rundfunksystems, aufrechterhalten werden.

Beteiligung und Übernahme entsprachen auch der Strategie der Zeitungsverleger im Umgang mit weiteren neu entstehenden Medien, nachdem diese ersten Bemühungen um das Fernsehen gescheitert waren. Anzeigenblätter wurden aufgekauft oder selbst gegründet, Beteiligungen oder Gründungen von Lokalradios und lokalen TV-Sendern durch Zeitungsverlage waren an der Tagesordnung, als die rechtlichen Voraussetzungen hierfür geschaffen waren. In jüngerer Zeit waren es dann die Gratiszeitungen, die den etablierten Zeitungsverlagen die Werbeeinnahmen abspenstig machen wollten. Hier lief die Strategie darauf hinaus, den von einer norwegischen Verlagsgruppe auf den deutschen Pressemarkt gebrachten Gratiszeitungen zuerst eigene entsprechende Neugründungen entgegenzustellen und sodann mithilfe deutscher Gerichte diesen »Angriff auf die Pressefreiheit« abzuwehren. Anders als in mehreren europäischen Ländern gibt es in Deutschland daher keine Gratiszeitungen.

Die Zeitungsverleger, die in Deutschland eine mächtige Lobby darstellen, haben es bisher also immer vermocht, »intermediäre« oder auch »intramediäre« (Anzeigenblätter und Gratiszeitungen) Bedrohungen von außen abzuwehren. Sie konnten aber gleichzeitig intramediäre Entwicklungen wie die Pressekonzentration nicht verhindern bzw. haben diese zum großen Teil selbst betrieben oder gefördert. Ob sich solche Abwehrstrategien bei der jüngsten und gleichzeitig umfassendsten Bedrohung der gedruckten Presse durch die Onlinemedien, besonders also das Internet ähnlich erfolgreich anwenden lassen werden, das muss allerdings fraglich bleiben.

»Bei aller Dynamik im digitalen Markt besteht gleichwohl kein Zweifel daran, dass Print weiterhin die Säule des Geschäfts und die gedruckte Zeitung das Flaggschiff der Unternehmen bildet.«

Dieses Zitat findet sich im Vorwort des Jahrbuchs des Bundesverbandes Deutscher Zeitungsverleger (BDZV 2011/2012) und man ist geneigt, nach Betrachtung der jüngsten Entwicklungen in der Digitalisierung der Medien das Wort »die Säule« durch »nur noch eine Säule« zu ersetzen.

Längst wird der Begriff »Medienkonvergenz« im technischen Sinne und nicht mehr wie in früheren Kontroversen für die Angleichung der Programmqualität von privaten und öffentlich-rechtlichen Sendern im dualen Rundfunksystem verwandt. In der neuen Medienwelt ist der Inhalt nicht an das Empfangsgerät oder den Zeitungsausträger gebunden, und die Informationen werden auf den gleichen Netzen übertragen wie die Unterhaltungsprogramme, die individuelle wie auch die Massenkommunikation. Digitalisierung und Internet haben frühere Grenzen aufgelöst, und sinkende Auflagen und Werbeeinnahmen bei einem deutlichen Anstieg der Nutzung von »Internet«, »Smartphones« und »iPads« stellen klar, wo in Zukunft die Schwerpunkte auch für ein klassisches Medium wie die Zeitung liegen werden.

Unruhe war in den 70er-Jahren in die festgefügte und weitgehend durch Arbeitsteilung gekennzeichnete Medienlandschaft mit den neuen Sendemöglichkeiten für Fernsehprogramme über Kabel und Satellit gekommen. Der wenig später entwickelte Videotext machte Textübertragung auf Fernsehbildschirme möglich, und diese Entwicklungen hatten bereits vor mehr als 40 Jahren heftige medienpolitische Kontroversen hervorgerufen. Die Zeitungsverleger hatten auf Beteiligung gepocht, die ihnen sowohl in den verschiedenen Feldversuchen und Pilotprojekten als auch bei der folgenden Einführung des privaten Rundfunks im dualen Rundfunksystem 1984 zugestanden wurde. Ebenfalls als Programmanbieter beteiligt wurden sie bei der Erprobung und Einführung von Bildschirmtext, dem Vorläufermedium des Internet (später als T-Online), der erstmals ein wirklich neues Medium darstellte, da er die Übertragung von Gesprächen und Daten auf dem existierenden Telefonnetz ebenso ermöglichte wie von Bild- und Bewegtbildinformationen, also auch Fernsehprogrammen in allerdings damals noch recht einfacher Form und unter einer Bundesbehörde, der Deutschen Bundespost. Durch diese Aufhebung der Trennung von Individual- und Massenkommunikation war der erste Schritt zur Konvergenz der Medien getan (vgl. hierzu auch Jan Tonnemacher: Kommunikationspolitik in Deutschland, Konstanz 2003, S. 215 ff.).

Das Internet und die Zeitungen

Das Internet bedeutete seit seiner Einführung in den 90er-Jahren für die Presse nicht nur ein Risiko, sondern auch eine Chance, was zunächst nur von wenigen erkannt wurde. Erst wurde – wie auch schon früher – von der Bedrohung oder gar dem »Tod des gedruckten Wortes« gesprochen, aber es dauerte nicht allzu lange, bis die Verlagsmanager neben der Konkurrenz auch die Möglichkeit sahen, den Leser auf anderem Wege anzusprechen als durch Zeitungsausträger, Kioske oder die Post. Die Erosion der Auflagen und der Absturz der Werbeeinnahmen sind nur teilweise auf die Wirtschafts- und damit Werbekrise zurückzuführen; sie sind gerade in den letzten Jahren zu einem erheblichen Teil dem rasanten Aufstieg dieses neuen Mediums geschuldet. Da sich trotz der baldigen Beteiligung der Zeitungsverleger, die erhebliche Investitionskosten ausmachte, auch die erwarteten Einnahmen nicht einstellen wollten, überwog bisher die Verdrängungskonkurrenz des Internets.

Nahezu alle deutschen Zeitungen haben seit Mitte der 90er-Jahre einen eigenen »Onlineauftritt«, und diese Entwicklung war – das zeigt die Grafik – vor etwa acht Jahren schon abgeschlossen. Geld wurde allerdings mit diesen Angeboten bei hohen Investitionen nicht verdient; eher haben sie zu weiteren Verlusten an Lesern der gedruckten Zeitung und zu Werbeinbußen geführt, denn lesen konnte man jetzt »im Netz« und Werbung wurde auch von anderen in dieses Netz gestellt. Es hatte sich eine »Kostenlos-Kultur« im Internet entwickelt. Angesichts der Verluste im »klassischen« Bereich und der hohen und steigenden Investitions- und Betriebskosten wurden und werden neue Einnahmequellen für die Zeitungsverlage immer wichtiger. Immer mehr setzen die werbenden Unternehmen und die Agenturen auf das Internet mit seiner direkten und gezielten Ansprache des potenziellen Kunden und der potenziellen Zielgruppen. Obwohl die Onlineangebote vielfach attraktiv gestaltet sind und teilweise dadurch auch verlorene Leser oder Werbekunden (wieder) gewonnen werden konnten, ging die Rechnung also nicht auf. Man hatte die Einnahmen überschätzt, weil sie sich nunmehr auf eine Vielzahl von neuen Anbietern verteilten und die Verluste und Kosten unterschätzt. Eine Zahlungsbereitschaft, wie sie bei den klassischen Medien selbstverständlich war, war hier nicht vorhanden und konnte sich auch nicht entwickeln, weil die »Kostenlos-Kultur« des Internets bereits zu weit verbreitet war und als selbstverständlich betrachtet wurde.

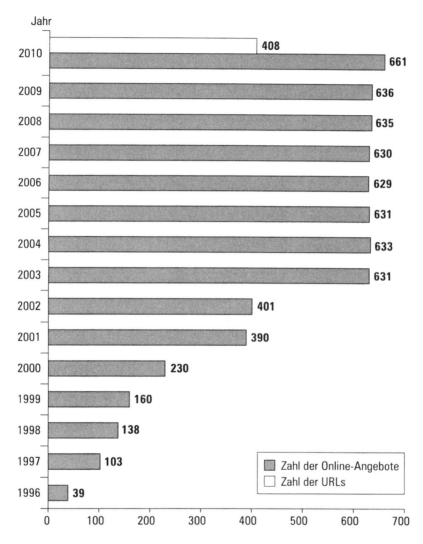

Stand: 7/2010

Onlineangebote der deutschen Tageszeitungen
(BDZV Zeitungen 2010/11, S. 405)

E-Publishing

Die für die Verlagsmanager nahe liegende Frage war daraufhin natürlich, wie man den Nutzer (User) dazu bringen konnte, für die Informations- und Serviceangebote der Zeitungen zu bezahlen. Es ging und geht um den »Paid Content«. Umfragen und Erfahrungen aus den USA und aus Großbritannien signalisierten allerdings, dass eine Zahlungsbereitschaft für entsprechend interessante Angebote doch größer war als erwartet. Dies zeigte sich vor allem mit der steigenden Verbreitung von internetfähigen Mobiltelefonen. Für die Möglichkeit des mobilen Empfangs von Information und Unterhaltung in Medien wird ganz offensichtlich von Nutzern von »iPhones«, »Smartphones« und neuerdings »iPads« ansatzweise auch bezahlt, wenn auch ungern für journalistischen Inhalt. Dies aber in langsam wachsendem Maße, so dass die Einnahmen in manchen großen Verlagshäusern wie Springer und Spiegel allmählich schon einen durchaus wahrnehmbaren Anteil vom Umsatz ausmachen, und hier zeigt sich das Internet auch schon als Chance.

Allerdings macht dies eine vollkommen neue und dem Medium angepasste Art von Anwendungen notwendig, die »Apps« (Applications). Der technische Fortschritt in der Übertragung und bei den Endgeräten hat die Nutzung kostenpflichtiger Apps für das iPhone zwar befördert. Aber wie immer ist auf neuen Geschäftsfeldern auch mit neuer Konkurrenz zu rechnen, und neue Anbieter, die bisher als Suchmaschinen fungierten, wie »Google«, oder im Hard- und Softwarebereich tätig waren, wie »Apple«, stellen Plattformen zur Verbreitung solcher Apps oder auch eigene Angebote zur Verfügung. Dass der Betreiber von den Einnahmen dieser Anbieter in seinem »iStore« ein Drittel einbehält, hat kontroverse Diskussionen über die angeblich unfairen Praktiken der IT-Riesen ausgelöst. Apple soll mit seinem iStore im Jahre 2010 schon 2,3 Milliarden Euro erwirtschaftet haben (so Katja Riefler im BDZV-Jahrbuch: Zeitungen 2010/11, S. 216), und zwar ohne Berücksichtigung von Werbung und Einnahmen aus Spielen. Google betreibt dies mit seinem eigenen Betriebssystem »Android« in ähnlicher Weise.

Mit der Einführung des iPads und damit einer neuen Generation des »Tablet-PC«, also des flachen tragbaren Kleincomputers, im Jahre 2010 wurde die Attraktivität des Empfangs von Apps erheblich gesteigert. Die Wiedergabe- und Lesequalität sind ebenso wie seine überall gegebene Nutzungsmöglichkeit wesentlich interessanter für die User als die der kleineren Smartphones wie des iPhones. Eine weitere und preisgünstige elektronische Lesealternative, das »E-Book«, wird primär zum Lesen von Büchern genutzt und eignet sich allenfalls zur Übertragung von größeren Reportagen oder Artikelserien aus Zeitungen. Die Apps von Zeitungen können als erweiterte Printausgabe oder als alternative Onlineausgabe gestaltet werden, nach Aufwand ergänzt durch Bilder und Videobeiträge. Die ersten bekannt gewordenen Nutzungszahlen signalisieren hier allerdings noch alles andere als einen Durchbruch (vgl. dazu auch Neuberger u. a.: Journalismus im Internet, 2009). Immerhin werden nach neuesten IVW-Meldungen 0,2 Millionen E-Papers je Erscheinungstag gemeldet (2. Quartal 2012, Tagespresse einschließlich Sonntagszeitungen und Sonntagsausgaben). Dies entspricht allerdings noch nicht einmal 1 Prozent der gedruckten Auflage. Bei Publikumszeitschriften sind dies 0,44 Millionen oder etwa 0,4 Prozent der Druckauflage. Bei Wochenzeitungen schließlich fallen E-Papers noch nahezu überhaupt nicht auf.

Neben der inhaltlichen Qualität hängt die Zahlungsbereitschaft der Leser natürlich auch vom Preis ab. Beim SPIEGEL beispielsweise kostet die Printausgabe mit 4 Euro nahezu genau ebenso viel wie die digitale (3,80 Euro), während ein Teil des Inhalts in SPIEGEL ONLINE sogar kostenlos allen Internetnutzern zur Verfügung steht. Einen gegenwärtig heiß diskutierten medienpolitischen Streitpunkt stellen die Apps von »Tagesschau« und »Heute« von ARD und ZDF dar, die von den Zeitungsverlegern als »presseähnliche« oder sogar als »Presseprodukte« bezeichnet werden, »die kostenlos und mit Rundfunkgebühren (›Zwangsabgabe‹) finanziert« eine deutliche Konkurrenz für die Apps der Tageszeitungen darstellen. Acht Zeitungsverlage haben gegen die Ausstrahlung solcher Apps durch die öffentlich-rechtlichen Rundfunkanstalten geklagt, wobei sich ein inzwischen wieder fraglich gewordener Kompromiss abzeichnete, bei dem ARD und ZDF sich dann doch mehr auf »sendungsbezogene« Inhalte beschränken könnten, zu denen sie auch im 13. Rundfunkänderungsstaatsvertrag angehalten sind.

Auch die so genannten Social Media, die Sozialen Netzwerke, sind inzwischen in die Marketingstrategien der Verlage einbezogen worden. So wird vom BDZV als Ausweis für zukunftsbezogene Aktivitäten festgestellt, dass

> »fast 70 Prozent der Tageszeitungen mehr als eine Fan-Page bei Facebook betreiben und 6 Prozent mehr als einen Account bei Twitter unterhalten« (BDZV Zeitungen 2010/11, S. 189).

Alle Zeitungen mit einer Auflage von mehr als 200.000 Exemplaren sind bei Facebook und Twitter vertreten. Neben einer Image-Verbesserung gerade bei Jüngeren, die den Zeitungen als Leser in wachsendem Maße ja fernbleiben, und einer Erhöhung der Kundenbindung sind die Ziele der Verlage bei diesen Beteiligungen vor allem eine – wie man das bei den Zeitungsverlegern nennt – »Traffic-Zufuhr« auf die eigenen digitalen Angebote sowie die Neukundengewinnung und höhere Onlinewerbeerlöse. Daneben setzt man auch auf Beobachtung von Trendfragen gesellschaftlicher Art, Gewinnung neuer Themen und eine Verstärkung der Interaktion mit Lesern, Meinungsführern und Werbekunden. Da alle diese neuen Medien sowohl von den Redaktionen als auch von den Werbeabteilungen crossmedial genutzt werden, d. h. Informationen wie auch Werbung sowohl in Print als auch online übertragen werden, lag es nunmehr auch nahe, die Reichweitenmessung für die Zeitung entsprechend crossmedial auszurichten, was 2011 erstmals für mehrere große Regionalzeitungen durchgeführt wurde. Dabei ergab sich eine kombinierte Print-/Onlinereichweite von 68,8 Prozent der deutschsprachigen Bevölkerung ab 14 Jahren und damit 13 Prozent mehr, als mit der Printausgabe allein erreicht wurden (BDZV Intern vom 23. Dezember 2011, S. 11).

Zahlen aus solchen Studien stellen nur eine Momentaufnahme für diese untersuchten Angebote dar. Sicher ist aber, dass – wenn es für die gedruckten Zeitungen eine Zukunft geben soll – diese nur über die Parallelnutzung von Print und Online laufen kann. Die Schonzeit des klassischen Mediums der gedruckten Presse ist lange vorbei, und man wird es irgendwann in naher Zukunft nur noch mit »Digital Natives« als Leser und Kunden zu tun haben. Beobachter gehen wohl nicht fehl in der Erwartung, dass diese mit auf Papier gedruckten Nachrichten immer weniger etwas anfangen können.

Ob Rufe nach Abschaffung der Mehrwertsteuer für die Zeitungen und anderen staatlichen Subventionen oder eine Novellierung der Fusionskontrolle, die Zeitungsprobleme der Zukunft lösen werden, muss fraglich bleiben. Ebenso hat auch das starke Auslandsengagement der großen Zeitungsverlagshäuser, besonders in Osteuropa, denen zwar geholfen, die dort investieren konnten. Es hat die Probleme der Branche aber keineswegs auch nur lindern können. Angesichts des rasanten Wandels der Medienlandschaft, der sich mit der Digitalisierung und dem Internet verbindet, wird ein fundamentales Umdenken der Zeitungsverlage notwendig werden, die neue Geschäftsmodelle finden und entwickeln müssen (vgl. hierzu auch Seite 195 und 245).

Die jüngsten IVW-Meldungen zum 2. Quartal 2012 scheinen eine gewisse Beruhigung in den Abwärtstrends der Auflagen aller Pressegattungen zu signalisieren. Ob der dadurch bereits wieder aufgekommene Optimismus berechtigt ist, muss zweifelhaft bleiben. Und auch die Freude mancher Verlage über Einnahmen aus kostenpflichtigen Apps mag verfrüht sein. Im Juli 2012 hat z. B. eine der auflagenstärksten Tageszeitungen der Schweiz, der Zürcher TAGES-ANZEIGER, eine seiner beiden täglichen Apps wieder eingestellt, da sie weder die Qualitätsansprüche noch die Umsatzerwartungen des Verlags erfüllt hatte. Nach Ansicht des Unternehmens werde dieser Markt von vielen Verlagshäusern überschätzt (Journalist, 7/2012, S. 45).

6 Die duale Rundfunkordnung

6.1 Die Fernsehurteile des Bundesverfassungsgerichts

Die Bundesländer sind grundsätzlich für die Regelung kultureller Angelegenheiten zuständig. Rundfunk (Hörfunk und Fernsehen) gilt als Kulturgut. Seine Rechtsordnung wird deshalb von den Ländern festgelegt (Ausnahme: der Auslandsrundfunk DEUTSCHE WELLE). Bestimmend für die Entwicklung des Hörfunks und Fernsehens waren in den letzten Jahrzehnten vor allem die Fernsehurteile des Bundesverfassungsgerichts (BVerfG) und die Rundfunkstaatsverträge der Länder, die neue technische Entwicklungen (mehr Übertragungsmöglichkeiten für Hörfunk- und Fernsehprogramme) berücksichtigten. Die Regierungschefs der Länder entschieden sich für eine duale Rundfunkordnung, ein Nebeneinander von öffentlich-rechtlichem und privatem Rundfunk. Dabei gab es harte Auseinandersetzungen zwischen den SPD- und den von der CDU regierten Ländern, weil die einen mehr mit den öffentlich-rechtlichen Rundfunkanstalten und die anderen mehr mit den privaten Sendern sympathisierten. Beiden sollten aber ihr Bestand und ihre Entwicklung garantiert sein.

Das Bundesverfassungsgericht hatte bereits in seinen ersten drei Fernsehurteilen von 1961, 1971 und 1981 erklärt, dass sowohl öffentlich-rechtlicher als auch privater Rundfunk mit dem Grundgesetz vereinbar sind. Für entscheidend hält es nicht die Organisationsform, sondern die Rundfunkfreiheit, das heißt, dass »freie, umfassende und wahrheitsgemäße Meinungsbildung« gewährleistet ist: Solange nur ganz wenige Sender möglich waren, weil Frequenzen fehlten und außergewöhnlich hohe Kosten anfielen, entsprach ein Monopol der öffentlich-rechtlichen Anstalten der Verfassung.

Auch seitdem man über Kabel und Satellit viele zusätzliche Hörfunk- und Fernsehprogramme übertragen kann, darf man den Rundfunk wegen seiner politischen Bedeutung nicht

> »dem freien Spiel der Kräfte überlassen. [Der Gesetzgeber muss] sicherstellen, dass der Rundfunk nicht einer oder einzelnen gesellschaftlichen Gruppen ausgeliefert wird, dass die in Betracht kommenden gesellschaft-

lichen Kräfte im Gesamtprogramm zu Wort kommen und dass die Freiheit der Berichterstattung unangetastet bleibt« (Aus dem dritten Fernsehurteil des BVerfG von 1981).

Meinungsvielfalt unerlässlich

»Es liegt vielmehr in der Verantwortung des Gesetzgebers, dass ein Gesamtangebot besteht, in dem die für die freiheitliche Demokratie konstitutive Meinungsvielfalt zur Darstellung gelangt. Es muss der Gefahr begegnet werden, dass auf Verbreitung angelegte Meinungen von der öffentlichen Meinungsbildung ausgeschlossen werden und Meinungsträger, die sich im Besitz von Sendefrequenzen und Finanzmitteln befinden, an der öffentlichen Meinungsbildung vorherrschend mitwirken [...] Dies ist sicher nicht mit letzter Gewissheit möglich; zumindest muss aber eine hinreichende Wahrscheinlichkeit bestehen, dass sich in dem gesetzlich geordneten Rundfunksystem eine solche gleichgewichtige Vielfalt einstellt« (Aus dem dritten Fernsehurteil des BVerfG von 1981).

Nach dem ersten Fernsehurteil des Bundesverfassungsgerichts von 1961 hatte noch jeder Veranstalter innerhalb seines Programms für die Vielfalt und Ausgewogenheit zu sorgen, indem gesellschaftlich relevante Einrichtungen und Organisationen in Aufsichtsgremien mitwirken (Binnenpluralismus). 1981 räumten die Karlsruher Richter erstmals ein, dass Vielfalt auch entstehen könne durch eine Vielzahl von Betreibern, von denen jeder Einzelne ein durchaus einseitiges Angebot auf den Markt bringen darf, sofern sich nur *insgesamt* ein möglichst breites Angebot an Informationen und Meinungen ergibt (Außenpluralismus).

1986, also zwei Jahre nach Einführung des Privatfunks, schrieb das Bundesverfassungsgericht in seinem vierten Fernsehurteil die neue duale Rundfunkordnung fest. Die so genannte Grundversorgung sei Sache der öffentlich-rechtlichen Anstalten, weil deren Programme – technisch gesehen – fast die gesamte Bevölkerung erreichten und sie dank ihrer Finanzierung durch Gebühren nicht in gleicher Weise wie private Veranstalter auf Einschaltquoten angewiesen seien. Solange die Anstalten diese Aufgabe erfüllten, sei es gerechtfertigt, an die Breite des Programmangebots und die Sicherung gleichgewichtiger Vielfalt im privaten Rundfunk nicht gleich hohe Anforderungen zu stellen. Diesen Gedanken nahmen die Bundesverfassungsrichter 1991 in ihrem sechsten Fernsehurteil wieder auf. Darin hoben sie hervor, es sei ein falscher Schluss, anzunehmen, »dass der Gesetzgeber die Vielfaltsanforderungen in gegenständlicher und meinungsmäßiger Hinsicht an private Rundfunkveranstalter senken müsse«. Diese Anforderungen dürften allerdings nicht so hoch sein, dass sie die Veranstaltung privaten Hörfunks und Fernsehens ausschließen würden.

Mit Nachdruck hat sich das Bundesverfassungsgericht für die Staatsfreiheit des Rundfunks ausgesprochen, als dessen Kernbereich es die Programmfreiheit der Rundfunkveranstalter sieht. Aufgabe des Staates sei es, durch einen organisatorischen Rahmen für die meinungsbezogene Vielfalt im Rundfunk zu sorgen; die sachlich-inhaltliche Tätigkeit des Rundfunks sei hingegen keine Staatsaufgabe. Dem widersprechen nach Meinung der Karlsruher Richter nicht Maßnahmen zur Gewährleistung der dienenden Funktion der Rundfunkfreiheit. Der Gesetzgeber darf also in Rundfunkgesetzen und Staatsverträgen die Vielfalt sichernden Bestimmungen aufnehmen.

Die Begrenzung des staatlichen Einflusses auf die öffentlich-rechtlichen Rundfunkanstalten war auch die wichtigste Aussage im fünften Fernsehurteil vom 24. März 1987. Auf eine Verfassungsbeschwerde der beiden südwestdeutschen Anstalten SÜDDEUTSCHER RUNDFUNK und SÜDWESTFUNK hin hatte das BVerfG entschieden, dass SDR und SWF nicht von regionalen und lokalen Programmen sowie von neuen Techniken und Verbreitungsmöglichkeiten ausgeschlossen werden dürfen. Letztlich diente auch dies in der beginnenden Zeit des dualen Rundfunksystems der Sicherung und Aufrechterhaltung der Vielfalt des Programmangebots, denn der baden-württembergische Ministerpräsident Lothar Späth wollte im regionalen und lokalen Bereich nur die privaten Sender zum Zuge kommen lassen.

Der Sicherung der Grundversorgung – in diesem Fall durch den WDR – diente auch das sechste Fernsehurteil für Nordrhein-Westfalen, während das siebte Urteil von 1992 zwar erneut die Sicherung der Finanzierung des öffentlich-rechtlichen Rundfunks durch die Gebühren in den Mittelpunkt stellte, ihm aber in Sachen Werbung auch klare Grenzen setzte. Werbung in den Dritten Fernsehprogrammen wurde am Beispiel des Hessischen Rundfunks für die öffentlich-rechtlichen Rundfunkanstalten als unzulässig erklärt.

Vor dem fünften Urteil war der Versuch gemacht worden, die Rundfunkgebührenerhöhung zu verzögern, indem die Zustimmung der Landesregierung zur geplanten Erhöhung versagt wurde, um den Forderungen nach einer Begrenzung des Einflusses der Landesrundfunkanstalten SDR und SWF und einer Förderung der Privaten Nachdruck zu verleihen. Dies war vom BVerfG als Einschränkung der Rundfunkfreiheit gesehen worden, und solche Versuche politischer Einflussnahme auf den öffentlich-rechtlichen Rundfunk über die turnusmäßig anstehenden Gebührenerhöhungen sollten auch in Zukunft immer wieder eine Rolle spielen. In seinem achten und seinem elften Urteil von 2007 hat das BVerfG seine Haltung gegenüber der Politik und zur Rundfunkfreiheit jeweils bekräftigt.

Im Februar 1994 erklärte das Gericht im achten Fernsehurteil das bisherige Verfahren zur Festsetzung der Rundfunkgebühren für verfassungswidrig, weil die Gebührenentscheidung selbst »als eine rein politische Entscheidung der Länder ausgestaltet war«. Aufgrund der finanziellen Anforderungen der Rundfunkanstalten wurde bis dahin die Kommission zur Ermittlung des Finanzbedarfs der Rundfunkanstalten (KEF), die sich aus Vertretern der Staatskanzleien und der Rechnungshöfe zusammensetzte, tätig und machte Vorschläge. Sie war, wie die Richter befanden, ein »bloßes Hilfsinstrument der Ministerpräsidentenkonferenz«, die in Wirklichkeit über die Gebühren entschied, wenngleich formal die Landtage das letzte Wort hatten, weil sie dem zwischen den Regierungschefs ausgehandelten Rundfunkgebührenstaatsvertrag noch zustimmen mussten. In den Leitsätzen zum Urteil heißt es dagegen:

> »Für die Gebührenfinanzierung gilt der Grundsatz der Programmneutralität. Im Verfahren der Gebührenfestsetzung ist von den Programmentscheidungen der Rundfunkanstalten auszugehen. Die Gebühr darf nicht zu Zwecken der Programmlenkung oder der Medienpolitik eingesetzt werden. Die Überprüfung des Finanzbedarfs darf sich nur darauf beziehen, ob sich ihre Programmentscheidungen im Rahmen des rechtlich umgrenzten Rundfunkauftrags halten und ob der aus ihnen abgeleitete Finanzbedarf zutreffend und im Einklang mit den Grundsätzen der Wirtschaftlichkeit und Sparsamkeit ermittelt worden ist.«

Das Urteil stärkt einerseits in finanzieller Hinsicht die Unabhängigkeit der Anstalten gegenüber der KEF sowie den Landesparlamenten und Regierungschefs der Länder, weil die Programmpolitik der ARD und des ZDF maßgeblich für deren Gebührenbedarf sind. Andererseits bleibt der KEF ein Prüfungsrecht bei den Bedarfsanmeldungen der Anstalten erhalten, die somit auch daran gehindert werden, zu einem Selbstbedienungsladen zu werden. Das neue Gebührenfestsetzungsverfahren schließt allerdings Konflikte nicht aus, wie sich bereits 1996 zeigte, als die KEF ihre Erhöhungsvorschläge unterbreitete. Drei Fragen sind vor allem umstritten:

(1) Haben sich die Entscheidungen der Anstalten für weitere Programme im Rahmen des rechtlich umgrenzten Rundfunkauftrags gehalten?
(2) Wurde der Finanzbedarf nach den Grundsätzen der Wirtschaftlichkeit und Sparsamkeit ermittelt?
(3) Ist die KEF befugt, darüber zu entscheiden, welcher Teil der Gebühren für welches Programm ausgegeben werden darf? Die letzte Frage wurde dadurch aktuell, dass die Kommission für den beantragten Kinder- und den Parlamentskanal gesonderte Gebührenanteile auswies.

Zuweilen wurde bei rundfunkpolitischen Diskussionen in den letzten Jahren kritisiert, dass auch Rundfunkteilnehmer Gebühren entrichten müssen, die nur die Programme der privaten Veranstalter einschalten. Das Bundesverfassungsgericht hält dies für richtig und hat in seinem Gebührenurteil argumentiert:

>»Da die derzeitigen Defizite des privaten Rundfunks an gegenständlicher Breite und thematischer Vielfalt nur hingenommen werden können, soweit und solange der öffentlich-rechtliche Rundfunk in vollem Umfang funktionsfähig bleibt, ist es auch weiterhin gerechtfertigt, die Gebührenpflicht ohne Rücksicht auf die Nutzungsgewohnheiten der Empfänger allein an den Teilnehmerstatus zu knüpfen, der durch die Bereithaltung eines Empfangsgeräts begründet wird.«

In den letzten Jahren vertraten private Sender in verschiedenen Staaten der Europäischen Union (EU) die Ansicht, Rundfunkgebühren seien Beihilfen, die nicht mit den Handels- und Wettbewerbsbedingungen in der EU vereinbar seien. In einer Protokollnotiz zum EU-Vertrag stellten die Regierungschefs 1997 in Amsterdam klar, dass es in der Kompetenz der Mitgliedsstaaten liege, »die Finanzierung des öffentlich-rechtlichen Rundfunks zu gewährleisten und dessen öffentlich-rechtliche Aufgaben festzulegen«.

Die Beihilfenfrage sollte aber in den folgenden Jahren ebenso wie das Problem der Gebührenerhöhungen weiterhin umstritten bleiben (vgl. Seite 238). Auch nach dem Versuch, durch Einführung der KEF das Verfahren neutraler zu gestalten, fühlten sich Parlamente und Ministerpräsidenten nach wie vor aufgerufen, deren Vorschläge zu diskutieren und im Jahre 2004 sogar den von der KEF vorgeschlagenen Erhöhungsbetrag von 1,09 Euro auf 0,88 Euro zu reduzieren. Auf die folgende Verfassungsbeschwerde erging die Entscheidung des BVerfG vom 11. September 2007, nach der ein solcher eigenmächtiger Eingriff der Länder erneut als unzulässig und verfassungswidrig eingestuft wurde. Nach diesem Urteil darf die Politik keinen unmittelbaren Einfluss auf die Höhe der Rundfunkgebühren ausüben. Vorangegangen waren dieser Bestätigung und Stärkung der Rundfunkfreiheit schon einmal ziemlich drastische Vorschläge für Einsparungen bei ARD und ZDF, die diesmal sogar von Vertretern beider politischer Lager kamen. Im Jahre 2004 hatten der damalige Ministerpräsident von Nordrhein-Westfalen Steinbrück (SPD) und die Ministerpräsidenten von Sachsen und Bayern, Milbradt (CDU) und Stoiber (CSU), der Rundfunkkommission der Länder ein Papier vorgelegt, in dem »einschneidende Maßnahmen« im Hörfunk- und Fernsehbereich der öffentlich-rechtlichen Anstalten gefordert wurden. ARD und ZDF sollten in erheblichem Umfang einsparen und auf ihr »Kerngeschäft« zurückgefahren werden. Diese Aktion war jedoch eher als Drohgebärde aufgenommen worden.

Aufgrund des Urteils von 2007 gab es in der laufenden Gebührenperiode keine Änderungen mehr. Stattdessen haben die Ministerpräsidenten beschlossen, die

Rundfunkgebührenordnung insofern zu verändern, als ab 2013 eine »geräteunabhängige Rundfunkfinanzierung« eingeführt wird, die dann unabhängig von der Zahl der im Haushalt vorhandenen Geräte als Pauschale eingezogen wird. Ob damit der medienpolitische Streit um die Gebührenerhöhungen entschärft werden kann, ist allerdings eine ganz andere Frage, denn auf das Machtmittel der Einflussnahme auf ARD und ZDF über Gebührenerhöhungen werden die Politiker nicht so leicht verzichten.

Weitere Fernsehurteile des BVerfG bezogen sich auf einzelne Aspekte der Ausgestaltung des dualen Rundfunksystems oder die Kompetenzen der Bundesländer gegenüber dem Anspruch der EG, heute EU, auch im Medienbereich der Mitgliedsländer politisch tätig zu werden und eine »Harmonisierung« der Gesetze und Vorschriften zu erreichen.

Ein dreizehntes und wichtiges Fernsehurteil wird noch für die nahe Zukunft erwartet, da das BVerfG aufgrund einer Klage des rheinland-pfälzischen Ministerpräsidenten und Vorsitzenden der Rundfunkkommission der Bundesländer, Kurt Beck, die Zusammensetzung des Verwaltungsrates des ZDF im Hinblick auf den Einfluss von Politikern aus der Exekutive überprüft. Diese Klage war erfolgt, nachdem der damalige hessische Ministerpräsident Roland Koch den ZDF-Verwaltungsrat, in dem allein vier Ministerpräsidenten Sitz und Stimme haben, mehrheitlich dazu gebracht hatte, den Vertrag des Chefredakteurs Nikolaus Brender entgegen dem Vorschlag des Intendanten und dem Wunsch des Senders nicht zu verlängern. Hierbei handelte es sich um den direkten und unverhüllten Eingriff eines Politikers der Exekutive in die Personalpolitik einer öffentlich-rechtlichen Rundfunkanstalt. Dank einer konservativen Mehrheit im ZDF-Verwaltungsrat, der in solchen Fällen eigentlich nur ein Zustimmungsrecht hat, hat das auch zum gewünschten Erfolg geführt, und Intendant und Sender hatten zu parieren. Der unabhängige und eher linksliberale Journalist Brender lag CDU und CSU nicht und musste gehen. Die Klage von Kurt Beck und damit der SPD richtet sich nun auf die Klärung der Frage, ob der ZDF-Staatsvertrag verfassungsgemäß ist. Nach Ansicht der Kläger ist es mit dem Prinzip der Rundfunkfreiheit unvereinbar, dass der mächtige Verwaltungsrat des Senders derart von Politikern und hier von Ministerpräsidenten, also der Exekutive, dominiert wird. Darf es überhaupt sein, dass die politische Exekutive in ihm vertreten ist?

Zusammenfassend lässt sich sagen, dass das BVerfG in jeweils abgewogener Weise entschieden und die Rechtsgüter nach Prioritäten gewichtet hat. Oberste Priorität hat das Gericht stets auf die in Art. 5 GG gesicherte Rundfunkfreiheit und deren Wahrung gelegt. Es hat die Voraussetzungen für ein geregeltes Nebeneinander im dualen Rundfunksystem geschaffen, den jeweils Unterlegenen gestützt und die Bäume der im Wettbewerb auf dem nunmehr entstandenen Rundfunkmarkt jeweils Überlegenen nicht in den Himmel wachsen lassen. Und es hat die Voraussetzungen der Rundfunkfreiheit stets im Blick behalten, die einerseits in einer möglichst großen Vielfalt des Angebots bestehen und andererseits in einer Begrenzung der staatlichen Aufsicht über den Rundfunk. Die Gebührenfinanzierung dient der Sicherung der Grundversorgung durch die öffentlich-rechtlichen Rundfunkanstalten, die in einem insgesamt außenpluralistischen dualen Rundfunksystem auch weiterhin als Träger der Grundversorgung nach dem binnenpluralistischen Prinzip arbeiten sollen.

Fernsehurteile des Bundesverfassungsgerichts (z. T. »Rundfunkurteile« genannt)

1. Fernsehurteil vom 28. Februar 1961
   (»Deutschland-Fernsehen«)
   - Rundfunk darf weder dem Staat noch einer gesellschaftlichen Gruppe überlassen werden,
   - Rundfunk ist Ländersache (Kulturhoheit),
   - *Binnenpluralistisches* Modell ist aus Mangel an Frequenzen und wegen hoher Kosten eines Fernsehprogramms gegenwärtig erforderlich.

2. Fernsehurteil vom 27. Juli 1971
   (»Mehrwertsteuer-Urteil«)
   - Rundfunkanstalten nehmen eine *öffentliche Aufgabe* wahr,
   - Tätigkeit ist nicht gewerblich und daher auch nicht *mehrwertsteuerpflichtig.*

3. Fernsehurteil vom 16. Juni 1981
   (»FRAG-Urteil«, Saarland)
   - Bundesländer treffen gesetzliche Regelungen zur Sicherung der *Rundfunkfreiheit*, wenn wegen des Entfallens der Sondersituation auch private und *außenpluralistische* Organisationsform gewählt wird;
   - begrenzte Staatsaufsicht bleibt.

4. Fernsehurteil vom 4. November 1986
   (»Niedersachsen-Urteil«). Auszüge in: Media Perspektiven Dokumentation IV/1986
   - Festlegung der Aufgabenverteilung im *dualen Rundfunksystem;*
   - *Grundversorgung* durch öffentlich-rechtliche Rundfunkanstalten wird zur Voraussetzung für privaten Rundfunk, an den nur verminderte Anforderungen gestellt werden.

5. Fernsehurteil vom 24. März 1987
   (»Baden-Württemberg«), in: Media Perspektiven Dokumentation III/1987
   - Bestätigung der Bestands- und Entwicklungsgarantie für den öffentlich-rechtlichen Rundfunk,
   - weder Ausschluss von neuen Techniken noch von regionalen oder lokalen Programmen ist erlaubt.

6. Fernsehurteil vom 5. Februar 1991
   (»Nordrhein-Westfalen«), in: Media Perspektiven Dokumentation I/1991
   - *Zwei-Säulen-Modell, also die Trennung der Veranstalter von den Betreibern der Sender* in Nordrhein-Westfalen ist GG-konform,
   - Rundfunkfreiheit muss bei anderer Organisationsform gewahrt bleiben,
   - Gesetzgeber muss Auftrag der *Grundversorgung* sichern,
   - Aufgaben der Kontrollgremien klargestellt.

7. Fernsehurteil vom 6. Oktober 1992
   (»Hessen«), in: Media Perspektiven Dokumentation IV/1992
   - Art. 5 GG verlangt Finanzierungssicherung für öffentlich-rechtlichen Rundfunk,
   - *Gebühren* dürfen bei *Mischfinanzierung* nicht in den Hintergrund treten,
   - Werbung im Dritten Programm des Hessischen Rundfunks ist unzulässig.

8. Fernsehurteil vom 22. Februar 1994
   (»Gebührenurteil I«, Bayern), in: Media Perspektiven Dokumentation I/1994
   - Festsetzung der Rundfunkgebühr gemäß Rundfunkstaatsvertrag und durch Landtage ist verfassungskonform, aber reformbedürftig,
   - Verfahren der Gebührenfestsetzung muss vor Einflussnahme auf das Programm schützen;
   - Gebühr darf nicht medienpolitisch genutzt werden.

9. Fernsehurteil vom 22. März 1995
   (»Fernsehrichtlinie der EG«), in: Media Perspektiven Dokumentation I/1998
   - Bundesregierung hat im internationalen Bereich auch die Rechte der Bundesländer zu vertreten,
   - sie ist dabei zu Zusammenarbeit und Rücksichtnahme verpflichtet.

10. Fernsehurteil vom 17. Februar 1998
(»Kurzberichterstattung«), in: Media Perspektiven Dokumentation I/1998
- Recht auf »nachrichtenmäßige Kurzberichterstattung im Fernsehen« ist verfassungskonform,
- dieses Recht darf aber nicht »unentgeltlich ausgestaltet« werden,
- Gesetzgeber muss sicherstellen, dass die »Kurzberichterstattung grundsätzlich allen Fernsehveranstaltern zugänglich bleibt«.

11. Fernsehurteil vom 11. September 2007
(»Gebührenurteil II«)
- Länder dürfen nicht vom KEF-Vorschlag für Gebührenerhöhung abweichen.

12. Fernsehurteil vom 12. März 2008
(»Parteienbeteiligung an Privatsendern«)
- Gesetzgeber darf Beteiligung von Parteien an privaten Rundfunkunternehmen untersagen, wenn sie bestimmenden Einfluss auf Programmgestaltung oder Programminhalte nehmen können.

6.2 Die Rundfunkstaatsverträge

Auf der Grundlage der vom Bundesverfassungsgericht beschriebenen dualen Rundfunkordnung regelten die Bundesländer im Staatsvertrag zur Neuordnung des Rundfunkwesens 1987 das Nebeneinander von öffentlich-rechtlichem und privatem Rundfunk. Dessen Bestimmungen aktualisierten sie nach dem Beitritt der DDR zur Bundesrepublik im »Staatsvertrag über den Rundfunk im vereinten Deutschland« vom 31. August 1991, der am 1. Januar 1992 in Kraft trat und inzwischen mehrfach geringfügig und teilweise auch an grundsätzlichen Punkten geändert wurde. In der Präambel heißt es, dass »für den öffentlich-rechtlichen Rundfunk Bestand und Entwicklung zu gewährleisten (sind). Dazu gehört seine Teilhabe an allen neuen technischen Möglichkeiten in der Herstellung und zur Verbreitung sowie die Möglichkeit der Veranstaltung neuer Formen von Rundfunk. Seine finanziellen Grundlagen einschließlich des dazugehörigen Finanzausgleichs sind zu erhalten und zu sichern« (Media Perspektiven Dokumentation III a/1991, S. 4).

Zugleich ermöglicht der Staatsvertrag den Ausbau und die Fortentwicklung des privaten Rundfunksystems. Dafür sollen ausreichend Sendekapazitäten zur Verfügung gestellt werden. Im Gegensatz zu den öffentlich-rechtlichen Anstalten dürfen die privaten Veranstalter auch nach 20 Uhr sowie sonn- und feiertags werben und Spielfilme, sofern sie länger als 45 Minuten dauern, durch Werbung unterbrechen.

Seit 1992 wird den öffentlich-rechtlichen Anstalten eine Werbeform gestattet, die bislang den privaten vorbehalten war – das Sponsoring. Dabei unterstützen Firmen finanziell eine Sendung, worauf die Rundfunkveranstalter am Beginn und Ende hinweisen müssen. Während ARD und ZDF im Sponsoring eine zusätzliche Einnahmequelle sehen, die sie im Hinblick auf ihre schwierige Finanzlage für unabdingbar halten, befürchteten Kritiker Auswirkungen auf das Programm. Dies hat sich zwar nicht eingestellt; dagegen sollte Product Placement (Schleichwerbung) aber später zu einem ernsten Problem auch für ARD und ZDF werden.

Bis heute hat es dreizehn Rundfunkänderungsstaatsverträge gegeben. So trat beispielsweise am 1. April 2000 die vierte Novelle des Rundfunkstaatsvertrages (RfStV) in Kraft. Sie erweiterte unter anderem die Werbemöglichkeiten für den Privatfunk. Potenziell jugendgefährdende Sendungen müssen angekündigt werden. Für einzelne Sendeformate können die Landesmedienanstalten zeitliche Beschränkungen erlassen. Neben vielen Detailänderungen und Anpassungen, beispielsweise auch an Vorschriften der damals noch EG genannten EU, hat es einen wichtigen Wechsel mit dem sechsten Rundfunkänderungsstaatsvertrag im Jahre 2001 gegeben. Während die Sicherung der Meinungsvielfalt vorher mit dem so genannten Veranstalter- oder Beteiligungsmodell geregelt war, ging man danach zum Marktanteilsmodell über. Im alten RfStV hieß es in § 21:

> »Ein Veranstalter darf in der Bundesrepublik Deutschland bundesweit im Hörfunk und im Fernsehen jeweils bis zu zwei Programme verbreiten, darunter jeweils nur ein Vollprogramm oder ein Spartenprogramm mit Schwerpunkt Information.«

Da Beteiligungen an anderen Fernsehveranstaltern hier eher großzügig geregelt waren, solange kein »vorherrschender Meinungseinfluss« erreicht wurde, haben Privatsender Tochterunternehmen gegründet, bei denen sie dennoch das Sagen hatten. So geschehen beispielsweise im Medienkonzern von Leo Kirch. Mit dem Übergang zum Marktanteilsmodell wurde die Antikonzentrationspolitik mit einer schärferen Waffe versehen. Seit dem 1. Juli 2001 heißt es nun in § 26 RfStV Abs. 1:

> »Ein Unternehmen (natürliche oder juristische Person oder Personenvereinigung) darf in der Bundesrepublik Deutschland selbst oder durch ihm zurechenbare Unternehmen bundesweit im Fernsehen eine unbegrenzte Zahl von Programmen veranstalten, es sei denn, es erlangt dadurch vorherrschende Meinungsmacht [...]« (Media Perspektiven Dokumentation I/2002, S. 14 ff.).

Und weiter heißt es dort:

> »Erreichen die einem Unternehmen zurechenbaren Programme im Durchschnitt eines Jahres einen Zuschaueranteil von 30 von Hundert, so wird vermutet, dass vorherrschende Meinungsmacht gegeben ist. Gleiches gilt bei Erreichen eines Zuschaueranteils von 25 von Hundert, sofern das Unternehmen auf einem medienrelevanten verwandten Markt eine marktbeherrschende Stellung hat oder eine Gesamtbeurteilung seiner Aktivitäten im Fernsehen und auf medienrelevanten verwandten Märkten ergibt, dass der dadurch erzielte Meinungseinfluss dem eines Unternehmens mit einem Zuschaueranteil von 30 von Hundert im Fernsehen entspricht.«

Neben einer nur aufs Fernsehen bezogenen Marktanteilsbegrenzung bietet diese Bestimmung einen gewissen Schutz vor Cross-Media-Konzentration, also dem Agieren großer Medienkonzerne in Presse und Fernsehen oder in anderen Medien.

Die Anteile am Zuschauermarkt werden so ermittelt: Bei einer für alle Zuschauer repräsentativen Stichprobe wird durch ein Messgerät festgestellt, wie lange das eine oder andere Programm eingeschaltet ist. Damit ist die Einschaltquote bestimmt. Sie sagt nichts darüber aus, ob das Programm tatsächlich gesehen wurde oder nur als Begleitmedium gelaufen ist. Dennoch gilt sie als allgemeine Messlatte. Mit der Quote lässt sich dann auch sagen, welche Zuschauer mit welchem Gerät (Fernseher, Video oder DVD, Computer) beim jeweiligen Programm zugeschaltet waren. Unternehmen wie ProSiebenSat.1 Media Group oder die RTL Group veranstalten ebenso wie ARD und ZDF mehrere Programme. Deren Einschaltquoten werden zusammengerechnet und ergeben damit den Anteil am gesamten Zuschauermarkt.

Daneben gibt es eine Reihe von anderen Methoden der Zuschauerforschung, aber die telemetrischen Messungen werden trotz mancher auch technischer Probleme als Basis für die medienpolitischen Diskussionen um die Einschaltquote gesehen. Sie sind auch eine wesentliche Basis für die Programmplanung der Sender und für die werbungtreibende Wirtschaft, die damit über die für sie relevanten Daten der Reichweite ihrer Fernsehspots hat und gleichzeitig die Struktur der Zuschauer kennt. Damit können dann die Zielgruppen angesprochen werden.

Die medienpolitische Problematik ist mit dem Wort vom »Diktat der Quote« angesprochen, denn deutlich ist, dass die im Privatfernsehen angebotenen Unterhaltungssendungen vor allem am Massengeschmack orientiert sind, um hohe Quoten für Werbung in »Unterbrecher-Spots« zu bringen. Kritiker sprechen dann, besonders bei massenattraktiven Programmen von minderer Qualität mit häufigen Werbeunterbrechungen schon von »Unterschicht-Fernsehen«, stellen aber fest, dass teilweise auch die öffentlich-rechtlichen Sender zu sehr nach der Quote schielen, anstatt auf Qualität zu achten.

7   Die öffentlich-rechtlichen Rundfunkanstalten

7.1   Organisation

Als nach 1945 in den westdeutschen Besatzungszonen die Diskussion begann, wie das Rundfunkwesen zukünftig zu gestalten sei, waren sich alle Beteiligten einig, Missbrauch vorzubeugen:

- Sie suchten erneute einseitige Politisierung durch die jeweils herrschende Partei (wie im NS-Regime bis 1945 und in der DDR bis 1989) zu verhindern. Folglich durften sie die Sender nicht in die staatliche Exekutive einfügen oder von ihr abhängig machen.
- Ebenso wenig wollten sie das Programm an Wünsche der werbenden Wirtschaft anpassen und damit verwässern (Beispiel: das am Massengeschmack ausgerichtete kommerzielle Fernsehen in den USA). Deshalb sollte dieses Medium möglichst nicht oder nur wenig auf Reklameeinkünfte angewiesen sein.

Beiden Gefahren hofften die damals verantwortlichen Alliierten und Deutschen zu entgehen, indem sie als Organisationsform selbstständige Anstalten des öffentlichen Rechts wählten. Diese

- entstanden durch Landes-, Bundesgesetze oder Staatsverträge;
- sind von behördlicher Fachkontrolle freigestellt, die meisten jedoch nicht von staatlicher Rechtsaufsicht;
- sind mit Selbstverwaltungs-Befugnissen ausgestattet,
- finanzieren sich aus (von den Landtagen in einem Staatsvertrag festgesetzten) Gebühren – ursprünglich allein, heute zu einem ganz geringen Teil auch noch durch Werbeeinnahmen.

Rundfunkveranstalter

In der ARBEITSGEMEINSCHAFT DER ÖFFENTLICH RECHTLICHEN RUNDFUNKANSTAL-TEN DER BUNDESREPUBLIK DEUTSCHLAND (ARD) haben sich 1950 alle Landesrundfunkanstalten zusammengeschlossen, um gemeinsam Hörfunk- und (nach 1953) Fernsehprogramme zu veranstalten.

Die Landesrundfunkanstalten produzieren gemeinsam das Erste Fernsehprogramm und verbreiten eigene Programme, und zwar jeweils
- bis zu acht im Hörfunk,
- teilweise gemeinsam mit anderen Anstalten ein Drittes TV-Programm.

1991 traten der ARD zwei neue Mitglieder bei, nämlich der MITTELDEUTSCHE RUNDFUNK, für den die Länder Sachsen, Sachsen-Anhalt und Thüringen einen Staatsvertrag schlossen, und der OSTDEUTSCHE RUNDFUNK BRANDENBURG, eine Anstalt, die aufgrund eines Gesetzes des Landtags von Brandenburg gebildet wurde.

1997 führten die Landtage von Baden-Württemberg und Rheinland-Pfalz den Zusammenschluss des SÜDDEUTSCHEN RUNDFUNKS und des SÜDWESTFUNKS zum SÜDWESTDEUTSCHEN RUNDFUNK herbei. 2003 fusionierten der SENDER FREIES BERLIN und der OSTDEUTSCHE RUNDFUNK BRANDENBURG zum RUNDFUNK BERLIN-BRANDENBURG. Für Fusionen sprechen vor allem finanzielle Gründe (Einsparungen durch eine gemeinsame Verwaltung, Wegfall von Programmen, Bündelung von Kreativität). Die Einwände dagegen lauten: Verlust von Arbeitsplätzen, regionaler Identität und programmlicher Vielfalt.

Zwei Rundfunksender haben besondere Aufgaben:
- Die aus dem Haushalt des Bundes finanzierte DEUTSCHE WELLE, die den Rundfunkteilnehmern im Ausland in mehrsprachigen Hörfunk- und Fernsehprogrammen ein umfassendes Bild von Deutschland vermittelt.
- Das DEUTSCHLANDRADIO, eine aus dem DEUTSCHLANDFUNK, dem RIAS und DS KULTUR hervorgegangene Körperschaft des öffentlichen Rechts, getragen von der ARD und dem ZDF, das zwei werbefreie, ausschließlich durch Gebühren finanzierte Informations- und Kulturprogramme für ganz Deutschland in Köln und Berlin veranstaltet.

Vor 1990 hatte der DEUTSCHLANDFUNK in Köln die Aufgabe, die Bevölkerung in ganz Deutschland über das Geschehen in den beiden deutschen Staaten zu unterrichten. Der RIAS (Rundfunk im amerikanischen Sektor) bezeichnete sich nach der Gründung durch die US-Militärbehörden in Berlin als »freie Stimme der freien Welt«, die vor allem die Menschen in der DDR erreichen sollte. DS-KULTUR ging 1990 aus den früheren DDR-Programmen des DEUTSCHLANDSENDERS und von RADIO DDR II hervor.

Im Gegensatz zur föderalistisch organisierten ARD ist das ZWEITE DEUTSCHE FERN-
SEHEN (ZDF) zentralistisch aufgebaut. Sendezentrum ist Mainz. Die Mittel stammen
wie bei der ARD zu rund 95 Prozent aus Gebühren. Der Rest kommt aus Werbeeinnahmen und sonstigen Erträgen wie der Verwertung von Lizenzrechten. Bis Mitte
der 80er-Jahre wurde die Mainzer Anstalt sogar mit bis zu 40 Prozent aus Werbeeinnahmen finanziert. Das ZDF entstand am 6. Juni 1961 durch einen Staatsvertrag
der Länder. Den vorangegangenen Versuch von Bundeskanzler Konrad Adenau-
er, mit Gründung der privatrechtlichen Deutschland-Fernsehen GmbH ein Regie-
rungsfernsehen ins Leben zu rufen, hatte das Bundesverfassungsgericht in Karlsru-
he in seinem ersten Fernsehurteil 1961 für grundgesetzwidrig erklärt.

Seit 1. Dezember 1984 verbreitet das ZDF gemeinsam mit dem österreichischen
und dem Schweizer Rundfunk das Kultur- und Informationsprogramm 3SAT, an
dem seit Dezember 1993 auch die ARD beteiligt ist. Als Spartenprogramme bieten die beiden deutschen öffentlich-rechtlichen Fernsehveranstalter außerdem seit
1997 einen KINDERKANAL (KIKA) sowie den Dokumentations- und Ereigniskanal
PHOENIX an, dessen Zuschauer vor allem die Vor-Ort-Übertragungen, beispielsweise
von Plenarsitzungen des Deutschen Bundestages, und die Hintergrundinformationen schätzen. Oft werden Großveranstaltungen und Pressekonferenzen weitgehend
ungekürzt und mit wenig Kommentar und Interpretation gesendet.

Private Veranstalter versuchten, die öffentlich-rechtlichen Spartenprogramme
mit dem Argument zu verhindern, es handele sich dabei nicht um die den öffentlich-rechtlichen Anstalten verfassungsrechtlich auferlegte Grundversorgung. Sie kamen damit aber auch auf der europäischen Ebene nicht durch. In der Diskussion
um den Grundversorgungsauftrag verweisen ARD und ZDF auf das Urteil des Bundesverfassungsgerichts vom 6. Oktober 1992. Darin heißt es:

> »Grundversorgung bedeutet weder eine Mindestversorgung noch be-
> schränkt sie sich auf den informierenden und bildenden Teil des Pro-
> gramms. Sie ist vielmehr eine Versorgung mit Programmen, die dem
> klassischen Rundfunkauftrag entsprechen […] und die technisch für alle
> empfangbar sind.«

Daraus ist abzuleiten: Unterhaltung und Sport gehören durchaus zur Grundversorgung. Ihr Recht, Spartenkanäle anzubieten, vor allem auch im digitalen Fernsehen, können ARD und ZDF im geltenden Rundfunkstaatsvertrag begründet sehen,
der ihnen eine Bestands- und – in diesem Fall noch wichtiger – eine Entwicklungsgarantie gibt.

ARD und ZDF sind an mehreren europäischen Fernsehprojekten beteiligt. Zwei
Beispiele:

- ARTE: Seit Mai 1992 gestalten die ARD und das ZDF gemeinsam mit dem französischen Kulturkanal LA SEPT diesen europäischen Fernseh-Kulturkanal.
- EURONEWS und EUROSPORT: Diese europäischen Spartenkanäle werden gemeinsam von Sendern betrieben, die sich in der EUROPEAN BROADCASTING UNION (EBU) zusammengetan haben, einer Organisation, die mit Beteiligung öffentlicher wie auch privater Sender vor allem für den Programmaustausch auf europäischer Ebene sorgt.

Aufsichtsgremien

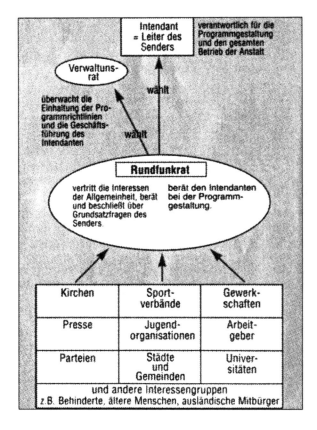

Organisation des Rundfunks
(Zeitlupe, hrsg. von der Bundeszentrale für politische Bildung, H. 31)

Bei den öffentlich-rechtlichen Rundfunkanstalten ist der Intendant für das Programm verantwortlich. Ihn kontrollieren und beraten Rundfunk- und Verwaltungsräte sowie in einigen Fällen Programmbeiräte. Die Aufsichtsgremien, in denen von den Parteien über die Gewerkschaften und Kirchen, die Arbeitgeberorganisationen und die kulturellen Institutionen die so genannten gesellschaftlich relevanten Gruppen vertreten sind, haben sich häufig von einer Interessenvertretung für die Gesellschaft zu einer Gesellschaft von Interessenvertretern entwickelt. Das vom Bundesverfassungsgericht, von den Rundfunkgesetzen und Staatsverträgen geforderte Eintreten für die Interessen der Allgemeinheit wird in der Praxis häufig von parteipolitischen Präferenzen und Verbandsinteressen überlagert.

In den Fernsehrat des ZDF (77 Mitglieder) entsenden unter anderen die Länder und die Parteien ihre Vertreter. Außer ihnen gehören beispielsweise die evangelische und die katholische Kirche, die Gewerkschaften, Presseorganisationen, Wohlfahrts- und kommunale Spitzenverbände, Umweltschützer sowie Vertreter aus den Bereichen Erziehung und Bildung, Wissenschaft und Kunst dem Gremium an, das den Intendanten wählt, ihn bei der Programmgestaltung berät und den Haushaltsplan und Jahresabschluss genehmigt. Die Rundfunkräte der ARD-Anstalten sind teilweise deutlich kleiner und bestehen ebenfalls aus Politikern und Mitgliedern von Organisationen sowie Repräsentanten gesellschaftlicher Bereiche. Politiker, Wissenschaftler und Publizisten haben immer wieder den zu großen Einfluss der Parteien in den Aufsichtsgremien der Rundfunkanstalten kritisiert. Sie forderten:

- die Rundfunkräte ausschließlich mit Vertretern der gesellschaftlich relevanten Gruppen oder
- mit unabhängigen Persönlichkeiten zu besetzen.

7.2   Die Macht der Parteien

Der Wunsch, die Politik und damit die Parteien aus den Aufsichtsgremien herauszuhalten, ist ebenso systemwidrig wie unrealistisch. Er ist systemwidrig, weil die Bundesrepublik eine pluralistische Demokratie ist, in der es die Parteien gar nicht zulassen können, in Gremien wie Rundfunkräten, die für die gesamte Gesellschaft von Bedeutung sind, nicht vertreten zu sein. Die Parteien sind ein wichtiger Teil dieser Gesellschaft, mithin gesellschaftlich relevant, und sie können mit Recht darauf verweisen, gleich die Interessen großer Bevölkerungsschichten zu repräsentieren. Unrealistisch wäre es, die Parteien ganz fernzuhalten, weil sie über die Fraktionen in den Parlamenten bei der Verabschiedung der Rundfunkgesetze darüber entscheiden, welche gesellschaftlichen Gruppen in den Rundfunkräten vertreten sind. CSU- oder SPD-geführte Landesregierungen halten längst nicht dieselben Verbände und Orga-

nisationen für gesellschaftlich relevant. Die einen billigen eher den Unternehmer-
verbänden, die anderen den Gewerkschaften mehrere Sitze zu, weil sie hoffen, dass
bei parteipolitisch gefärbten Entscheidungen die einen eher als die anderen mit ihnen stimmen.

	öffentlicher Rundfunk	privater Rundfunk
Regierungen, Parteien und Kommunen	172 (32 %)	105 (23 %)
Organisationen der Wirtschaft	133 (25 %)	136 (30 %)
Organisationen der Gesellschaft	105 (20 %)	95 (21 %)
Kirchen	50 (9 %)	40 (9 %)
Organisationen aus den Bereichen	34 (6 %)	21 (5 %)
Bildung, Erziehung, Wissenschaft		
Kulturelle Organisationen	28 (5 %)	36 (8 %)
Sonstige	16 (3 %)	14 (3 %)
Gesamt	538	447

Zusammensetzung der Aufsichtsgremien
(Stuiber 1998, S. 823–832)

Dass Verbandsvertreter keineswegs immer politisch neutral sind und handeln, zeigt
sich auch im Fernsehrat des ZDF. Dort stellen die im Bundestag vertretenen Parteien zwar nur zwölf der 77 Mitglieder, die sich aber so arrangiert haben, dass sie
sich im CDU- oder SPD- Freundeskreis treffen. Hier sind die Politiker die Wort-
führer und hier werden auch die Fernsehratssitzungen vorbereitet und wichtige Ab-
sprachen getroffen. Norbert Schneider, der damalige Direktor der Landesanstalt
für Medien in Nordrhein-Westfalen und zuvor Programmdirektor beim SENDER
FREIES BERLIN, hat erkannt:

> »Die faktischen Besitzer des öffentlich-rechtlichen Rundfunks wurden
> nach und nach die politischen Parteien. Sie nahmen sich, was die Gesell-
> schaft liegen ließ, und füllten insofern ein Machtvakuum aus. Doch sie
> nutzten diesen Einfluss immer entschlossener zur Stützung ihrer eigenen
> politischen Macht. Längst geht nichts mehr ohne sie oder gegen sie. Die
> gesellschaftlich relevanten Gruppen, die eigentlich vorgesehenen Kontrol-

leure, sind überwiegend in parteipolitisch geprägten Freundeskreisen auf-gegangen« (epd medien, H. 11, 2002, S. 20).

Die rundfunk- und verfassungsrechtliche Forderung, die Rundfunk- und Fernsehrä-te sollten als Repräsentanten der Öffentlichkeit die gesellschaftliche Kontrolle über die Anstalten ausüben, sozusagen stellvertretend für alle Hörer und Zuschauer, er-weist sich in der Praxis als problematisch, weil sie deren Wünsche zumeist gar nicht kennen und andererseits beim Publikum auch nicht bekannt sind. Ihnen fehlt also zumeist die Rückkopplung an die Basis. Ein zweiter Mangel wiegt noch schwerer: Nicht selten nämlich schicken die entsendungsberechtigten Gruppen Spitzenfunk-tionäre, deren Terminkalender es oft nicht erlaubt, an den Sitzungen überhaupt teil-zunehmen, und wenn, sind sie nicht ausreichend vorbereitet.

Das Ergebnis ist in beiden Fällen gleich: Mangels Sachverstand entwickeln sich viele Gremienmitglieder nicht zu ernst zu nehmenden Gesprächspartnern der Pro-gramm-Macher. Manfred Buchwald, langjähriger Intendant des SAARLÄNDISCHEN RUNDFUNKS, sieht einen Missbrauch der Aufsichtsfunktion darin, wenn

- »hohe Repräsentanten der Exekutive (Ministerpräsidenten oder Minister des Bundes und der Länder) als Mitglieder von Aufsichtsgremien ein Medium kon-trollieren, zu dessen Aufgaben es auch gehört, ihre Amtsführung kritisch zu be-obachten;
- wenn solche Gremienmitglieder in den öffentlich-rechtlichen Anstalten die spar-same Haushaltsführung zu überwachen haben und unter einem anderen Hut in Sportverbänden die Lizenzen in die Höhe treiben, die ihre Rundfunkanstalt dann für Sportübertragungen zu zahlen hat;
- wenn sie interne Daten, Informationen und unternehmensstrategische Konzepte aus den Gremien des öffentlich-rechtlichen Rundfunks ins Lager der Konkurrenz tragen, um den Kommerziellen auf die Beine zu helfen« (Manfred Buchwald: Öf-fentlich-rechtlicher Rundfunk: Institutionen – Auftrag – Programme, in: Diet-rich Schwarzkopf: Rundfunkpolitik in Deutschland, München 1999, S. 402).

Gremienmitglieder begreifen sich eher als Lobbyisten der entsendenden Organisa-tionen und bemühen sich, dass deren Interessen in den Sendungen berücksichtigt werden. Die Berichterstattung über ihre Arbeit ist hingegen häufig überaus lücken-haft, findet aber auch nur selten in den Verbänden und Institutionen, die sie nomi-niert haben, Aufmerksamkeit. So kommt es, dass die Allgemeinheit über das, was Rundfunk- und Fernsehräte tun, wenig wissen, obwohl diese sie ja repräsentieren sollen. Ein anderer Mangel liegt darin, dass große Bevölkerungsgruppen, wie bei-spielsweise Studenten und Auszubildende oder Migranten, entweder gar nicht oder zumindest nicht angemessen in den Rundfunkräten vertreten sind. Solche Defizi-te stellen zwar nicht das System der »gesellschaftlich relevanten« Gruppen und deren Beaufsichtigung des öffentlich-rechtlichen Rundfunks infrage. Die Zusammensetzung der Räte sowie Auswahl und Qualifikation ihrer Mitglieder ist dagegen ein medienpolitisches Thema, an das sich keiner so recht herantraut.

Die Versuche der Parteien, über und durch die Rundfunk- und Verwaltungsräte ihre Wünsche anzumelden, gelten vor allem der Personalpolitik. Typisch dafür ist der Parteienproporz, der an der Spitze der Funkhäuser vorherrscht: Wenn der Intendant Mitglied der SPD ist oder mit ihr sympathisiert, gehört der zweitstärkste Mann normalerweise der Union an und umgekehrt. Über viele Monate suchte 2001 der ZDF-Fernsehrat nach einem neuen Intendanten, der nach dem Staatsvertrag der Anstalt eine Dreifünftelmehrheit für seine Wahl benötigt. Diese Mehrheit hatte weder der CDU- noch der SPD-Freundeskreis. Daraufhin begannen die Sondierungen nach einem Kandidaten, der für beide Kreise annehmbar war: Dies war nach vielen vergeblichen Anläufen schließlich Markus Schächter, der als der CDU nahe stehend gilt. Bei den Direktoren kommen dann in einem solchen Fall eher Kandidaten zum Zuge, die mit der SPD sympathisieren.

Neben einer Personalpolitik nach Proporzgesichtspunkten gibt es auch Fälle, in denen ein Intendant, gestützt auf die Mehrheit in den Gremien, wichtige Posten überwiegend mit Anhängern seiner politischen Richtung besetzt. Ein Musterbeispiel dafür ist der MITTELDEUTSCHE RUNDFUNK (MDR), der fest im Griff der CDU ist. Es wäre natürlich eine Fehleinschätzung, hielte man Parteimitglieder pauschal für schlechte und Parteilose für gute und kritischere Journalisten. Es kann auch anders sein. Denn nicht selten haben sich parteigebundene Journalisten in Spitzenstellungen gerade als besonders heftige Kritiker ihrer eigenen Partei erwiesen.

Darüber hinaus suchen die Parteien das Programm zu beeinflussen – weniger durch Anregungen, mehr durch Kritik. Sie ist zulässig, ja notwendig, solange sie der öffentlichen Meinungsbildung dient und nicht zur Zensur entartet. Sie kann die Rundfunkfreiheit und damit ein wesentliches Stück Demokratie gefährden, wenn Politiker versuchen, Sender oder einzelne Programme »auf Kurs zu bringen«, was nicht selten geschieht.

Trotz vieler Beispiele ginge die Schlussfolgerung, die Parteien beherrschten Hörfunk und Fernsehen, an der Wirklichkeit vorbei. Sicherlich spiegeln sich die parteipolitischen Kräfteverhältnisse eines Bundeslandes mehr oder weniger genau in der Zusammensetzung der Aufsichtsgremien wider. Und sicherlich spielen bei Auslegung von Programmrichtlinien und Auswahl führender Mitarbeiter parteipolitische Wünsche eine Rolle. Dennoch bestehen Barrieren, die zu übersteigen auch den Parteien schwer fällt:

- Es gibt den unabhängigen Intendanten, Programmdirektor, Kommentator und Reporter, der sich ein selbstständiges Urteil bildet und seine Meinung innerhalb der gesetzlich oder vertraglich gezogenen Grenzen frei äußert, ohne Rücksicht darauf, ob diese Ansicht jener Partei passt, der er vielleicht sogar seine Stellung verdankt. Hans-Joachim Friedrichs, TAGESTHEMEN-Moderator von 1985 bis 1991, stellte rückblickend fest: »Nicht ein Würdenträger, sei es ein Politiker, Kirchenmann oder ein anderer Funktionär, hat sich in dieser Zeit an mich gewendet und gesagt, dies möchte ich so oder so dargestellt haben« (PZ, Nr. 75/1993).

• Es gibt Rundfunk- und Verwaltungsratsmitglieder, die über ihren eigenen partei- oder verbandspolitischen Schatten springen und Qualitätsmaßstäbe in Programm- und Personalfragen über alle anderen Erwägungen stellen.

Beobachter der öffentlich-rechtlichen Anstalten haben in den letzten Jahren wiederholt betont: Der politische Druck hat insgesamt nachgelassen. Dafür gibt es mehrere Gründe. Zum Ersten sind die Chancen für Politiker gestiegen, angesichts der Vielzahl von TV-Programmen in dem einen oder anderen zu Wort zu kommen. Zum Zweiten ist wegen der Konkurrenz die Bedeutung des einzelnen öffentlich-rechtlichen Senders für die Meinungsbildung gesunken. Der Intendant des NDR, Jobst Plog, fasste seine Erfahrungen so zusammen, und diese Feststellung gilt auch heute noch:

> »Der Intendant einer öffentlich-rechtlichen Rundfunkanstalt muss heute kein Widerstandskämpfer mehr sein, um parteipolitischen Begehrlichkeiten standzuhalten« (Schwarzkopf, ebenda, S. 1184).

7.3   Programme

Unterhaltungsprogramme

Auch wenn die öffentlich-rechtlichen Rundfunkanstalten nach wie vor umfangreich informieren, ist Unterhaltung bei ihnen Trumpf: Und immer noch sind Shows wie »Wetten, dass …?« und Ratesendungen Publikumsrenner. Die Zeiten, in denen »Kuli« mit »Einer wird gewinnen« fast die halbe Nation vor den Bildschirm lockte, sind vorbei. Nur der erfolgreichste Entertainer, Thomas Gottschalk, kam noch auf Marktanteile über 30 Prozent. Außer Shows sind Spielfilme, Fernsehserien und Krimis beliebt und deswegen ein fester Bestandteil des ARD- und ZDF-Programms. Einen wichtigen Platz nehmen vor allem in den Abendstunden auch die Talk-Shows ein.

	ARD	ZDF	RTL	SAT.1	PRO SIEBEN
Information	41,0	49,6	23,4	17,0	15,8
Sport	5,8	5,4	1,7	1,0	0,0
nonfiktionale Unterhaltung	6,2	10,1	28,4	32,3	23,3
Musik	1,3	1,1	2,1	0,5	0,2
Kinder- programm	6,1	4,8	0,9	0,0	3,3
Fiction	35,9	25,5	25,1	28,0	37,4
Sonstiges	2,4	2,3	5,0	5,7	5,3
Werbung	1,3	1,4	13,4	15,5	14,7
Gesamt	100,0	100,0	100,0	100,0	100,0

Das Programmangebot der großen Fernsehsender (in Prozent, 2009)
(Krüger, Udo Michael: Factual Entertainment-Fernsehunterhaltung im Wandel. Programmanalyse 2009, in: Media Perspektiven 4/2010, S. 178)

Die Tabelle zeigt das Programmangebot der wichtigsten Fernsehsender im Vergleich. Deutlich ist das starke Gewicht der öffentlich-rechtlichen Programme in der Information, wobei ARD und ZDF auch im Fiction-Bereich, also bei Spielfilmen, mit RTL, SAT. 1 und PROSIEBEN noch mithalten. Bei der nonfiktionalen Unterhaltung, also primär unterhaltenden Inhalten mit den unterschiedlichsten Themen aus Politik/Wirtschaft über Kultur/Wissenschaft oder Alltag/Soziales/menschliche Beziehungen bis hin zu Kriminalität/Unfall/Katastrophen haben dagegen die Privatsender einen besonderen Schwerpunkt, mit Anteilen zwischen einem Viertel und einem Drittel ihres Programmangebots. Mischformen (»Hybridformate«) wie »Reality-TV«, »Doku-Soaps«, »Dokutainment«, »Doku-Dramen« oder »Real-Life-TV« genannt, spielen eine wachsende Rolle, und auch hier wieder vor allem bei den Privatsendern. Dabei werden dokumentarische Stilmittel mit Unterhaltungsformaten vermischt, es wird eine reale Alltagssituation vorgetäuscht oder nachgestellt und dabei auf möglichst große Emotionalisierung und Konflikthaltigkeit gesetzt (vgl. Media Perspektiven 4/2010, S. 215). Aus der Tabelle werden darüber hinaus der große Anteil von ARD und ZDF bei Sport- und Kinderprogrammen und die Bedeutung der Werbung bei den Privaten deutlich.

Rangliste	Sender	Sendung	Zuschauer in Mio.	Markt- anteile in %
1.	ZDF	Wetten, dass ...?	9,86	33,5
2.	RTL	Bauer sucht Frau	7,98	25,1
3.	ARD	Eurovision Contest*	7,33	31,0
4.	ARD	2009 – Das Quiz*	6,89	21,8
5.	RTL	Das Supertalent	6,58	22,7
6.	RTL	Wer wird Millionär?	6,57	21,3
7.	ARD	Mainz bleibt Mainz, wie es singt und lacht*	6,48	23,3
8.	RTL	5 gegen Jauch	6,37	21,4
9.	ZDF	Menschen 2009*	6,05	18,9
10.	ARD	Starquiz mit Jörg Pilawa	5,95	18,8

* Einzelsendung

Reichweite und Marktanteile von Unterhaltungssendungen (Durchschnitts-werte, Zuschauer ab 3 Jahre, 2009)
(AGF/GfK-Zahlen, in: Media Perspektiven 3/2010, S. 115)

Trotz des großen Anteils an Information sind die Quotenrenner auch für ARD und ZDF die großen Unterhaltungsshows. Von den zehn meistgesehenen entsprechen-den Sendungen werden sechs von den öffentlich-rechtlichen Sendern produziert und ausgestrahlt. Von RTL kommen vier, und PRO SIEBEN/ SAT. I ist auf dieser Hitliste aus 2009 überhaupt nicht vertreten. Höhere Einschaltquoten werden allenfalls bei wich-tigen Sportübertragungen, wie beispielsweise Fußballweltmeisterschaften, erzielt.

Informationsprogramme

Kaum bezweifelt wird heute, dass die Medien und insbesondere das Fernsehen gro-ßen Einfluss auf Meinungen und Einstellungen der Bevölkerung haben. Die An-nahme der Kommunikationswissenschaftlerin Elisabeth Noelle-Neumann, dass das Fernsehen sogar wahlentscheidend wirken kann, ist dagegen sehr umstritten und wird von der Mehrheit der Wissenschaftler abgelehnt. Im Glauben an die Wirkun-gen des Fernsehens beobachten die Politiker besonders aufmerksam die öffentlich-

135

rechtlichen Programme daraufhin, ob sie einseitig politisch berichten. Genau dies wird den öffentlich-rechtlichen Anstalten immer wieder vorgeworfen. Ihnen gestehen die Verfassung und die Gesetze ausdrücklich das Grundrecht freier Berichterstattung zu, erwarten dafür aber auch die Beachtung wichtiger Grundsätze und Prinzipien. Das Hauptprinzip heißt nicht »Neutralität«, sondern es dürfen durchaus einseitige und gegensätzliche Beiträge veröffentlicht werden; die müssen aber jeweils etwa gleichgewichtig und damit »ausgewogen« die großen politischen Lager, links versus konservativ, vertreten.

Ausgewogenheit

Im Gesetz über den WESTDEUTSCHEN RUNDFUNK heißt es beispielsweise:

> »Der WDR hat in seinen Sendungen die Würde des Menschen zu achten und zu schützen. Er soll dazu beitragen, die Achtung vor Leben, Freiheit und körperlicher Unversehrtheit, vor Glauben und Meinung anderer zu stärken. Die sittlichen und religiösen Überzeugungen sind zu achten. – Der WDR soll die internationale Verständigung fördern, zum Frieden und zur sozialen Gerechtigkeit mahnen, die demokratischen Freiheiten verteidigen, zur Verwirklichung der Gleichberechtigung von Männern und Frauen beitragen und der Wahrheit verpflichtet sein. – Der WDR stellt sicher, dass (1) die Vielfalt der bestehenden Meinungen und der weltanschaulichen, politischen, wissenschaftlichen und künstlerischen Richtungen im Gesamtprogramm der Anstalt in möglichster Breite und Vollständigkeit Ausdruck findet; (2) die bedeutsamen gesellschaftlichen Kräfte im Sendegebiet im Gesamtprogramm nicht einseitig einer Partei oder Gruppe, einer Interessengemeinschaft, einem Bekenntnis oder einer Weltanschauung dient.«

Das Bundesverfassungsgericht stellte in seinen Fernsehurteilen von 1961 und 1981 fest:

> »Art. 5 GG fordert Gesetze […], die für den Inhalt des Gesamtprogramms Leitgrundsätze verbindlich machen, die ein Mindestmaß an inhaltlicher Ausgewogenheit, Sachlichkeit und gegenseitiger Achtung Gewähr leisten.«

Umstritten ist nur, was ausgewogen sein soll:
- das ganze Programm,
- die jeweiligen Sparten
- oder jede einzelne Sendung?

Ein ausgewogenes Gesamtprogramm ist eine Utopie. So lässt sich ein linkslastiger Jugendbeitrag nicht gegen ein rechtslastiges zeitkritisches Magazin aufwiegen. Wäre dies theoretisch immerhin noch denkbar, so liefe es praktisch ins Leere, weil beide ganz verschiedene Gruppen ansprechen. Das Publikum, dem die Ausgewogenheit letztlich zugutekommen soll, würde von solchen Balancebemühungen überhaupt nichts erfahren. Vom Zuschauerverhalten her ist es vernünftiger, nur innerhalb von Programmsparten zu vergleichen – wie Fernsehspiele, Magazine, Diskussionsrunden. Auf eine solche Deutung hat sich die ARD geeinigt. Ähnlich heißt es in den ZDF-Richtlinien vom 11. Juli 1963:

> »Die Ausgewogenheit des Gesamtprogramms bedingt jedoch nicht Überparteilichkeit in jeder Einzelsendung. Sendungen, in denen bei strittigen Fragen ein Standpunkt allein oder überwiegend zur Geltung kommt, bedürfen eines entsprechenden Ausgleichs.«

Kritik an mangelnder Ausgewogenheit können Journalisten sicherlich am besten dadurch auffangen, dass sie sich an Fairnessregeln erinnern. Das heißt: die Position eines Kritisierten erläutern, Interviews nicht mit der eigenen Meinung abschließen, den Nachspann eines Beitrages nicht dazu benutzen, einen zuvor Befragten herabzusetzen, und falsche Tatsachenbehauptungen unverzüglich richtigstellen. In einem »Streiflicht«, der Leitglosse der SÜDDEUTSCHEN ZEITUNG, nahm die Zeitung bereits vorweg, was geschehen könnte, wenn die Ausgewogenheitsdiskussion die Journalisten eingeschüchtert hätte:

> »Wir gedenken des kleinen Redakteurs Peter W. in einer Sendeanstalt der ARD, dem es gelang, den ersten vollkommen ausgewogenen Kommentar der Geschichte zu schreiben, der alle Aspekte des Themas sowie die Auffassung sämtlicher gesellschaftlich relevanter Kräfte berücksichtigte und infolgedessen unbemerkt ausgestrahlt werden konnte.«

Nachrichten im Hörfunk

Beim Hörfunk bilden die Nachrichten das Programmgerüst. Sie werden in regelmäßigen Abständen zu allen Tages- und Nachtzeiten von sämtlichen Rundfunkanstalten gesendet. Sie sollen keine Wertungen enthalten, sondern allein das wiedergeben, was geschehen ist, was ein Redner gesagt oder ein Gremium beschlossen hat. Diese Forderungen lassen sich aus der Objektivitätsverpflichtung der Anstalten ableiten. Um eine Nachrichtensendung zusammenzustellen, stehen als Quellen neben Pressediensten, Korrespondentenberichten und Zeitungen vor allem die Nachrichtenagenturen zur Verfügung. Häufig sind der Subjektivität der Auswahl klare Grenzen gesetzt: Die Regierungserklärung des Bundeskanzlers, das Grundsatzreferat eines Parteivorsitzenden – solche Meldungen fehlen in der ersten Nachrichtensendung nach einer derartigen Rede bei keiner Rundfunkanstalt. Wie aber sieht es mit Agenturmeldungen über Lohnforderungen der Gewerkschaften oder über politische Ansprüche eines Frauenkongresses aus? In solchen Fällen wird Nachrichtenredakteur A nicht selten ganz anders entscheiden als sein Kollege B.

Die Fähigkeit des Journalisten, objektiv zu sein, wird bei der Formulierung von Nachrichten auf eine besonders harte Probe gestellt. Nicht selten werden Äußerungen eines Politikers bewertet. Formulierungen wie:

> »X behauptet, dass« oder »Y stellt fest, dass« schränken den Aussagewert ein oder erhöhen ihn. Kommentierenden Charakter erhalten Nachrichten ferner durch Zusätze wie »informierte Kreise« und »politische Beobachter«. Ein Beispiel: »Der Bundesaußenminister trifft heute in Paris mit seinem französischen Kollegen zusammen. Nach Ansicht politischer Beobachter wird die Reform der Europäischen Union im Mittelpunkt der Besprechungen stehen.«

Die hier als Quelle erwähnten »politischen Beobachter« können in Paris arbeitende Korrespondenten des Rundfunksenders oder der Nachrichtenagenturen sein. Es ist aber auch möglich, dass sich der Redakteur selbst eine Meinung darüber gebildet hat, welche Themen die beiden Minister anschneiden werden. In diesem Falle sind also die »politischen Beobachter« nur der anonyme Schutzschild, hinter dem der Journalist seine eigene Ansicht verbergen möchte. Derartige erklärende Zusätze sind längst nicht immer als schlimme Vorgriffe auf die Entscheidung des Hörers zu werten. Sie sind zuweilen zum Verständnis unumgänglich.

Häufig bestimmen Zufälle das Nachrichtenangebot. Der Sprecher einer Partei formuliert schnell eine Stellungnahme zu einer Entscheidung der Regierung; sein Kollege von der anderen Partei hinkt hinterher, weil er noch einen Vorstandsbeschluss abwarten muss. Die Folge: In der Sendung erscheint nur die Meldung einer Seite. Nachrichten sind, allein schon wegen ihrer Kürze, nie ein objektives Bild der Wirklichkeit. Sie sind flüchtige Momentaufnahmen, die erst durch Kommentare und Dokumentationen Tiefenschärfe erhalten.

Nachrichten im Fernsehen

Noch schwerer als beim Hörfunk haben es die Redakteure beim Fernsehen, objektiv zu berichten. Die TAGESSCHAU und HEUTE informieren nicht nur durch das (schon vieldeutige) Wort, sondern zudem durch das vermeintlich unbestechliche, in Wahrheit aber leicht täuschende Bild. Den Nachrichtensendungen des Fernsehens wird man schwerlich vorwerfen können, sie nutzten solche Manipulationsmöglichkeiten bewusst. Davor müssen sich die Redaktionen schon deshalb hüten, weil der Zuschauer verschiedene TV-Sendungen miteinander vergleichen kann.

Den ARD- und ZDF-Nachrichtensendungen wird vom Publikum Glaubwürdigkeit und Neutralität bescheinigt. Sie haben das Image, vollständiger, verlässlicher, verständlicher und professioneller als die der privaten Veranstalter zu sein. In der ARD sehen in politischen Spannungszeiten 10 Millionen und mehr die Hauptnachrichtensendung um 20 Uhr, im ZDF um 19 Uhr etwa die Hälfte. Am 14. März 2011 sahen nach dem Erdbeben und vor der drohenden Atomkatastrophe in Japan etwa 9 Millionen Fernsehzuschauer die TAGESSCHAU , was einem Marktanteil von 25,2 Prozent entsprach. Bei Hinzurechnung von 3SAT, PHOENIX und der Dritten Programme waren es sogar 13,5 Millionen. Das ZDF hatte in seiner ersten Nachrichtensendung HEUTE um 19 Uhr 5,24 Millionen Zuschauer (Marktanteil: 17,2 Prozent).

Wenn um 20 Uhr der Gong ertönt, beginnt keine Sendung, sondern ein Ritual, denn die TAGESSCHAU ist eine Institution, fester betoniert als der arbeitsfreie Sonntag. Fraglich muss indessen bleiben,

> »ob das Fernsehen mit seinen Nachrichtensendungen zur politischen Urteilsfähigkeit der Bevölkerung Tiefgreifendes beiträgt. Fernsehnachrichten bieten nur oberflächliche Informationskontexte, einen zumeist allgemein gehaltenen politischen, wirtschaftlichen und sozialen Orientierungsrahmen ohne Tiefenschärfe. Letztlich sehen sich Zuschauer einem Bombardement politischer Wirklichkeitsausschnitte ausgesetzt, denen sie lediglich wenige Wissensanker entgegenzusetzen vermögen« (Klaus Kamps/Miriam Meckel (Hg.): Fernsehforschung in Deutschland, Baden-Baden 1998, S. 346).

Präsentation, Sprache und Inhalt der TAGESSCHAU hat Dieter Lesche, damals Chefredakteur bei RTL, so bewertet:

»Im Jahre des Herrn 1992 einen Berufssprecher seelenlos, monoton und autoritär die Meldung vom Blatt ablesen zu lassen, ist zwar mit einer langen Tradition zu erklären, aber keinesfalls zu verzeihen. Öder kann Fernsehen sich kaum präsentieren. Früher übertraf wenigstens die sozialistische Nachrichtengebung unsere TAGESSCHAU noch an Langeweile, jetzt hat die alte Dame auch auf diesem Terrain kaum noch Konkurrenz. Zum Beispiel die Sprache: Sie muss sinnlicher, verständlicher sein, sich nicht am strohtrockenen Nachrichtendeutsch orientieren, sondern an der Umgangssprache. Vielleicht würden die Zuschauer auf diese Weise Meldungen nicht nur hören, sondern sogar verstehen [...] Die nahezu endlose Abfolge von Filmen, in denen Menschen herumsitzen, in Autos fahren, sich die Hände schütteln, Ehrenformationen abschreiten, Statements abgeben, ist an Öde nicht zu überbieten« (DAS ERSTE, H. 4, 1992).

Michael Geyer, der damalige Fernseh-Chefredakteur von RADIO BREMEN, warnte hingegen davor, die TAGESSCHAU dem Stil und dem Niveau der privaten Konkurrenz anzupassen:

»Das hätte uns gerade noch gefehlt: eine TAGESSCHAU, die sich irremachen lässt von den Trendsettern des ›Infotainment‹. Sie empfehlen uns gefälligere Nachrichten. Aber am Ende sind es nur wenige Schritte bis zum Gefälligkeitsjournalismus. Die weiteren Aussichten solcher Konzepte lassen mich zu einem störrischen Verfechter der kompetenten, soliden, meinetwegen ›braven‹ Informationssendung aus Hamburg werden, deren angebliche Langeweile nur wahrnehmen kann, wer inhaltliches Interesse der Zuschauer nicht mehr unterstellt, sondern glaubt, durch Anmache mobilisieren zu müssen und durch Reizthemen ködern zu können. Denn wenn ich um 20 Uhr höre: ›Hier ist das ERSTE DEUTSCHE FERNSEHEN mit der TAGESSCHAU‹, dann will ich eine kurze Viertelstunde lang unbehelligt bleiben von augenzwinkernder Aufgeräumtheit und journalistischen Attitüden. Dann habe ich ein ganz schlichtes, urtümliches Bedürfnis, das mir trotz rastlosem Channel-switching nicht abhanden gekommen ist. Dann liefert mir die ARD ohne Umschweife und ohne Sperenzien das Faktengerüst des Tages, bündig, verständlich und verlässlich« (DAS ERSTE, H. 4, 1992).

7.4   Kritik an den Rundfunkanstalten

Die öffentlich-rechtlichen Rundfunkanstalten werden seit ihrem Bestehen von Politikern und Publizisten kritisiert. Die Vorwürfe lauten, die Rundfunkanstalten

- werden zu sehr von Parteien beherrscht,
- sind verbürokratisiert und neigen zur Verschwendung,
- gewähren überhöhte Gehälter, Honorare und Altersversorgung,
- vernachlässigen ihren Programmauftrag, weil sie in zunehmendem Maße wie Privatveranstalter nach Einschaltquoten schielen,
- bieten zu viele Hörfunk- und Fernsehprogramme an und sind deshalb zu teuer,
- bezahlen zu viel für Stars und Sportübertragungsrechte.

Es sind vor allem die Unions-Parteien, publizistisch unterstützt von ihnen nahe stehenden Zeitungen und privaten Fernsehveranstaltern, die ARD und ZDF immer wieder wegen ihrer Linkslastigkeit unter Beschuss nehmen. Anfang 1993 beklagte der CDU-Parteivorsitzende und Bundeskanzler Helmut Kohl, der Einfluss der Konsumenten und Gebührenzahler im öffentlich-rechtlichen Rundfunk sei »nahezu null« und dessen Kontrolle durch die zuständigen Aufsichtsgremien »immer weiter zurückgegangen«. Der damalige Vorsitzende der CDU/CSU-Bundestagsfraktion, Wolfgang Schäuble, stellte die Berechtigung der Anstalten, sich vorrangig durch Gebühren zu finanzieren, infrage. Der FDP-Medienpolitiker Hans-Joachim Otto plädierte dafür, eines der beiden öffentlich-rechtlichen Systeme – ARD oder ZDF – zu privatisieren. Anfang 1995 verlangten die Ministerpräsidenten von Bayern und Sachsen, Stoiber und Biedenkopf, die Einstellung des Ersten Programms der ARD, stießen damit aber in einer breiten Öffentlichkeit auf so heftige Kritik, dass sie diesen Gedanken fallen ließen. In dem bereits erwähnten Papier der Ministerpräsidenten Stoiber, Milbradt und Steinbrück wurden neben anderen Sparmaßnahmen die Einstellung einer Anzahl von Hörfunkprogrammen der ARD, mehrerer neuer Digitalangebote und die Zusammenlegung von ARTE und 3SAT gefordert (2003). Beide Initiativen hatten allerdings keine Chance, und es sollte wohl auch nur ein Zeichen gesetzt werden.

Pauschal lässt sich die These von der Linkslastigkeit der öffentlich-rechtlichen Programme nicht halten. Es gibt auch, zumindest aus der Sicht der SPD und Gewerkschaften, konservativ bestimmte Sendungen, beispielsweise beim BAYERISCHEN oder beim MITTELDEUTSCHEN RUNDFUNK. An Einzelbeispielen für eher links- und eher rechtsorientierte Beiträge herrscht kein Mangel. Aber dies lassen die Rundfunkgesetze und Staatsverträge auch zu. Entscheidend ist, dass ein Mindestmaß an Ausgewogenheit in einzelnen Sparten besteht.

Der Vorwurf, die Anstalten gingen zu verschwenderisch mit dem Geld um, ist keine CDU/CSU-Erfindung, sondern eine Feststellung mehrerer Rechnungshöfe. Vor allem bei der ARD bemängeln Kritiker, sie sei häufig zu unbeweglich, um zu entscheiden. Der Filmregisseur Edgar Reitz, dessen preisgekrönter Mehrteiler »Die Zweite Heimat« nur eine Einschaltquote von 5 Prozent im ERSTEN DEUTSCHEN FERNSEHEN erreichte und der deshalb keine Chance für weitere Romanverfilmungen im öffentlich-rechtlichen Fernsehen mehr sah, hat sich einmal so geäußert:

> »Das deutsche Fernsehen besteht in seiner Führungsebene leider oft aus anachronistischer Arroganz, aus Machtgetue und Karriere-Gestrampel. Engagement für Inhalte findet man bei den Redakteuren, die keine Macht besitzen. Unter solchen Bedingungen ist das kultivierte DEUTSCHE FERNSEHEN gefährdet; das deutsche Fernsehen war aber einmal eines der besten der Welt« (Süddeutsche Zeitung vom 2.7.1993).

Nicht ganz einsichtig erscheinen Kritikern der ARD ferner die dort üblichen Konferenztreffen, verursacht durch eine Vielzahl von Kommissionen, deren Mitglieder sich gerade noch auf einer viele Seiten langen Liste unterbringen lassen. Der ARD wird darüber hinaus angelastet, dass sie die Chance der deutschen Vereinigung nicht zu einer Organisationsreform nutzte, die chronisch defizitäre kleinere Anstalten wie den SAARLÄNDISCHEN RUNDFUNK oder RADIO BREMEN mit größeren Sendern zusammengelegt hätte. Dies wäre freilich eine politische Entscheidung der Länderregierungen und -parlamente und nicht der ARD gewesen, und dort setzt dann länderspezifischer Partikularegoismus ein.

Heinz Burghart, bis zu seiner Pensionierung 1990 Chefredakteur Fernsehen des BAYERISCHEN RUNDFUNKS, gibt die Schuld an den Problemen des öffentlich-rechtlichen Rundfunks den Politikern:

> »Die enge Sicht der Politiker, ihr von möglichem Machtgewinn und zu vermeidendem Machtverlust bestimmtes und jeweils an der nächsten Wahl orientiertes Verhalten haben den großartig konzipierten öffentlich-rechtlichen Rundfunk in Deutschland, insbesondere das Fernsehen, verdorben. Was als unabhängiges Gegenüber zur Politik gedacht war, unterwarfen ihre Akteure durch Rundfunkgesetze und deren fallweise nützlich erscheinende Veränderung ihrem Einfluss, ja ihrer Entscheidung [...] Der öffentlich-rechtliche Rundfunk wird in Deutschland nur überleben, wenn es gelingt, ihn den Politikern aus den Händen zu nehmen« (Heinz Burghart: Medienknechte. Wie die Politik das Fernsehen verdarb, München 1993, S. 3 ff.).

An diesen Feststellungen und Bewertungen hat sich bis heute grundsätzlich nichts geändert. – Sie sind auch nach 20 Jahren noch aktuell. Die Vorwürfe treffen zwar in erster Linie die Politik, aber auch ARD und ZDF kann Reformunwilligkeit vorgehalten werden.

8 Die privaten Rundfunksender

8.1 Privates Fernsehen

TV-Veranstalter

Private Veranstalter bieten seit dem so genannten medienpolitischen Urknall, dem Beginn privater Sendungen im Rahmen des Kabelpilotprojekts in Ludwigshafen am 1.1.1984, Hörfunk- und Fernsehprogramme an. Die ursprünglich allein auf die Verbreitung im Kabel und durch Satelliten angewiesenen Neuankömmlinge auf dem Markt erhielten nach und nach auch die Möglichkeit, terrestrische Frequenzen, also Funkwellen im herkömmlichen Sinne, zu nutzen. Abgesehen von der Sonderform des Abonnementfernsehens (Pay-TV) finanzieren sich die privaten Hörfunk- und Fernsehveranstalter fast ausschließlich durch die Einnahmen aus der Werbung. Das hat bei Zuschauern gelegentlich zu der falschen Schlussfolgerung geführt, dass es diese Programme umsonst gibt – ein Trugschluss, denn die Ausgaben der werbenden Wirtschaft sind in den Preisen enthalten, die wir alle für Waren bezahlen. Der Hamburger Medienwissenschaftler Hans J. Kleinsteuber hat anhand der Ausgaben für die Fernsehwerbung errechnet, dass jeder Haushalt dafür durchschnittlich im Monat 7 Euro zahlt – eine Werbegebühr auf sämtliche Produkte, über die aber niemand klagt, weil er sie nicht auf seinem Konto sieht.

Kleinsteubers Werbesteuer-These halten Werbezeiten-Verkäufer entgegen: Durch Werbung werden Produkte tendenziell preiswerter, da erst mit TV-Spots große Konsumentenkreise angesprochen und die Waren in hohen und preiswerteren Stückzahlen produziert werden könnten. Werbung, so argumentieren sie weiter, stimuliere den Wettbewerb, verringere die Spielräume für Preiserhöhungen und sorge für Markenvielfalt. Die Werbebotschaften richten sich vor allem an die 14- bis 49-Jährigen. Die älteren Zuschauer sind unter Werbegesichtspunkten und damit auch aus der Sicht der Programmplaner unwichtiger. Eine Sichtweise, die sicherlich falsch ist, weil die Älteren mindestens so konsumfreudig sind wie die Jüngeren, zumeist oder oft mehr Geld haben und durchaus in der Lage sind, ihren Geschmack und ihre Einstellungen auch noch ändern können. Die Werbewirtschaft, die dies lange Zeit nicht gesehen hatte, scheint in jüngster Zeit hier umzudenken.

Die beiden wegen ihrer Reichweiten am stärksten untereinander und mit ARD und ZDF konkurrierenden Anbieter sind die ProSiebenSat.1-Gruppe einerseits und die RTL Group andererseits. Als erster privater Fernsehsender ging am 1. Januar 1984 die SATELLITEN FERNSEH GMBH (SAT. I) an den Start. Hauptgesellschafter waren die Kirch-Gruppe und der Axel Springer Verlag. Über Jahre versorgte der Münchner Filmrechtehändler den Sender mit Serien und Spielfilmen aus seinem Filmrechte-Bestandsarchiv, der Springer-Verlag lieferte das Aktuelle. 2002 meldete die Kirch-Gruppe, der auch der später gegründete Spielfilm-Sender PRO7 angehörte, Insolvenz an und löste sich auf. 2003 übernahm der US-Medienunternehmer und Milliardär Haim Saban Kirchs ProSiebenSat.1 Media AG. Dieser veräußerte den Konzern im Jahre 2006 wieder an eine US-amerikanische Investorengruppe.

An SAT. I ist RTL inzwischen in der Publikumsgunst längst vorbeigezogen. RTL hatte seine Anlaufverluste von rund 260 Millionen Mark bereits 1993 wieder hereingeholt und ist heute Europas größter Werbeträger und größtes privates Radio- und TV-Unternehmen. RTL hat erkannt, wie man Zuschauer bekommt – mit Sport- und Erotiksendungen, unterhaltenden Informationsangeboten (Nachmittags-Talkshows, Boulevardmagazinen) und eigenen, also nicht in den USA gekauften Action-Serien. Anfänglichen Programmkritikern entgegnete der damalige RTL-Chef Helmut Thoma:

> »Der Zuschauer darf sich seine Regierung wählen, also auch sein Fernsehprogramm. Ich wundere mich auch hin und wieder über die Wahl, aber der Wurm muss dem Fisch schmecken und nicht dem Angler. Und wir diskutieren aus der Angler-Perspektive. Es war das Missverständnis in vielen öffentlich-rechtlichen Anstalten, dass sie glaubten, ihr eigener Geschmack müsse auch der der Masse sein. Die haben jetzt 40 Jahre Zeit gehabt, die Leute zu diesem höheren Geschmack zu erziehen, geholfen hat's nix« (DER SPIEGEL, Nr. 42., 1990, S. 165).

Die Beteiligung US-amerikanischer Finanzinvestoren an deutschen Medienunternehmen wie der ProSiebenSat.1 Media AG hat zu anhaltenden medienpolitischen Diskussionen geführt. Befürchtet wird, dass durch vorrangig renditegetriebene Beteiligungen die Programmqualität der Sender auf der Strecke bleibt und die Rolle des Rundfunks als meinungsbildende Kraft leidet«, stellte die Arbeitsgemeinschaft der Landesmedienanstalten« fest (ALM-Jahrbuch 2008, S. 37). Die eine der beiden den privaten TV-Markt dominierenden Senderfamilien, die ProSiebenSat.1 Media AG, ist hochverschuldet und kam im Jahre 2008 erneut in die Schlagzeilen, als ein Übernahmeangebot des Axel Springer-Verlags vorlag, das nun allerdings weniger aus Qualitätsgründen als vielmehr aus medienpolitischen Überlegungen kontrovers diskutiert wurde. Den größten Zeitungsverlag mit einem großen TV-Unternehmen zu verschmelzen, und das namentlich bei dem deutlich konservativ ausgerichteten Axel

Springer Verlag, das ging vielen denn doch zu weit. Das Bundeskartellamt sah eine drohende Marktmacht-Zusammenballung und untersagte den Zusammenschluss.

Die ProSiebenSat.1 Media AG betreibt neben manchen kleineren Programmen vor allem die beiden Vollprogramme PROSIEBEN und SAT.1 sowie die Spartenprogramme 9LIVE und KABEL EINS von zweifelhafter Qualität und bis vor kurzem auch noch den Nachrichtensender N24. Die RTL GROUP S.A. steht für die Sender RTL, RTL 2, Super RTL (mit einer 50-Prozent-Beteiligung der US-amerikanischen Walt Disney Corporation), VOX und den Nachrichtensender N-TV. An RTL 2 sind der Hamburger Heinrich Bauer Verlag und die Tele-München Fernseh GmbH mit jeweils 31,5 Prozent beteiligt).

Die RTL GROUP S.A. hält ihre deutschen Sender und Beteiligungen über die CLT-UFA S.A. (Compagnie Luxembourgeoise de Telediffusion und die Universum Film UFA). Die Gesellschaft gehört mehrheitlich der Bertelsmann AG, dem größten Medienkonzern Europas, und ist neben den genannten deutschen Programmen an einer großen Anzahl von Fernsehsendern in verschiedenen west- und osteuropäischen Ländern beteiligt.

Programme

Nun erschöpft sich das Angebot nicht mit den insgesamt 23 öffentlich-rechtlichen Programmen (wenn man die verschiedenen Angebote von ARD und ZDF zusammenrechnet) und den Programmen der beiden großen privaten Fernsehkonzerne, der ProSiebenSat.1 Media AG und der RTL Group (Bertelsmann). In der Datenbank der Arbeitsgemeinschaft der Landesmedienanstalten (ALM) sind insgesamt 442 Programme verzeichnet – wobei die Zahl der Programme selbstverständlich nicht identisch ist mit der der Sender.

	Free-TV	Pay-TV	Gesamt
privat-kommerzielle Programme	310	56	366
nicht kommerzielle Programme	53	–	53
öffentlich-rechtliche Programme	23	–	22
Gesamt	386	56	442

Die Zahl der Fernsehprogrammangebote in Deutschland 2010

(TV-Sender-Datenbank der ALM, veröffentlicht in ALM [Hg.]: Programmbericht 2010. Fernsehen in Deutschland. Berlin 2010, S. 27)

Unterscheidungskriterien sind neben dem so genannten Free-TV (»free« steht hier für werbe- und über die Rundfunkgebühr finanziertes Fernsehen) und dem Pay-TV (mit einer Abo-Gebühr zu bezahlendes Fernsehen), pauschal oder einzeln die Organisationsform, der Programmtyp und die Verbreitung. Während Pay-TV grundsätzlich kommerziell organisiert ist, sind die 53 nicht kommerziellen Programme (Bürgerfernsehen oder Offene Kanäle) ausschließlich dem Free-TV zuzuordnen. Nach dem Programmtyp lassen sich Voll- und Spartenprogramme sowie Fensterprogramme unterscheiden, wobei erstere vor allem von den vier großen Anbietern, ARD, ZDF, RTL und der ProSiebenSat.1 Media AG, angeboten werden. Vollprogramme haben grundsätzlich nationale Verbreitung, während die große Mehrzahl der Programme regionale oder lokale Verbreitungsgebiete hat. Zu den regional ausgestrahlten Programmen werden auch die sieben Dritten Programme der ARD gezählt, die landesweit senden.

In vielen Fällen handelt es sich bei den nicht kommerziellen Lokalprogrammen um Kleinsender; 78 von ihnen haben eine technische Reichweite von weniger als 10.000 Haushalten, und nur 54 Programme können potenziell mehr als 100.000 Haushalte erreichen, womit sie dann erst in eine »wirtschaftlich interessante Größenordnung« kommen (vgl. ALM [Hg.]: Programmbericht 2010, S. 30). Die Verbreitungswege haben sich beim Fernsehen insgesamt so entwickelt, dass die Programme ganz überwiegend über Kabel (51 Prozent) und Satellit (43 Prozent) und nur von 11 Prozent der 38 Millionen Fernsehhaushalte noch terrestrisch empfangen werden. Bisher erst 2 Prozent empfangen ihr Fernsehen über das Internet, mithilfe eines Internetprotokolls (IP-TV) über das digitalisierte Telefonkabel DSL. Diese Zahl steigt jedoch nach Auskunft der ALM rapide an. Noch nicht enthalten ist hier das Web-TV mit den vielfachen Fernseh- und Videoangeboten im Internet, die teilweise professionell produziert und von Fernsehsendern angeboten, zum allergrößten Teil aber von privaten Nutzern generiert und in YouTube, Facebook oder andere Social Networks eingestellt werden. Auch dies ist eine Entwicklung, die den Fernsehmarkt revolutionieren wird und die auch im Kapitel 11 behandelt werden soll.

Weit fortgeschritten ist inzwischen auch die Digitalisierung des Fernsehens. 62 Prozent der TV-Haushalte empfangen ihre Programme digital. Während das beim Kabel noch eine geringere Zahl ist, empfangen mit einem Satellitenanschluss schon mehr als 80 Prozent digitale Inhalte. Der terrestrische Empfang ist seit 2009 vollkommen digitalisiert, so dass die Programme nicht mehr analog über die klassische Dachantenne, sondern über eine kleine DVB-T-Antenne kommen. Am 30. April 2012 wurde der analoge Fernsehempfang über Satellit in Deutschland endgültig abgeschaltet, so dass nun nur noch im Kabel die verbliebenen analogen Kanäle übertragen werden, und da auch nur parallel zu den Digitalkanälen.

Einen vollkommen neuen Verbreitungsweg stellt das mobile TV auf Handy, iPhone und Smartphone dar. Anders als in Schwellenländern Ostasiens und in den USA ist diese Empfangsart in Europa noch nicht weit verbreitet. Diesem Verbreitungsweg wird trotz der noch vorhandenen Schwierigkeiten mit einem adäquaten Netz auch in Deutschland eine große Zukunft vorausgesagt, in der die Programme sich auch inhaltlich auf die neue Flexibilität und Individualisierung werden umstellen müssen. Erste Erfahrungen waren allerdings nicht besonders ermutigend, als man nämlich bei der Fußball-Weltmeisterschaft 2006 in Deutschland schon mit einer großen Akzeptanz des mobilen TV-Empfangs gerechnet hatte. Web-TV, also Fernsehen im Internet, ist eine weitere neue Verbreitungsform, auf die in Zukunft gesetzt wird und für die es dann auch schon eigenständige Programmangebote geben wird.

Nutzung der Fernsehprogramme

	1985	1990	1995	2000	2005	2010
ARD	43,2	30,9	14,6	14,3	13,5	13,2
ZDF	42,5	28,7	14,7	13,3	13,5	12,7
RTL (PLUS)	2,0	11,7	17,6	14,3	13,2	13,6
ARD III	10,8	9,1	9,7	12,7	13,6	13,0
Sat.1	1,5	9,1	14,7	10,2	10,9	10,1
ProSieben	–	1,2	9,9	8,2	6,7	6,3
RTL 2	–	–	4,6	4,8	4,2	3,8
VOX	–	–	2,6	2,8	4,2	5,6
Kabel eins	–	–	3,0	5,5	3,8	3,9
Super RTL	–	–	1,1	2,8	2,8	2,2
Übrige	–	9,3	7,5	11,1	12,0	15,6
Gesamt	100	100	100	100	100	100

Die Zuschauermarktanteile der großen Fernsehprogramme (in %)
(AGF/GfK-Fernsehforschung und eigene Berechnungen; Mo – So; Zuschauer ab 3 Jahren)

Nach dem gewaltigen Umbruch im ersten Jahrzehnt des dualen Rundfunksystems, in dem die öffentlich-rechtlichen Programme statt mit früheren Einschaltquoten von 100 oder nahezu 100 Prozent nunmehr mit etwa 40 Prozent zufrieden sein mussten, hat sich nicht mehr allzu viel verändert. Das Verhältnis von ca. 40 Prozent Marktanteil für ARD und ZDF und etwa 60 Prozent für die Privaten ist in den vergangenen 15 Jahren gleich geblieben, und es hat nur Umverteilungen im kommerziellen Bereich gegeben. Der Anstieg in der Nutzung der Dritten Programme der ARD ist allerdings noch bemerkenswert.

Die Kontroversen sind wegen dieser seit langem weitgehend gleichgewichtigen Verteilung der Einschaltquoten zwischen dem öffentlich-rechtlichen Fernsehen und den privaten Sendern nicht weniger geworden, aber deutlich wird, dass es hier nicht zu dem von vielen anfangs befürchteten Verdrängungswettbewerb gekommen ist, sondern eher zu einem teilweise sogar ergänzenden Nebeneinander dieser beiden Systeme. Deutlich wird auch, dass es im privaten Bereich Umverteilungen gegeben hat, dass sich aber neben den großen Programmen die Vielzahl kleinerer und kleinster Sender und Programme einen Marktanteil von etwa 13 Prozent untereinander »aufteilen« muss. Die Zahlen machen deutlich, dass neben den 42 Prozent Zuschauermarktanteil von ARD und ZDF die beiden großen kommerziellen Senderfamilien zusammen über 46,5 Prozent Marktanteil verfügen, die RTL Group mit ihren Programmen 26,1 Prozent und die ProSiebenSat.1 Media AG 20,4 Prozent (vgl. ALM (Hg.): Programmbericht 2010, S. 39).

Es würden sich entscheiden für	Das Erste	ZDF	Dritte	RTL	Sat.1	Pro Sieben
2000	23	15	9	17	10	12
2009	20	13	12	21	4	10
Es sehen am liebsten						
2000	42	36	24	39	31	29
2009	42	39	28	41	23	27
Bietet die qualitativ besten Programme						
2000	24	16	8	15	7	12
2009	18	15	15	17	4	8

Unentbehrlichkeit, Beliebtheit und Qualitätsbewertung der Fernsehsender (in %)
(Media Perspektiven Basisdaten. Daten zur Mediensituation in Deutschland 2010, S. 75.)

Die in dieser Tabelle ausgewiesene Beurteilung der großen Fernsehsender korrespondiert nicht unbedingt mit den Einschaltquoten, zeigt aber mehrere deutliche Entwicklungstrends des vergangenen Jahrzehnts. Während ARD und ZDF teilweise und insgesamt recht deutliche Verluste hinnehmen mussten und das ZDF nur in seinem Beliebtheitsgrad leicht zulegen konnte, ist eine ebenfalls recht deutliche Zunahme der positiven Beurteilung von RTL zu konstatieren. Viel negativer kommen die beiden anderen großen Privatsender davon, insbesondere SAT.1. Die Dritten Programme der ARD sind auch in der Publikumsgunst dagegen auf einem Höhenflug, der sich bei den Einschaltquoten schon gezeigt hatte.

Die privaten Sender widmen sich im Bereich der Informationssendungen vorrangig so genannten Human-Touch-Themen, die sich mit der Prominenz, mit Schicksalen und Verbrechen beschäftigen. Die Privaten haben auch neue Formen der Präsentation (lockerer, sportlicher und dynamischer) und der Kombination von Werbung und Programmen (Gewinnspiele) entwickelt. Ihre Star-Moderatoren, die häufig zuerst durch Auftritte im öffentlich-rechtlichen Fernsehen bekannt wurden, sorgen für Programmprofil und hohe Einschaltquoten.

Schon 1998 wurden bei RTL, SAT.1 und PRO7 die täglichen Talkshows zwischen 11 und 17 Uhr zu einem öffentlichen Ärgernis. Moderatorinnen und Moderatoren zerrten vor begeisterten Studiogästen die alltäglichen Nöte und Nichtigkeiten, die Sehnsüchte und Abnormitäten, die Ängste und Fantasien von Herrn und Frau Jedermann ans Tageslicht. Gerade Talkshows sind allerdings inzwischen auch zu einem Erfolgs-Genre von ARD und ZDF geworden – geläutert und zumeist auch mit anspruchsvolleren Themen, aber allzu oft auch hier von unverbindlichem Geplauder und Selbstdarstellung der Eingeladenen gekennzeichnet.

In Kapitel 7.3 sind die Unterschiede im Programmangebot der Privatsender im Vergleich zu den öffentlich-rechtlichen Rundfunkanstalten bereits deutlich geworden. Während zum Beispiel PRO7 am stärksten auf Fiction setzt, also auf Spielfilme und Fernsehserien, spielt bei RTL, SAT.1 und PRO7 die nonfiktionale Unterhaltung (»Factual Entertainment« oder auch »Reality-TV« genannt) eine große Rolle, und namentlich bei RTL und SAT.1 in steigendem Maße beim Factual Entertainment, die Doku-Inszenierung und die Doku-Soaps. Um nur einige Sendungen als Beispiele aus diesem Programmbereich zu benennen, gehören hierzu »Big Brother«, »Die Super Nanny«, »Bauer sucht Frau« oder auch Gerichtsshows. Dieses Genre ist bei ARD und ZDF nur in geringem Umfang vertreten. Herausragend sind die Unterschiede allerdings im Informationsbereich, der bei der ARD 40 und beim ZDF nahezu 50 Prozent ausmacht, während RTL auf 23 und SAT.1 nur auf 17 Prozent kommt. Bei PRO7 machte die Information im Jahre 2009 knapp 16 Prozent und sogar nur noch 10,5 Prozent im Jahre 2010 aus. Sport und Musik sowie Kinder- und Jugendprogramm spielen bei den öffentlich-rechtlichen Rundfunkanstalten eine deutlich größere Rolle als bei den Privaten. Werbung dagegen macht bei ARD und ZDF nur wenig mehr als 1 Prozent der Sendezeit aus, bei den Privaten hingegen zwischen 13 und 20 Prozent.

Diese für die beiden Pole im dualen Rundfunksystem charakteristischen Programmprofile haben sich in den letzten Jahren kaum verändert. Immer wieder kommen auch Diskussionen auf über die mangelnde Qualität vieler Programmangebote, besonders der Privaten, und über die Probleme, die Sendungen wie »Deutschland sucht den Superstar« und andere Casting-Shows, Dschungel-Shows oder »Reality-TV«-Formate mit ihren hohen Einschaltquoten gerade auch für Jugendliche mit sich bringen. Mit ihnen wird Wirklichkeit nicht dar-, sondern hergestellt. Geändert hat sich durch die Diskussionen nichts – außer dass manch exzessives Angebot zurückgestutzt oder vorübergehend vom Markt genommen wurde. Auch die Tatsache, dass PRO7 einen über dem von der EU erlaubten Höchstsatz liegenden Teil seines Programms aus US- und anderen Kaufproduktionen bestreitet, blieb folgenlos.

8.2 Privater Hörfunk

Unterschiedlicher als im privaten Fernsehen verlief bislang die Entwicklung im privaten Hörfunk, bei dem die Programmherstellung sehr viel billiger ist. Die Anbieter landesweiter Wellen wie RADIO FFN in Niedersachsen, RSH RADIO SCHLESWIG-HOLSTEIN, ANTENNE BAYERN und RADIO HAMBURG übertrumpften die Wellen der öffentlich-rechtlichen Konkurrenz zum Teil erheblich in der Hörergunst. Andererseits stellten lokale Veranstalter ihren Betrieb wieder ein. Bei vielen privaten Radiosendern liegt der Musikanteil sehr hoch. Das trug ihnen die Bezeichnung Dudelfunk ein, die freilich auch auf manche öffentlich-rechtlichen Programme zutrifft. Obwohl viele Angebote auswechselbar erscheinen, hat der harte Konkurrenzkampf dafür gesorgt, dass sich die Sender durch eine spezielle Musikklangfarbe unterscheiden und an unterschiedliche Zielgruppen wenden.

Eine Vielzahl von Sendern befindet sich im Berliner Raum, wo das Angebot von KLASSIK-RADIO über den christlichen Sender RADIO PARADISO und JAZZ-RADIO bis zu RADIO RUSSKIJ BERLIN und zwei Programme für Schwule und Lesben reicht. Das ist wirklich der Abschied vom Gemischtwarenladen für die ganze Familie. Überdies bemühen sich seit einiger Zeit die Macher im privaten Hörfunk, aber auch im öffentlich-rechtlichen, das Publikum durch Anruf- und Mitmachsendungen sowie durch Gewinnspiele an sich zu binden. Insgesamt gesehen ist jedoch die private Hörfunklandschaft – sie besteht aus 244 bundes-, landesweit oder regional verbreiteten Programmen – viel zu bunt, um sie mit einfachen Formeln zu beschreiben. Da gibt es Musikabfüllstationen, die publizistisch gesehen wertlos sind. Daneben strahlen andere lokale Informationen aus, die dem Publikum von den öffentlich-rechtlichen Anstalten trotz Regionalisierung ihrer Programme nicht geboten werden.

Die »Forschungsgruppe Vergleichende Inhalts-Analysen« fand für Münchner Privatradioprogramme heraus: Im Angebot spielt der Wortanteil lediglich die Rolle eines Begleitprogramms zum Musikteppich. Die Unterhaltung besteht aus Spielen, deren Teilstücke selten über die 90-Sekunden-Marke hinausgehen. Die Serviceinformationen beschränken sich auf Zeit, Wetter und Verkehr. Programmanalysen in Baden-Württemberg und Rheinland-Pfalz kamen zu ähnlichen Ergebnissen. In einer 1998 vom Göttinger Institut für angewandte Kommunikationsforschung veröffentlichten Studie heißt es beispielsweise, dass der Wortanteil des landesweiten hessischen Privatradios HIT RADIO FFH nur 13 Prozent betrage. Marlene Wöste kommt zu dem Ergebnis:

> »Der private Hörfunk hat die Formatisierung der Radioprogramme zweifellos vorangetrieben. Eine große Bandbreite von musikalischen oder Wortformaten ist dennoch nicht entstanden, von Ansätzen in den Ballungsräumen abgesehen. Die journalistischen Beiträge spielen außerhalb der Nachrichten und außerhalb von Verkehrs- und Veranstaltungs-Service eine klar nachrangige Rolle und haben, sofern vorhanden, häufig Boulevardcharakter. Die hohen Erwartungen an die Informationsleistungen lokaler bzw. regionaler Radios haben sich nicht erfüllt. Zwar werden mehr oder weniger stark Lokalbezüge hergestellt, aber Defizite in der lokalen Kommunikation auszugleichen, Defizite auch in der Berichterstattung der Printmedien – davon sind die privaten Hörfunksender in aller Regel weit entfernt« (Marlene Wöste: Privatrechtlicher Hörfunk, in: Dietrich Schwarzkopf (Hg.): Rundfunkpolitik in Deutschland, München 1999, S. 538).

Es waren die Zeitungsverlage, allen voran Springer, die auf die Einführung des Privatfunks drängten. Sie beteiligen sich daran stärker als alle anderen Wirtschaftsgruppen. Dabei sind zahlreiche Doppelmonopole entstanden. Besonders aktiv sind die CLT/UFA (beispielsweise in Berlin und Hamburg), der Springer-Verlag und die Holtzbrinck-Gruppe, die sich mit Erfolg um Lizenzen in den neuen Bundesländern bewarben.

Die heutigen Besitzverhältnisse auf dem Privatradio-Markt sind unübersichtlich. Neben Großverlagen und Medienunternehmen wie dem Axel Springer Verlag, der RTL GROUP oder BURDA reichen die Beteiligungen der rund 2000 Gesellschafter an Privatradios von Einzelpersonen über Verbände bis zu sozialen Organisationen. Eine große Zahl von regionalen und lokalen Zeitungsverlagen hat sich auch in diesem Medienbereich engagiert, vor allem im eigenen, zum Teil aber auch außerhalb des eigenen Verbreitungsgebietes. Diese Verlage sehen ihre Beteiligung oft nicht als ihr Kerngeschäft und eher als Mittel zur Vermeidung unliebsamer Konkurrenz auf dem heimischen Werbemarkt. Zwar hat die Zersplitterung des Marktes verhindert, dass – wie im Fernsehbereich – marktbeherrschende Stellungen großer Anbieter oder »Anbieterfamilien« entstanden; sie hat aber auch kaum zur Weiterentwicklung und zu Investitionen in technische oder programmliche Innovationen geführt, resümiert die Arbeitsgemeinschaft der Landesmedienanstalten (vgl. ALM Jahrbuch 2009, S. 207 ff.).

Wie fast alle anderen Medien auch hat das Privatradio unter der Werberezession des vergangenen Jahrzehnts und besonders der Wirtschafts- und Finanzkrise seit 2008 erheblich zu leiden gehabt. Von 2000 bis 2009 ging jeder vierte Arbeitsplatz in der Branche verloren. Vielfach mussten und müssen reguläre Arbeiten durch Praktikanten erledigt werden. Dennoch hat das Radio seinen Platz in der Medienlandschaft im Wesentlichen bewahren können. Es ist nach dem Fernsehen das meistgenutzte Medium, aber es spielt – anders als im öffentlich-rechtlichen Hörfunk – im Privatfunk journalistisch praktisch keine Rolle mehr. Man kann es dort als tagesbegleitendes Unterhaltungsmedium bezeichnen, weil es ja auch so leicht neben anderen Tätigkeiten gehört werden kann, beispielsweise beim Essen, Arbeiten und Autofahren.

Die Ambivalenz des neuen Mediums Internet gegenüber den etablierten Medien wird auch beim Hörfunk sowohl als Chance wie auch als Risiko gesehen. Entsprechend bauen die Radiosender ihre Angebote im Internet aus und erfüllen damit die Wünsche nach individuellerer Nutzung und mehr Interaktion. Sie nutzen auch andere neue »Plattformen« wie die Empfangsmöglichkeit über Handy, Smartphone, Musik-Streaming im Internet oder beteiligen sich in Social Networks wie Facebook und Twitter. Gleichzeitig sehen sie sich aber auch der Konkurrenz neuer Anbieter im Netz, den Webradios, gegenüber, deren Zahl inzwischen schon auf über 2000 angewachsen ist. Nur ein gutes Viertel dieser Angebote stellt den Onlineauftritt eines terrestrisch verbreiteten UKW-Radios dar. Und angesichts der wachsenden Bedeutung des Radio- und Musikhörens im Internet bei Jugendlichen stellt sich die Frage nach der Zukunft des Radios und seines Empfangs im klassischen Radioapparat. Dass es sich beim Web nicht mehr nur allein um einen neuen Verbreitungsweg für Musik und Informationen handelt, wird auch am Beispiel des Radios deutlicher werden.

8.3 Landesmedienanstalten und Bundesnetzagentur

Aufgaben

In allen Bundesländern regeln Landesmediengesetze, oder sofern die Regelungen für mehrere Länder gelten, Staatsverträge die Zulassung privater Hörfunk- und Fernsehveranstalter und die Aufsicht über sie. Zuständig als Lizenzierungs- und Aufsichtsbehörden für den privaten Rundfunk sind die Landesmedienanstalten, die als »staatsferne Einrichtungen« mit dem Recht auf Selbstverwaltung ausgestattet sind. Diese haben zwei Organe, zum einen ein pluralistisch besetztes Gremium (Versammlung, Medienrat, Medienkommission oder Rundfunkausschuss genannt), in dem entweder Experten oder zumeist Vertreter gesellschaftlich relevanter Gruppen Sitz und Stimme haben. Zum anderen das Exekutivorgan als Präsident oder Direktor. Einzelne Landesmedienanstalten verfügen zusätzlich als drittes Organ noch über einen Verwaltungsrat, der für die Wirtschaftsführung der Anstalt zuständig ist. Geschuldet ist diese Uneinheitlichkeit der föderalen Struktur der Bundesrepublik Deutschland, wo fast jedes Land seine eigene Anstalt haben muss. Nur die beiden Stadtstaaten Berlin und Hamburg haben sich mit dem jeweiligen Umland Brandenburg bzw. Schleswig-Holstein darauf verständigt, ihre beiden Landesmedienanstalten zusammenzulegen. Auch die »Staatsferne« ist – wie bei den Aufsichtsgremien des öffentlich-rechtlichen Rundfunks – keineswegs gegeben, da in den Gremien der Landesmedienanstalten zumeist Politiker und Landtagsabgeordnete der politischen Parteien den Ton angeben und die Vertreter anderer gesellschaftlich relevanter Gruppen oft nach politischen Gesichtspunkten ausgewählt werden. In einzelnen Fällen werden die Gremienvorsitzenden vom Parlament gewählt – in Berlin und Sachsen sogar der gesamte Medienrat.

Die Aufgaben der Landesmedienanstalten bestehen in der Zulassung und Beaufsichtigung privater Rundfunkveranstalter, das heißt, in der Vergabe von Lizenzen sowie der Überwachung der Einhaltung der gesetzlichen Bestimmungen des Rundfunkstaatsvertrages und des Jugendmedienschutz-Staatsvertrages. Daneben sollen lokale und regionale Anbieter gefördert und Forschungsprojekte durchgeführt werden. Förderung der Medienkompetenz von Jugendlichen und der Betrieb von Bürgerrundfunk-Programmen (Offene Kanäle) gehören ebenfalls dazu.

Bei der Vergabe von Lizenzen zur Veranstaltung von Hörfunk- und Fernsehprogrammen sind neben dem Gesichtspunkt der Vielfalt auch Fragen der Wirtschaftlichkeit zu berücksichtigen. Anbieter, die neue Arbeitsplätze für die Region in Aussicht stellen, in der sie senden wollen, haben deshalb bessere Chancen, Sendekanäle und -frequenzen zu bekommen. Die Frage des künftigen wirtschaftlichen Engagements führte bislang nicht selten zu längerem Hin und Her zwischen den Anbietern und den Zulassungsinstanzen. Kritiker dieser Verhandlungen sprachen von einem

Frequenzpoker, bei dem es zuweilen zugehe wie auf einem orientalischen Basar: Der Meistbietende erhält den Zuschlag. Dem ist entgegenzuhalten: Die Entscheidungen der Landesmedienanstalten sind Verwaltungsakte, die vor Gericht angefochten werden können. Von diesem Recht haben jene, die nicht zum Zuge gekommen waren, reichlich Gebrauch gemacht, teilweise durchaus mit Erfolg.

Jede Landesmedienanstalt entscheidet darüber, welche Veranstalter nach dem Landesmediengesetz zugelassen werden können. Widerspricht die Vergabe weder den konzentrationsrechtlichen Vorschriften noch den Jugendschutzbestimmungen, wird eine Lizenz ausgestellt. Dies bedeutet, dass der Veranstalter grundsätzlich einen Anspruch auf eine Frequenz oder einen Kanal im Kabel hat. Ob er auch senden kann, hängt davon ab, ob noch Frequenzen oder Kanäle frei sind. Die Landesmedienanstalten werden überwiegend aus einem Anteil von 2 Prozent der Rundfunkgebühren finanziert. Privatfunk ist also wegen der Kosten für seine Zulassungs- und Aufsichtsinstanzen nur vermeintlich für Radiohörer und Fernsehzuschauer umsonst. Die Anstalten verwenden ihre Einnahmen für sich selbst (Personal- und Sachausgaben), die Forschung, die Offenen Kanäle und die Verbesserung der Empfangsmöglichkeiten für private Programme.

Die Aufsichtsgremien haben nach der Zulassung der Veranstalter darüber zu wachen, ob die Zusagen, die bei der Lizenzvergabe gemacht wurden, eingehalten werden. Wenn ein Hörfunkveranstalter beispielsweise einen Wortanteil von 30 Prozent für sein Programm angekündigt hat, darf er ihn nicht ohne Zustimmung der Anstalt auf 10 vermindern. Aufsicht führen die Landesmedienanstalten auch über die Einhaltung der Bestimmungen zum Jugendschutz und Verbote von Verherrlichung oder Verharmlosung von Gewalt in Hörfunk- und vor allem in Fernsehsendungen. Häufiger Kritikpunkt der Landesmedienanstalten an den Privatsendern ist die Nichteinhaltung von Werberegelungen.

Medienverflechtungen

Eine der wichtigsten Aufgaben der Landesmedienanstalten ist die Sicherung der Meinungsvielfalt. Je nachdem, wie man sie definiert, ist diese nur sehr bedingt gelungen, denn nach 1984 bildeten sich sehr bald zwei große Senderfamilien – Bertelsmann über die Holding CLT/UFA mit RTL, RTL 2 (zunächst RTLplus), SUPER RTL, VOX und N-TV sowie die Kirch-Gruppe mit SAT. 1, PRO7, KABEL KANAL, dem DEUTSCHEN SPORTFERNSEHEN (DSF), PREMIERE WORLD und später dem Nachrichtensender N24 – heraus.

2003 ging der Kirch-Konzern wegen Zahlungsunfähigkeit in die Insolvenz. Die Gründe dafür waren

- drastische Einbrüche bei der Werbung,
- Fehlspekulationen (Pay-TV wurde ein Milliardengrab),
- zu hohe Investitionen für Sportübertragungsrechte,
- Scheitern der vertikalen und horizontalen Integrationsstrategien.

Der letzte Punkt ist der entscheidende. Er signalisiert das Ende einer ökonomischen Vision und entzaubert die Idee der multimedialen Verwertung eines Produkts.

Solche Synergieeffekte, auf die Leo Kirch gesetzt und auf denen er sein Imperium systematisch aufgebaut hatte, blieben in der Realität weitgehend aus. Der Grund dafür ist, dass die Verfallzeiten aktueller Ereignisse wegen des Tempos in unserer Mediengesellschaft viel zu groß sind. Was heute noch eine Story für Millionen von Fernsehzuschauern ist, interessiert einige Wochen später auf einem Datenspeicher kaum noch jemand.

Kirchs Medienimperium übernahmen neben einigen anderen Investoren dann mehrheitlich der US-amerikanische Finanzmagnat Haim Saban, der den Konzern dann einige Jahre später wiederum an US-amerikanische Private-Equity-Firmen verkaufte, nachdem der erste Versuch einer Übernahme des Konzerns durch den Axel Springer Verlag wie geschildert zunächst gescheitert war.

Der Fernsehmarkt in Deutschland ist also noch weit stärker konzentriert als der Pressebereich und ist dominiert von den zwei öffentlich-rechtlichen Systemen mit einem Zuschauermarktanteil von über 40 Prozent und zwei privat-kommerziellen »Senderfamilien« mit etwa 46 Prozent Marktanteil. Im Fernseh-Werbemarkt ist die Dominanz nur der beiden großen privaten Konzerne mit einem Anteil um 85 Prozent der Nettowerbeerlöse sogar noch gewichtiger. Dass hier nur noch ein ganz geringer Spielraum für die übrigen Anbieter existiert und es kaum Möglichkeiten für neue Anbieter – zumindest auf den traditionellen Verbreitungswegen – gibt, wird anhand solcher Zahlen deutlich. Durch Machtzusammenballungen können sich Gefahren für die politischen Funktionen des Fernsehens, also einer vollständigen und vielfältigen Information, der Wahrnehmung des Kritik- und Kontrollauftrages und der Mitwirkung an der Meinungsbildung ergeben. Um dies medienpolitisch zu steuern, ist es besonders wichtig, das nunmehr gefundene Gleichgewicht im dualen Rundfunksystem aufrechtzuerhalten.

Kommission zur Ermittlung der Konzentration im Medienbereich (KEK)

Die KEK wurde auf der Grundlage des 3. Rundfunkstaatsvertrags 1997 gegründet und unterstützt die Landesmedienanstalten bei der Sicherung der Meinungsvielfalt. Sie prüft bei Zulassungsverfahren von Programmveranstaltern oder Änderungen der Beteiligungsverhältnisse an TV-Veranstaltern, ob ein Unternehmen im Sinne des Vertrags »vorherrschende Meinungsmacht« erlangt. Mindestens alle drei Jahre wird von ihr ein »Bericht über die Entwicklung und Konzentration und über Maßnahmen zur Sicherung der Meinungsvielfalt im privaten Rundfunk« erstellt.

Bundesnetzagentur

Im Geschäftsbereich des Wirtschaftsministeriums in Bonn ist die Bundesnetzagentur für Elektrizität, Gas, Post, Eisenbahnen und Telekommunikation angesiedelt. Sie sorgt nach der Auflösung des früheren Bundespostministeriums für Liberalisierung, Deregulierung und mehr Wettbewerb in allen Netzen – also auch in den Netzen für die Telekommunikation. Hier besteht ihre Hauptaufgabe darin, die Marktmachtstellung des dominanten Anbieters Deutsche Telekom AG, die nach der Privatisierung des Postministeriums entstanden war, zu kontrollieren und auf dem Telekommunikationsmarkt einen funktionierenden Wettbewerb herzustellen.

8.4 Neue Programmformen

Pay-TV (Abonnementfernsehen)

Mit der Verbreitung des Kabelfernsehens haben sich – zunächst in den USA – neue Programmformen entwickelt. Im Gegensatz zum herkömmlichen Fernsehprogramm, das entweder allein durch Werbung (wie zumeist in den USA und bei privaten Veranstaltern in der Bundesrepublik) oder durch Werbung und Gebühren (wie bei den öffentlich-rechtlichen Rundfunkanstalten in der Bundesrepublik) finanziert wird, muss beim Pay-TV, auch Bezahl- oder Abonnementfernsehen genannt, für die monatliche Nutzung eines Kanals oder bestimmter Paketangebote von Programmen eine Gebühr bezahlt werden. Eine technische Weiterentwicklung von Pay-TV ist Pay-per-View, bei dem für einzelne Sendungen ein fester Betrag fällig wird. Pay-TV-Kunden benötigen zum Empfang des Programms einen Decoder.

Die Idee, einen Kanal ausschließlich vom Zuschauer bezahlen zu lassen, kam in den USA auf und verbreitete sich dort, weil es Millionen offensichtlich satthatten, das Programm ständig durch Werbe-Einblendungen unterbrechen zu lassen; sie entschieden sich für das werbefreie Abonnementfernsehen, das für wenige Dollar monatlich vor allem Spielfilme – mehrmals zu verschiedenen Tageszeiten wiederholt – auf den Bildschirm bringt. 1991 gründeten die Bertelsmann-Tochter UFA, die französische Gesellschaft CANAL PLUS und die Kirch-Gruppe gemeinsam PREMIERE, später umbenannt in PREMIERE WORLD, ein Sender, der aus PREMIERE und dem von Kirch gegründeten zweiten Pay-TV-Sender DF 1 hervorging. Besitzer waren Banken, eine Investorengruppe und der Geschäftsführer Georg Kofler. Pay-TV blieb bis heute – also über zwei Jahrzehnte – im Wesentlichen in Deutschland ein geschäftlicher Misserfolg. Leo Kirch, der schon sehr früh auf diese Verbreitungsform des Fernsehens gesetzt hatte, verlor damit mehrere Milliarden Euro.

Der Pay-TV-Kanal PREMIERE wurde nach Übernahme des Hauptteils der Aktien durch den angloamerikanischen Medienunternehmer Rupert Murdoch und dessen »News Corporation« im Jahre 2009 umbenannt in SKY. Mit einer aufwendigen Marketingkampagne wurde versucht, SKY unter seinem international bekannten neuen Namen ein neues Image und eine entsprechende Akzeptanz zu verschaffen.

Die Ausgangsposition für Bezahlfernsehen war und ist in Deutschland schwierig, zum einen wegen des großen Angebots an Free-TV-Programmen und zum anderen wegen der zwei bereits über Gebühren finanzierten öffentlich-rechtlichen Fernsehsysteme, bei denen – anders als bei den großen Networks in den USA – Werbung eine vollkommen untergeordnete und unbedeutende Rolle spielt. Das erste deutsche Pay-TV-Programm PREMIERE hatte überdies im Jahre 2008 vor der Murdoch-Übernahme eine große Krise zu überstehen, als herauskam, dass die Zahlen seiner Abonnenten erheblich übertrieben waren. Statt der angegebenen 3,7 Millionen Abonnenten musste PREMIERE zugeben, dass es bei Abzug von Karteileichen und Korrektur anderer geschönter Zahlen in Wahrheit nur 2,4 Millionen Abonnements hatte. Seither hat sich faktisch nur noch eine eher geringe Steigerung der Abonnentenzahlen ergeben. Wegen zu hoher Abonnementgebühren, technischer Probleme oder auch zu großer Attraktivität der Programme des Free-TV, die es ja »kostenlos« gibt. Im August 2012 wurde gemeldet, dass SKY erstmals überhaupt im 2. Quartal des Jahres aus den roten Zahlen gekommen sein soll.

Außer SKY gibt es heute eine Anzahl von kleineren Pay-TV-Anbietern, die angeführt werden von den Kabelnetzbetreibern wie Kabel Deutschland, Unity Media oder der Telekom, aber auch Telekommunikationsanbietern wie Alice. Insgesamt gibt es heute in Deutschland bei gleichbleibender Tendenz 4,4 Millionen Pay-TV-Abonnenten. Allgemein werden die Chancen für diesen Fernsehverbreitungsweg auch für die Zukunft als nicht besonders gut gesehen, wenn man von den stark ansteigenden Zahlen derjenigen absieht, die Fernsehen über Internet sehen, also im

Rahmen des IP-TV, was durch die Digitalisierung und einen Rückkanal nicht mehr nur – wie beim klassischen Pay-TV – ein »Pay-per-Channel« oder »Pay-per-Program«, sondern ein wirkliches »Video-on-Demand«, also die Bestellung und Bezahlung einzelner Fernsehsendungen durch den Zuschauer ermöglichen wird.

Offener Kanal und Bürgermedien

Ähnlich wie beim Abonnementfernsehen sammelte man die ersten Erfahrungen mit dem so genannten Offenen Kanal in den USA. Wie die Bezeichnung schon andeutet, stehen sie jedem nicht gewerblichen Programmanbieter für die Übertragung selbst gestalteter Sendungen kostenlos zur Verfügung. Je nach finanzieller Ausstattung der fast 40 Bürgerkanäle im Fernsehbereich können die Nutzer umsonst Kameras ausleihen, Schnittplätze bestellen und sich von Profis (Kommunikationshelfern) beraten lassen. Grundsätzlich werden die Beiträge in der Reihenfolge ihres Eingangs (Prinzip der Schlange) ausgestrahlt. Um den Offenen Kanal für die Nutzer wie die Zuschauer berechenbarer zu gestalten, haben einige Bundesländer das Prinzip der Sendeschlange nicht aufgegeben, aber Ausnahmen davon zugelassen. Es gibt zeitweise ein festes Sendeschema, zuweilen sogar Thementage zu Aids, Schule, Sucht und Straßenverkehr. Der Zuschauer muss sich in diesem Fall nicht überraschen lassen, was gerade geboten wird, und genau dies halten die Gegner einer stärkeren Programmstrukturierung für falsch. Ihr Argument: Damit passten sich die Offenen Kanäle den konventionellen an; die Bürgerkanäle sollten ein Medium der Unprofessionellen ohne Blick auf Einschaltquoten bleiben.

Dem Offenen Kanal liegt die Idee zugrunde, dass jedermann die Möglichkeit geboten werden soll, Beiträge für das Fernsehen (oder auch den Hörfunk) selbst zu planen und herzustellen. Er hebt im Gegensatz zu anderen Programmformen die Trennung in Produzenten und Konsumenten auf; dem bisher passiven Zuschauer bietet sich die Chance, am gesellschaftlichen Leben seiner lokalen Umgebung nicht nur betrachtend teilzunehmen, sondern sich und seine Vorstellungen einzubringen und selbst bestimmte gesellschaftliche Aktivitäten zu entfalten. Der im lokalen Bereich angesiedelte Bürgerkanal ermöglicht sozialen Organisationen und Gruppen wie Bürgerinitiativen, Videogruppen und Vereinen, ihre Stadtteilarbeit einem größeren Publikum in ihrer Nahwelt vorzustellen, Produktionserfahrungen zu sammeln und vielleicht sogar ein Stück Selbstverwirklichung zu erleben – so argumentieren jedenfalls jene, die sich engagiert für Bürgerkanäle einsetzen. Der Spaß an der Medienarbeit ist das wichtigste Motiv für die Produzenten.

Kritiker weisen darauf hin, dass die Hoffnung bislang sprach- und machtloser Gruppen, im Offenen Kanal zu Wort zu kommen und die Öffentlichkeit auf ihre Belange aufmerksam zu machen, wegen der geringen Beachtung der Sendungen eine

Illusion ist. Dabei ist allerdings zu bedenken: Dem Bürgermedium kann es nicht auf Einschaltquoten ankommen. Sie sind häufig so gering, dass sie nicht in Marktanteilen gemessen werden können. Wer allein mit Kabelanschluss zwischen mehr als 30 Fernsehprogrammen und Dutzenden von Radiosendern wählen kann, muss schon gute Gründe haben, wenn seine Wahl ausgerechnet auf das eine Programm trifft, das unübersehbar und unüberhörbar von Amateuren gestaltet wird. Programmvergleiche mit öffentlich-rechtlichen und privaten Sendern sind abwegig. Es handelt sich um einen Rundfunk der dritten Art, den Ulrich Kamp, in Ludwigshafen einmal dafür zuständig, so beschrieben hat:

>»Wie in den frühen Pioniertagen der Fliegerei ist die Nutzlast unerheblich; Hauptsache, das zerbrechliche Gerät aus Sperrholz, Draht und Leinwand kann fliegen.«

Der damalige Geschäftsführer des Landesrundfunkausschusses für Sachsen-Anhalt, Christian Schurig, sah für die Programm-Macher selbst noch einen weiteren Nutzen:

>»Insbesondere ältere Nutzer Offener Kanäle, die verständlicherweise Berührungs- und Schwellenängste in Bezug auf die Technik haben, erfahren im täglichen Miteinander Unterstützung durch jugendliche Technik-Freaks. Jugendliche erfahren in der Produktion von OK-Beiträgen die Sorgen von Randgruppen oder von Einzelinteressen, welche nicht im Licht der Öffentlichkeit stehen« (Christian Schurig: Offene Kanäle – Dritte Säule des Rundfunks in Deutschland gewinnt Profil, in: Programmbericht zur Lage und Entwicklung des Fernsehens in Deutschland 1996/97, hg. von der Arbeitsgemeinschaft der Landesmedienanstalten, Berlin 1997, S. 131).

Das Programmangebot etlicher Offener Kanäle reicht von Geburtstagsgrüßen über Talkshows bis zu sozialkritischen Filmen und Dokumentationen, vom Familienfest-Bericht über lokale Meinungsforen bis zur avantgardistischen Selbstdarstellung, vom Beitrag über den lokalen Kirchenchor bis zur Übertragung eines Fußballspiels aus dem Nachbardorf.

Die Offenen Kanäle, für deren Betrieb die Landesmedienanstalten Geld bereitstellen und die sie auch bei der Produktion begleiten, werden Bürgerfunk, Bürgerfernsehen oder Community Media genannt. Auch eine Anzahl von Ausbildungskanälen von Universitäten und Weiterbildungsinstitutionen oder nicht kommerziellen Lokalradios werden dazugezählt.

Das ALM-Jahrbuch nennt die wesentlichen Strukturmerkmale für die Bürgermedien (vgl. ALM Jahrbuch 2009/10, S. 329):

- Grundsätzlicher offener Zugang zu Sender und Programm und damit ein Beitrag zur Verwirklichung des Grundrechts auf Informations- und Meinungsfreiheit.
- Die Sender und Programme sind bürgernah und daher auch lokal oder regional ausgerichtet.
- Sie vermitteln Medienkompetenz und schaffen direkte Öffentlichkeit, indem sie jeden unterstützen, der in eigener Regie Programm machen will.
- Die Sender sind gemeinnützig, nicht kommerziell, dem Gemeinwohl verpflichtet und frei von wirtschaftlichen Interessen.

Trotz oder wegen der Nichtprofessionalität der Sendungen schalten täglich mehr als 1,5 Millionen Hörer und Zuschauer ihren lokalen Bürgersender ein (vgl. ALM-Jahrbuch 2009/10, S. 329). Deren Zukunftsentwicklung bleibt angesichts neuer Medientechniken und dem sich immer weiter entwickelnden Angebot an Hörfunk- und Fernsehprogrammen allerdings abzuwarten.

9 Die Informationsquellen

9.1 Nachrichtenagenturen

Für ihre Berichterstattung über das Neueste aus aller Welt stehen den Medien drei Möglichkeiten offen: eigene Korrespondenten, die sich außer den öffentlich-rechtlichen Anstalten und den großen privaten Sendern nur wenige auflagenstarke Tages-, Wochenzeitungen und Zeitschriften leisten, Korrespondenz- und Redaktionsbüros sowie Nachrichtenagenturen. Die meisten mittleren und kleineren Zeitungen sind für alles, was über den lokalen und regionalen Bereich hinausgeht, ganz und gar auf die Agenturen angewiesen, die mit einem Netz von Mitarbeitern den gesamten Erdball umspannen.

Der Lebenslauf einer Agenturmeldung ist kurz und sieht, schematisch dargestellt, so aus: Der Korrespondent, der an einer Pressekonferenz, teilgenommen hat, formuliert eine Meldung und gibt sie an das nächste Büro der Agentur weiter. Die Deutsche Presseagentur (dpa) hat in den verschiedenen Bundesländern sowie in der ganzen Welt Büros oder Korrespondenten. Von dort geht die Meldung zur Zentralredaktion, im Fall von dpa nach Hamburg, wo sie bearbeitet und an die Kunden weitergegeben wird.

Die Nachrichtenübermittlung hat sich in den letzten Jahren durch die neuen Kommunikationstechniken grundlegend geändert. Der Korrespondent in einem Landesbüro der dpa arbeitet längst am Bildschirm, mit dem er seinen Bericht an die Zentralredaktion in Bruchteilen von Sekunden weitergeben kann. Der große Vorteil dieser technischen Entwicklung sei, so argumentieren die einen, dass die Zeitungen aktueller sein könnten. Kritiker wenden ein, es sei gar nicht so wesentlich, wie schnell eine Nachricht in der Zeitung stünde; viel wichtiger sei, dass sie gründlich auf ihre Richtigkeit hin überprüft werde. Die Möglichkeit, Meldungen vom Ursprungsort des Geschehens über die Kette Korrespondent–Landesbüro–Zentralredaktion–Kunde blitzschnell weitergeben zu können, verleite zur Flüchtigkeit. Dieser Streitpunkt ist heute jedoch im Zuge der Digitalisierung und des Internets zugunsten der Aktualität und Schnelligkeit entschieden, was nicht heißt, dass journalistische Normen wie die Sorgfaltspflicht damit außer Kraft gesetzt wären.

Die wichtigste Informationsquelle für alle Massenmedien in der Bundesrepublik ist die Deutsche Presseagentur (dpa). Eigentümer sind Zeitungsverlage und Rundfunkanstalten. Sie wählen einen Aufsichtsrat, und dieser bestimmt die Geschäftsleitung und den Chefredakteur. Um die Gefahr einer einseitigen Interessenbildung zu vermeiden,

- darf keiner der fast zweihundert Gesellschafter mehr als 1,5 Prozent des Stammkapitals besitzen und
- ist es dem Staat ausdrücklich verwehrt, Anteile des Gesellschaftskapitals zu erwerben.

Täglich gehen in der dpa-Zentrale weit über 1.000 Meldungen ein, von denen sie gut die Hälfte an fast alle bundesdeutsche Tageszeitungen und Rundfunkanstalten weitergibt. Für Hörfunkkunden verbreitet die Agentur unter anderem stündlich ein für drei bis fünf Minuten Sprechdauer berechnetes Nachrichtenpaket. Die dpa-Tochter Global Media Services (GMS) übermittelt per Direktsatellit weltweit Leitartikel, Kommentare und Analysen aus dem tagesaktuellen Angebot überregionaler Tageszeitungen.

Eine einseitige Berichterstattung zum Vor- oder Nachteil einer Partei kann sich dpa schon deswegen nicht leisten, weil rund 20 Prozent aller Tageszeitungen ihre politischen Nachrichten ausschließlich von dpa beziehen. Für Objektivität und Überparteilichkeit von dpa ist auch aus folgenden Gründen gesorgt:

- Ihre Bezieher gehören verschiedenen politischen Richtungen an, so dass bei einer offensichtlichen Benachteiligung der SPD die ihr nahestehenden Zeitungen mit Kündigung des Abonnements drohen könnten.
- Noch andere Agenturen verbreiten deutschsprachige Dienste in der Bundesrepublik: der Deutsche Depeschen-Dienst (ddp), die amerikanische Associated Press (AP), deren deutschsprachiger Dienst im Jahre 2009 von ddp übernommen wurde und die – beide gemeinsam – jetzt als Deutscher Auslands-Depeschendienst (dapd) firmieren, die britische Agentur Reuters und die französische Agence France Presse (AFP) sowie die Austria Presse-Agentur (APA) und die Schweizerische Depeschenagentur (SDA), so dass es auch in diesem Medienbereich starke Konkurrenz gibt.

Wie viele Tageszeitungen und Zeitschriften war dpa bereits nach 2001 in wirtschaftliche Schwierigkeiten geraten. Um sie zu überwinden, erweiterte die Agentur ihre Leistungen durch Spezialdienste mit Themen aus der Wirtschaft und mit Onlineangeboten. Mehrere Tageszeitungen sind in letzter Zeit von dpa abgesprungen. Etliche überlegen, ob sie den Vertrag mit der Agentur verlängern sollen. Dafür gibt es neben den Kosten – Zeitungen mit einer Auflage von rund 300.000 Exemplaren zahlen jährlich mehr als eine halbe Million Euro – sicherlich noch andere Gründe. Die Klagen betreffen sowohl das Übermaß an Meldungen, das kaum noch zu bewältigen sei, eine oft floskelhafte, verschachtelte und nicht für eine Publikation in den Medien geeignete Sprache und manche Fehler wegen der Nichtbeachtung der journalistischen Spielregel: »Be first – but be right«. Dennoch versorgt dpa trotz der Kündigung einiger Zeitungen, unter anderem des großen Pressekonzerns der WEST-DEUTSCHEN ALLGEMEINEN ZEITUNG (WAZ), »immer noch 96 Prozent aller publizistischen Einheiten auf dem Tagespressemarkt. Aber auch der Hauptwettbewerber erreicht mittlerweile nach eigenen Angaben 80 Prozent der Tageszeitungen und mehr als 90 Prozent aller tagesaktuellen Medien« (Günter Herkel: »Schärfere Töne am Nachrichtenticker«, in: Menschen machen Medien 2/2012, S. 8).

Der Hauptwettbewerber auf dem Agenturmarkt in Deutschland ist der dapd, der aus der Fusion von ddp und dem deutschen Dienst der amerikanischen Weltnachrichtenagentur AP entstanden ist und im Gegensatz zu dpa deutschen Finanzinvestoren gehört, die dpa die Marktführerschaft streitig machen und sich dabei nicht allzu zimperlich anstellen. Auch dpa hat sich erfolgreich um Strukturreformen bemüht. Die eigentlichen Verlierer solcher Konkurrenzkämpfe sind aber immer die Journalisten, die in beiden Agenturen auch dadurch ihre Arbeitsplätze verloren haben oder Gehaltseinbußen hinnehmen mussten.

Außer den großen in- und ausländischen Agenturen arbeiten in der Bundesrepublik noch zahlreiche Korrespondenzen, die sich auf bestimmte Themen spezialisiert haben. Einige Beispiele: Der Evangelische Pressedienst (epd) und die Katholische Nachrichtenagentur (KNA) bringen vorrangig Meldungen aus dem kirchlichen und dem sozialen Bereich. Der Sportinformationsdienst (sid) versorgt seine Kunden mit Nachrichten aus dem Sportgeschehen.

Täglich, wöchentlich oder monatlich erscheinen viele hundert Presse- und Informationsdienste, zu einem großen Teil kostenlos, die vorwiegend von Parteien und Verbänden herausgegeben werden. Die Meldungen der Nachrichtenagenturen und Pressedienste – für die allermeisten der Publikationsorgane das Gerüst ihrer überregionalen Berichterstattung – nutzen manche Zeitschriften (wie SPIEGEL, STERN, ZEIT) nur zur ersten Orientierung. Diese Blätter setzen oft einen großen Stab von Journalisten ein, die mit Recherchen und in Gesprächen mit offiziellen und vor allem inoffiziellen Stellen zusätzliche Informationen beschaffen sollen.

Bei den wichtigsten Agenturen in Deutschland liefern sich also die eine im Besitz der Medien und die andere im Besitz von Finanzinvestoren scharfe Konkurrenzkämpfe um schmaler gewordene Marktanteile. Ein Ausdruck dessen, dass in einem wenn auch geläuterten kapitalistischem Wirtschaftssystem Nachrichten zu einer Ware geworden sind, wie andere Konsumartikel auch. In totalitären Systemen – und daran sei hier noch einmal erinnert – sah und sieht das ganz anders aus. Im Nationalsozialismus hatte sich die Staatsführung mit dem Deutschen Nachrichtenbüro (DNB) ein Instrument zur Kontrolle und Beherrschung der öffentlichen Meinung geschaffen, was dann in der DDR mit dem Allgemeinen Deutschen Nachrichtendienst (ADN) eine Fortführung fand, der unmittelbar der Weisungsbefugnis des Politbüros der SED und damit der Partei- und Staatsführung unterstand, die nach

Belieben über Inhalt, Formulierung und Zeitpunkt der Meldungen entscheiden konnte.

9.2 Pressestellen

Für die Agenturen, zum Teil auch die anderen Dienste sowie die In- und Auslandskorrespondenten, sind die staatlichen und privaten Pressestellen eine der ergiebigsten Informationsquellen. Das Presse- und Informationsamt der Bundesregierung ist gleichzeitig Sprach- und Hörrohr des Kabinetts: Es leitet Nachrichten von innen nach außen und von außen nach innen. An der Spitze des Amtes steht der dem Bundeskanzler direkt unterstellte Sprecher. In seiner Doppelfunktion, bei den Journalisten die Regierung und bei der Regierung die Journalisten in Schutz zu nehmen, ist er ständig in Gefahr, sich bei beiden unbeliebt zu machen. In Berlin erscheint er in der Regel zusammen mit den Sprechern einzelner Ministerien montags, mittwochs und freitags vor der Bundespressekonferenz, dem Zusammenschluss der hier akkreditierten Korrespondenten. Die schwierige Position, die Regierungssprecher haben, hat ein Journalist einmal treffend mit den Worten umschrieben:

> »Die Bürokratie würde am liebsten einen Taubstummen auf diesem Posten sehen, aber die Öffentlichkeit will und muss informiert werden [...] Sagt er zu viel, bekommt er es mit der Bürokratie zu tun, sagt er zu wenig, ist die Öffentlichkeit mit Recht unzufrieden.«

In der Hektik des Alltags hat der Regierungssprecher häufig keine Zeit, um vor einer Stellungnahme erst bei den entscheidenden Instanzen Auskünfte und Meinungen einzuholen. Um aktuell zu bleiben, wird er sich in der Regel sehr rasch äußern und dabei hin und wieder das Risiko in Kauf zu nehmen haben, seine Worte später ergänzen oder zurechtrücken zu müssen: Geht seine Eigenwilligkeit zu weit, riskiert er, dass die Journalisten ihn nicht mehr als Sprachrohr der Regierung betrachten. Möchte er hingegen ausschließlich die Stimme seines Herrn sein und zögert er deshalb zu oft mit einer Erklärung, so verlieren seine Aussagen an Aktualität und finden bei den Journalisten unter Umständen nur noch wenig Beachtung.

Es ist das besondere Vorrecht des Regierungschefs, sich den Regierungssprecher zu holen, den er haben möchte. Er betrachtet ihn aber weniger als Sprecher der Regierung, sondern mehr als seinen Sprecher. Das führt bisweilen zu Konflikten. In einem Mehrparteien-Kabinett verargt der Koalitionspartner dem Sprecher die Neigung, den Regierungschef besonders herauszustreichen. Und dennoch wird er dies immer wieder tun, weil er ihm schließlich seine Berufung verdankt und nur von ihm jederzeit entlassen werden kann. Das besondere Abhängigkeitsverhältnis verlangt vom Sprecher besondere Leistungen für die Imagepflege des Chefs oder der Chefin. Seit Juli 2010 ist der frühere HEUTE-Moderator des ZDF, Steffen Seibert, Bundeskanzlerin Merkels Regierungssprecher.

Zeitlich am aufwendigsten ist es für die Leiter von Presse- und Informationsämtern, die Öffentlichkeitsarbeit zu koordinieren, also zu klären, welches Ministerium wann was sagt. Alle drängen sich, gute Nachrichten zu verkünden, und drücken sich davor, schlechte zu verbreiten. Jede Regierung wird darauf bedacht sein, ihre Arbeit gegenüber der Öffentlichkeit in einem guten Licht erscheinen zu lassen. Insofern verteidigt jedes Presseamt und jeder Regierungssprecher – ob in Berlin oder anderswo – die Politik der Auftraggeber. Misserfolge geben sie vielfach erst auf Anfrage bekannt. Zuweilen, vor allem vor Wahlen, behaupten Kritiker, die parlamentarischen Mehrheitsparteien seien gegenüber der Opposition in unzulässiger Weise bevorzugt, weil das Bundespresseamt mithilfe öffentlicher Mittel
*   die politische Meinung der Bundesregierung vertritt
*   und damit gleichzeitig für die Regierungsparteien wirbt.

Als Staatssekretär ist der Regierungssprecher gleichzeitig Leiter des Presse- und Informationsamtes der Bundesregierung (Bundespresseamt). Das Amt hat die Aufgabe, einerseits über die Arbeit der Bundesregierung nach außen zu informieren, sie zu erklären und zu vertreten, und andererseits der Regierung nach innen Informationen für deren Arbeit zur Verfügung zu stellen. Bundespräsident, Bundesregierung, Bundestag und deren Mitarbeiterinnen und Mitarbeiter werden über die Nachrichtenlage im In- und Ausland unterrichtet, oft auch persönlich oder wegen der Aktualität über E-Mail oder SMS. Nach außen wird die Öffentlichkeit in vielfältigen Publikationen oder im Internet über die politischen Maßnahmen der Bundesregierung informiert.

Besonders wichtig ist neben verschiedenen anderen Aufgaben des Bundespresseamtes die Informationspflicht gegenüber den Medien als Vermittlern zwischen Regierung und Öffentlichkeit. Nicht nur über die Bundespressekonferenz in den dreimal pro Woche stattfindenden Informationsveranstaltungen dieses unabhängigen Zusammenschlusses der Parlamentsjournalisten in der Hauptstadt, sondern auch durch ständige Ansprechbarkeit für journalistische Anfragen.

Eine Problematik ergibt sich daraus, dass neben neutraler Information auch für die Politik der jeweiligen Regierung und damit auch der sie bildenden Parteien um Verständnis geworben wird und Vertrauen aufgebaut werden soll. Ziel und gleichzeitig Versuchung sind dabei oft genug nicht allein die Unterrichtung der Öffentlichkeit, sondern Punkte zu machen für eine der nächsten Wahlen und damit gleichsam auch Aufgaben einer Werbeagentur zu übernehmen. Dem sind allerdings Grenzen gesetzt worden. Das Bundesverfassungsgericht hat in einer Entscheidung vom

2. März 1977 die Öffentlichkeitsarbeit von Regierung und gesetzgebenden Körperschaften für notwendig erklärt. Sie soll den Grundkonsens der Bürger mit der vom Grundgesetz geschaffenen Staatsordnung erhalten. Die Öffentlichkeitsarbeit muss sich jedoch stets vor offener oder versteckter Werbung zugunsten einzelner politischer Parteien hüten. Besonders strenge Maßstäbe legen die Karlsruher Richter in der Vorwahlzeit an, die mit dem Tag beginnt, an dem der Bundespräsident den Wahltermin festsetzt. Während dieser Zeit sind Arbeits-, Leistungs- und Erfolgsberichte der Regierung unzulässig, ebenso der Einsatz von regierungsamtlichen Druckschriften durch Parteien.

Kritikern erscheint das Urteil aus drei Gründen problematisch: Es übersieht, dass in der föderalistisch geprägten Bundesrepublik Bürger permanent zur Wahlurne gerufen werden und damit die grundsätzlich vom Gericht für notwendig erachtete Öffentlichkeitsarbeit von Staatsorganen fast ständig eingeschränkt werden muss. Wo Information aufhört und Werbung beginnt, wird stets eine umstrittene Frage bleiben. Keine Regierung wird erreichen können (und wollen), dass ihr Informationsmaterial – wie es das Gericht wünscht – aus Wahlkämpfen herausgehalten wird.

Staatliche Wahlwerbung verfassungswidrig

»Den Staatsorganen ist es von Verfassungs wegen versagt, sich in amtlicher Funktion im Hinblick auf Wahlen mit politischen Parteien oder Wahlbewerbern zu identifizieren und sie unter Einsatz staatlicher Mittel zu unterstützen oder zu bekämpfen, insbesondere durch Werbung die Entscheidung des Wählers zu beeinflussen.«
[…]
»Ein parteiergreifendes Einwirken von Staatsorganen in die Wahlen zur Volksvertretung ist auch nicht zulässig in der Form von Öffentlichkeitsarbeit. Die Öffentlichkeitsarbeit der Regierung findet dort ihre Grenzen, wo die Wahlwerbung beginnt« (Aus den Leitsätzen zum Urteil des Bundesverfassungsgerichtes vom 2. März 1977).

9.3 Public Relations/Organisationskommunikation

Kurt Tucholsky hat einmal gesagt:

> »Wenn einer nichts gelernt hat, dann organisiert er. Wenn einer aber gar nichts gelernt und nichts zu tun hat, dann macht er Propaganda.«

Zu seiner Zeit war das die Umschreibung für Öffentlichkeitsarbeit oder heute »Public Relations« (PR), ein Begriff, den der deutsche Wissenschaftsjournalist Thomas von Randow einmal schlicht als »Euphemismus« bezeichnet hat. Die Kritiker der Gegenwart sehen in PR nicht mehr wie Tucholsky ein Sammelbecken für Nichtsnutze und Arbeitsscheue, sondern sehen sie als »krummes Gewerbe« oder als einen Bereich an, in dem Machtgelüste und Manipulation den Ton angeben, als den ständigen Versuch, mit »interessengesteuerter Kommunikation« – so sagen wir heute – egoistische Partikularziele zu verwirklichen. Diese sehr einseitige Sichtweise hat sich natürlich nicht aufrechterhalten lassen, und PR ist inzwischen ein allgemein akzeptierter Bereich verantwortungsvoller Tätigkeit für die Unterrichtung der Öffentlichkeit geworden. Vielleicht gibt es aufgrund der Interessenorientierung und der Weisungsgebundenheit der PR hier mehr Auffälligkeiten und auch Skandale als im Journalismus, aber es lohnt, einmal einen kritischen Blick auf das gegenseitige Verhältnis dieser beiden Berufsgruppen zu werfen.

Wer ist der wesentliche Kritiker des in Deutschland erst 60 Jahre alten Berufsstandes der PR? Ist es die Politik, sind es die Parteien, die Arbeitgeber oder die Gewerkschaften? Sind es die sozialen Organisationen oder etwa die Kirchen? Nein – sie alle betreiben diese Pflege der öffentlichen Beziehungen, und das in wachsendem Maße und offenbar auch mit wachsendem Erfolg. Es sind die Journalisten, der ihnen am nächsten stehende und am meisten mit ihnen zusammenarbeitende Berufsstand, in symbiotischer Beziehung zur PR und zunehmend abhängig von deren Zulieferungen. Es sind diejenigen, die selbst geschmäht werden, und das von vielfacher Seite, die verantwortlich gemacht werden für »Politikverdrossenheit«, »Skandalberichterstattung« und »Lohnschreiberei«.

Die Schätzungen für die Zahlen der in Deutschland tätigen PR-Berater reichen je nach Zähl- und Sichtweise von 20.000 bis 35.000: Von letzterer Zahl geht die Deutsche Gesellschaft für Public Relations (DPRG) aus. Übereinstimmend wird – und das besonders im vergangenen Jahrzehnt der großen finanziellen Medienkrise – ein deutlicher Anstieg der Zahl der in dieser Branche Tätigen festgestellt. Vielfach wechseln Journalisten in die PR, und noch häufiger lassen sich für den Journalistenberuf ausgebildete Studenten von vornherein bei einer PR-Abteilung oder von einer Agentur einstellen. Der Leipziger Kommunikationswissenschaftler Günter Bentele stellte schon 2002 fest, dass wir uns den USA annähern, »wo jetzt schon die Zahl der PR-Leute die der Journalisten übersteigt« (in: Journalist 4/2002, S. 20).

Ziel der PR-Arbeit ist der Aufbau und die Pflege eines positiven Images für die eigene Firma oder den Auftraggeber. Dies geschieht durch kontinuierliche Pressearbeit in Form von persönlichen Kontakten, Pressemeldungen, Pressekonferenzen, Veranstaltungen und Interviews. Die externe Pressearbeit wird ergänzt durch die Herausgabe eigener Publikationen.

Betont wird stets die Abgrenzung von der Werbung, denn hier wird nicht für Produkte und Dienstleistungen des eigenen Unternehmens geworben mit dem Ziel der Verkaufsförderung als Teilbranche des Marketings, sondern hier geht es um Vertrauenswerbung als mittel- bis langfristigem Unternehmensziel. Neben der externen PR, ohne die heute kein Unternehmen, kein Verband, kein Politiker mehr agiert, wird die interne PR oder Mitarbeiterkommunikation ebenfalls immer wichtiger als Integrationsfaktor in einem Unternehmen und für die Motivation seiner Mitarbeiter.

Journalismus und PR – das ist die beziehungsreiche Geschichte eines unvermeidlichen Antagonismus, obwohl es so viele Gemeinsamkeiten gibt und beide aufeinander angewiesen sind. Ohne die Arbeit des einen mangelt es dem jeweils anderen an Stoff oder bleibt der andere auf seinen Botschaften sitzen, die nicht veröffentlicht werden. Auch in der Arbeitsweise gibt es viele Identitäten, denn auf beiden Seiten geht es um Information und Publikation über Kanäle, die sich an die Öffentlichkeit richtet, nur – so wird stets gesagt – auf Seiten der PR sind diese interessengeleitet, während sie dies im Journalismus nicht sind oder nicht sein sollten. Manche Beobachter hat dies zu der Annahme einer starken Abhängigkeit des Journalismus von der PR geführt. So stellte die Kommunikationswissenschaftlerin Barbara Baerns ihre »Determinationshypothese« auf, nach der die Veröffentlichungen in Medien zum großen Teil und in bestimmten Bereichen von Inhalt und Timing her durch PR-Aktivitäten determiniert werden. Weitere empirische Forschungsarbeiten ergaben jedoch ein anderes Bild: Zwar wird viel (teilweise auch unredigiert) von der PR übernommen, in vielen Fällen ist aber auch eine klare Eigenständigkeit in Form von Recherchen, Redigieren oder Gestaltung der Beiträge festzustellen.

Weitgehende Einigkeit in der Beurteilung der PR besteht in Folgendem:
- Sie hat generell und insgesamt – abgesehen von immer wieder vorkommenden Skandalen, wie sie aber auch in der Politik wie im Journalismus vorkommen – an Seriosität gewonnen und sich zu einem unabdingbaren Bestandteil der Wirtschaft sowie zu einem der wichtigsten Lieferanten von Information für die Massenmedien entwickelt.
- Die Arbeit beider Kommunikationsberufe beeinflusst sich gegenseitig und ist gleichzeitig voneinander abhängig. Sie sind so stark aufeinander angewiesen, dass beide ohne den jeweils anderen kaum existieren können. Dies darf nicht dazu führen (was jedoch geschieht), dass bereits von der PR fertig gestellte Beiträge

übernommen, abgedruckt oder gesendet werden – und dies dann manchmal sogar noch gegen Bezahlung.

- Über die Wertschätzung von PR-Leuten durch Journalisten lassen sich aufgrund recht unterschiedlicher Umfragewerte nur Mutmaßungen anstellen. Skeptisch und kritisch gegenüber der PR ist laut einer umfassenden empirischen Erforschung des gesamten »Journalismus in Deutschland« fast die Hälfte der befragten Journalisten (vgl. Siegfried Weischenberg u. a.: Journalismus in Deutschland 2005; in: Media Perspektiven 7/2006). Wenige Jahre zuvor war beispielsweise in einer Auftragsstudie des Emnid-Instituts schon ein durchaus partnerschaftliches Verhältnis festgestellt worden. In einer Umfrage aus dem Jahr 2000 hatten 62 Prozent der befragten Journalisten geantwortet, sie könnten sich vorstellen, in die PR-Branche zu wechseln. Allerdings war dies das erste Jahr der Medienkrise, die sich da offenbar schon gezeigt hatte und im Laufe des Jahrzehnts dann auch zur Krise im Journalismus und zum Aufschwung der PR geführt hat.
- Schwarz-Weiß-Denken, wie es in diesem Kapitel in den ersten Zitaten auftauchte, ist jedenfalls gegenüber einer weitgehend seriösen PR nicht angebracht. Nur ganz wenige Journalisten halten PR für völlig überflüssig. Für die meisten gilt sie als zuverlässig, zeitsparend beim Recherchieren und anregend für Themen. Dass PR auch nicht immer unbedingt dem Profit eines Unternehmens dienen muss, macht der große Bereich der »Non-Profit-PR« deutlich, in dem beispielsweise Gesundheits- oder Umweltorganisationen nicht im eigenen, sondern im Interesse der Allgemeinheit für gesellschaftliche Ziele arbeiten. Sehr bekannt geworden sind die Aktionen von Greenpeace und ATTAC oder auch gerade in heutiger Zeit von der Anti-ACTA- und der Occupy-Bewegung, die sich in erster Linie in Veranstaltungen und Demonstrationen abspielen, die sich aber in besonders starkem Maße auch der neuen Medien bedienen und hauptsächlich das Internet und dabei Social Media nutzen, also FACEBOOK, GOOGLE+ oder TWITTER mit all ihren Vorteilen für die Aktivierung von (meist jungen) Menschen. Noch ganz zu schweigen von politischen Aktionen, mit denen politische und soziale Bewegungen vor allem durch das Internet auf der ganzen Welt radikale Veränderungen herbeiführen konnten, wie sie in den klassischen Medien nicht hätten erzielt werden können. Zumal wenn sich diese auch noch in den Händen der alten Eliten befanden, die den Journalismus unter Kontrolle hielten.

10 Die Journalisten

10.1 Beruf des Journalisten

Wegen der unklaren Abgrenzungen für den Journalistenberuf gibt es auch unterschiedliche Schätzungen. Es dürfte aber so sein, dass in Deutschland heute etwa 48.000 Journalisten hauptberuflich für Zeitungen und Zeitschriften, für Hörfunk und Fernsehen, Nachrichtenagenturen Onlinemedien und Anzeigenblätter arbeiten. Organisiert sind im Deutschen Journalisten-Verband (DJV) 38.000 und in der Deutschen Journalistinnen- und Journalisten-Union (dju) in der Dienstleistungsgewerkschaft ver.di etwa 22.000. Anders als die dju im Deutschen Gewerkschaftsbund (DGB) versteht sich der DJV als Organisation in »Kombination aus Gewerkschaft und Berufsverband«. Die dju als Fachgruppe in ver.di vertritt ihre Mitglieder dagegen mit gewerkschaftlicher Zielsetzung und Politik. Zwei Drittel der dju-Mitglieder sind freie Journalisten; beim DJV ist es etwa ein Drittel.

Fernsehen	7.000
Hörfunk	8.000
Zeitschriften	9.500
Zeitungen	17.000
Anzeigenblätter	3.000
Agenturen	1.500
Onlinemedien	2.000
Summe	**48.000**

Deutschlands hauptberufliche Journalisten und ihre Arbeitsplätze
(Siegfried Weischenberg/Maja Malik/Armin Scholl: Die Souffleure der Mediengesellschaft. Konstanz 2006, S. 257; Zahlen gerundet)

Der Deutsche Journalisten-Verband geht insgesamt von einer Zahl von 72.000 Journalisten in Deutschland aus, wobei hier Bildjournalisten, Freibrufler im PR-Bereich und Journalisten in Pressestellen enthalten sind.

Die in der Tabelle ausgewiesenen Zahlen für die Arbeitsbereiche stellen ebenfalls nur nur Näherungswerte dar. Andere Schätzungen gingen beispielsweise schon 2003 von nur 14.000 Journalisten bei Tageszeitungen, aber weiteren 4.000 bei Anzeigenblättern aus (vgl. hierzu Wolf Schneider/Paul-Josef Raue: Das neue Handbuch des Journalismus, Reinbek 2003); wobei gerade bei Anzeigenblättern die Frage nach dem journalistischen Anteil der dort Arbeitenden gestellt werden müsste. Auch der DJV geht in seiner Ausbildungsbroschüre »Journalist/in werden« von anderen Zahlen aus: Tendenziell wird es aber stimmen, und nach wie vor ist die Presse der größte Arbeitgeber.

Die wirtschaftliche Lage der Medien hat sich seit 2001/2002 verschlechtert. Dies blieb nicht ohne Auswirkungen auf den Arbeitsmarkt für Journalisten. Über 10.000 festangestellte Redakteurinnen und Redakteure wurden arbeitslos, Ausbildungsplätze fielen weg, und Journalisten, die für Honorare arbeiteten, verloren Aufträge oder konnten keine angemessene Bezahlung für ihre Beiträge mehr bekommen.

In der zweiten Hälfte des Jahrzehnts könnte sich der Stellenmarkt für Journalisten insgesamt jedoch leicht erholt haben, wie aus einer 2008 veröffentlichten Studie hervorgeht (vgl. Michael Meyen/Nina Springer: Die Arbeitsmarktsituation für Journalisten, München 2008), und es wurden wieder Redakteure für Festanstellungen gesucht. Zwar waren diese Stellen zum großen Teil im Fernsehen und für andere Medienbereiche ausgeschrieben und nur bedingt von den Druckmedien; in nicht unbedingt journalistischen Bereichen dagegen, wie der PR und im Internet, haben sich große Teile dieses früheren Arbeitsmarktes jetzt fest etabliert. Von dort kommen die meisten Angebote, und entsprechend sind dort immer mehr Menschen tätig, die vorher auch oft schon bei den klassischen Medien journalistisch gearbeitet haben. Heute ist wieder überall von Stellenabbau zu lesen.

Die Berufsbezeichnung Journalist ist in Deutschland wie auch in vielen anderen Ländern nicht geschützt. In der Bundesrepublik wird dies mit dem Artikel 5 Absatz 1 des Grundgesetzes begründet, wonach »jeder das Recht hat, seine Meinung in Wort, Schrift oder Bild frei zu äußern und zu verbreiten«. Trotz dieser ungeschützten Berufsbezeichnung findet das Berufsbild des Deutschen Journalisten-Verbandes weitgehende Anerkennung. Danach ist Journalist, wer

- hauptberuflich,
- produktiv oder dispositiv (das heißt technische Planung des redaktionellen Teils, gegliedert nach Ressorts)
- Informationen sammelt, auswertet und/oder prüft und Nachrichten unterhaltend, analysierend und/oder kommentierend aufbereitet,
- sie in Wort, Bild und/oder Ton

- über ein Medium an die Öffentlichkeit vermittelt
- oder den Medien für diese Übermittlung bereitstellt.

Journalisten brauchen neben einer profunden Allgemeinbildung und der Fähigkeit, zu recherchieren und zu formulieren, Fachwissen. Das kann über ein Hochschulstudium erworben werden, das vielleicht sogar auf die Bedürfnisse des journalistischen Berufes zugeschnitten ist. Medien benötigen beides: den Wissenschaftler, der sein Arbeitsgebiet in der Wissenschaftsredaktion findet, den Volks- oder Betriebswirt, der in der Wirtschaftsredaktion arbeitet, den Juristen, der die »Ratgeber Recht«-Sendung moderiert. Unentbehrlich sind auch Lokaljournalisten, die sich in der Arbeit für die eigene unmittelbare Umwelt engagieren und dort für die nötige Öffentlichkeit sorgen. Die einen sollen die große Politik, die Wirtschaft, die Kultur, die Medizin und die Naturwissenschaften verständlich beschreiben; die anderen die unmittelbare Lebensumwelt der Leser und Zuschauer erklären. Hohe professionelle Anforderungen werden an alle Journalisten gestellt.

Auf die Praxis hat die Hochschule lange Zeit die wenigsten vorbereitet. Um diesen entscheidenden und viel kritisierten Mangel zu beheben, entwickelten seit den 70er-Jahren unter anderem die Universitäten Berlin, Bamberg, Bochum, Dortmund, Eichstätt, Gießen, Hamburg, Hannover, Leipzig, Mainz, München und Stuttgart-Hohenheim ein berufsorientiertes Studium, das in Eichstätt, Leipzig und Dortmund auch explizit »Journalistik« heißt. Praktische Übungen und Hospitationen bei Zeitungen und Rundfunkanstalten verbinden das theorieorientierte Studium und die Praxis eng miteinander. Eine Anzahl von Fachhochschulen bietet ebenfalls praxisorientierte Studiengänge an, die zum Journalistenberuf in speziellen Bereichen führen sollen.

In der Regel absolviert heute noch jeder, der Redakteur werden möchte, für zwei Jahre ein Volontariat – nach Abschluss eines Studiums zuweilen weniger – in einer Redaktion. Ein Tarifvertrag sieht die Ausbildung in mehreren Ressorts, inner- und außerbetriebliche Schulungsveranstaltungen und einen Ausbildungsredakteur vor. In der Praxis wird der Vertrag nicht immer und nicht in allen Verlagen strikt eingehalten.

Ausbildungsinstitutionen für Journalisten sind unter anderen die Deutsche Journalistenschule München und die Berliner Journalistenschule, die Henri-Nannen-Schule in Hamburg, die Berliner Journalistenschule und die Holtzbrinck-Schule für Wirtschaftsjournalisten in Düsseldorf, die Burda Journalistenschule in München und Offenburg, die Journalistenschule Ruhr (Essen) sowie die Journalistenschule Axel Springer in Hamburg/Berlin, die Bayerische Akademie für Fernsehen in München, die Deutsche Film- und Fernsehakademie Berlin und die Kölner Journalistenschule für Politik und Wirtschaft sowie die Evangelische Journalistenschule in Berlin.

Fortbildungseinrichtungen sind zum Beispiel die Akademie für Publizistik in Hamburg, die Akademie der Bayerischen Presse in München, die Evangelische Medienakademie in Frankfurt und das katholische Institut zur Förderung des publizistischen Nachwuchses München. Seit 1975 trägt die Bundeszentrale für politische Bildung mit einem breit gefächerten Programm zur Fortbildung insbesondere von Lokaljournalisten bei. Seminare für Journalisten bietet auch die vom Bundesverband Deutscher Zeitungsverleger gegründete »Arbeitsgemeinschaft berufliche Bildung« in Bonn an.

Wege in den Journalismus

- vom Abitur über freie Mitarbeit und Praktika zum zweijährigen Volontariat,
- vom Abitur über eine Journalistenschule oder verschiedene Ausbildungskurse und Lehrgänge zur Anstellung in einer Redaktion,
- vom Abitur über ein Fachstudium an der Universität zum oftmals verkürzten Volontariat,
- vom Abitur über ein Journalistik-, Kommunikations- oder Medienwissenschaftsstudium in den Beruf.

Vor der Wende begann für zwei von drei in den DDR-Medien Tätigen der Berufsweg mit einem Studium an der Sektion Journalistik der Karl-Marx-Universität in Leipzig. Diese Kaderschmiede, auch »Rotes Kloster« genannt, nahm in der Regel nur jene auf, die sich bereits in der Schule durch gesellschaftliche Aktivitäten im Sinne der SED ausgezeichnet hatten. In Leipzig zählten Kenntnisse des Marxismus-Leninismus mehr als die fachliche Qualifizierung. Praxisbezug versuchte man zu verschiedenen Zeiten in unterschiedlicher Form zu erreichen. Insgesamt war die DDR von einem »im Dienst des Systems instrumentalisierten Journalismus« gekennzeichnet (Jürgen Grubitzsch: Traditionen, Altlasten und Neuansätze der Leipziger Journalistenausbildung, in: Rundfunk und Fernsehen, H. 3, 1990, S. 402).

Nicht bei Presseorganen oder Rundfunkanstalten angestellte Mitarbeiter nennen sich Freie Journalisten – missverständlicherweise, denn sie sind kaum »frei« zu nennen, überwiegend abhängig von ihren Auftraggebern und im Gegensatz zu den Festangestellten ohne Kündigungsschutz, Vergütungsfortzahlung im Krankheitsfall und betriebliche Altersversorgung. Immerhin garantiert der Tarifvertrag für arbeitnehmerähnliche freie Journalisten Mindesthonorare für Text- und Bildbeiträge. Eine Umfrage des Deutschen Journalisten-Verbandes aus dem Jahr 2008 ergab, dass das monatliche Einkommen nach Abzug der Betriebsausgaben noch vor Steuern bei freien Journalisten durchschnittlich bei 2.150 Euro lag. Damit verdienen freie Journalisten deutlich weniger als die Beschäftigten im Bundesdurchschnitt. Neue Beschäftigungsmöglichkeiten entstanden mit dem privaten Fernsehen und dem privaten Hörfunk. Viele Institutionen haben auch ihre Pressestellen ausgebaut, so dass Journalisten hier und im Onlinebereich vermehrt Arbeitsplätze fanden. Diese Tendenzen werden mit dem schnellen Wandel der Medienlandschaft durch die Digitalisierung der Kommunikationswelt wohl anhalten oder zumindest einen Teil der Verluste in den klassischen Medien ausgleichen.

In den durchweg personell übersetzten Zeitungs- und Zeitschriftenredaktionen der ehemaligen DDR verloren 1990/91 viele ihren Arbeitsplatz, politisch Hochbelastete mussten gehen. Bei den Regionalzeitungen wurden viele, die dort schon zu DDR-Zeiten gearbeitet hatten, übernommen, zum Teil auch in Führungspositionen. Viele Stellen für Journalisten entfielen in den Zentralen des Hörfunks in der Berliner Nalepastraße und des Fernsehens in Berlin-Adlershof, da der Artikel 36 des Einigungsvertrages die Auflösung dieser Institutionen oder deren Überführung in die föderalistischen Strukturen der neu entstandenen Bundesländer bis Ende 1991 erforderlich machte. Dies hatte die Einstellung der bisherigen Hörfunk- und Fernsehprogramme zur Folge. Nur geringe Beschäftigungschancen boten dann die neuen Landesrundfunkanstalten und die privaten Hörfunk- und TV-Veranstalter.

In den Redaktionen hat sich die praktische Arbeit in den letzten Jahren grundlegend geändert. Der Redakteur einer Tageszeitung oder Zeitschrift sitzt heute am Bildschirm, gibt Texte und Fotos ein und gestaltet den Aufbau einer Seite. Zum Teil erledigt er somit Arbeiten, die früher von Technikern geleistet wurden. Dieser so genannte Ganzseitenumbruch hat die Arbeitswirklichkeit in erheblichem Maße verändert. Nicht nur die Beschaffung von Informationen, sondern auch deren technische Aufbereitung sowie die Gestaltung und das Layout der Zeitungsseiten gehören zu den wesentlichen Tätigkeitsmerkmalen einer Redaktion.

Der Beruf des Journalisten ist anders geworden. Zeitungen und Zeitschriften sind auch Onlineanbieter. Die Redakteure müssen ihre Beiträge während des Tages laufend aktualisieren, zusätzliche Hintergrundinformationen beschaffen, nicht mehr nur linear, sondern »verlinkt« und multimedial denken. Sie müssen also mit Bezügen zu jeder Art von verwandten Gebieten oder Aussagen arbeiten und berücksichtigen, wie Artikel durch Bilder, Grafiken, Video und Ton aufbereitet werden können. Onlinejournalismus erfordert Erzählformen in den Hypertext-Formaten.

>>Die wahrscheinlich größte Herausforderung des Online-Journalismus ist: Online-Medien sind in erster Linie keine Lesemedien, sondern Selektionsmedien. Internet-Nutzer mögen keine langen, ungegliederten Textpassagen; Neugier und Spannung entsteht durch parmanente Auswahlentschei-

dungen. Die Nutzer lieben es, selbst etwas zu tun: Klicken, suchen, finden oder selbst schreiben« (Meier 2002, S. 27).

Onlinejournalismus ist ein neues Berufsbild, das allerdings in vielerlei Hinsicht an den Rändern ausfranst. Die Grenzen zwischen den Medien Fernsehen, Hörfunk und Presse werden fließend, aber auch zwischen Information und Unterhaltung, zwischen Journalismus und Public Relations, Marketing, Technik und Anzeigenabteilung.

Für die Arbeit aller Journalisten spielt die Onlinenutzung eine zunehmend größere Rolle. Aber die Onlineangebote können die klassische Recherche nur ergänzen, nicht ersetzen. Der Zugriff aufs Netz ist schneller möglich, aber die so recherchierten Informationen sind nicht immer glaubwürdig und weniger authentisch. Andererseits hat ein Onlineredakteur die Möglichkeit, einen früher verfassten Beitrag, der Fehler enthielt, zu korrigieren. Er kann also im Gegensatz zu Journalisten eines Printmediums einer »rückwärts gewandten Verantwortung« gerecht werden. Denn was einmal gedruckt und archiviert wurde, ist nicht mehr rückholbar; die im Netz gespeicherten Daten zwar auch nicht, aber sie lassen sich wenigstens aktualisieren.

Als Reaktion auf technische und ökonomische Entwicklungen werden sich zwei Richtungen unterscheiden: der technisch versierte Instrumentaljournalismus, der in der ständig wachsenden Datenmenge Informationen sucht, auswählt und bereitstellt, und der Orientierungsjournalismus, der Hintergrund- und Gebrauchswissen anbietet. Zu erwarten ist, dass in den neuen Onlinemedien eher Instrumentaljournalismus nachgefragt wird, während bei traditionellen – und hier vor allem den Printmedien – informierender Journalismus eine wichtigere Rolle spielen wird.

Im digitalen Zeitalter können sich auch Journalisten dazu verführen lassen, Fotos zu verfälschen. Die Bearbeitung von Bildern war schon immer möglich. Heute kann selbst der Experte kaum noch zwischen Fälschung oder Retusche und Original unterscheiden. Ein Beispiel: Die Agentur Reuters verbreitete im Sommer 1998 ein Bild vom Besuch des US-Präsidenten Bill Clinton in Begleitung von Bundeskanzler Helmut Kohl in Eisenach. Beide Staatsmänner winkten wohlwollend in die Menge. Was die Leser jener Tageszeitungen, die dieses Bild veröffentlichten, nicht wissen konnten: In der Reuters-Zentrale hatten Techniker eine Bildszene entfernt – ein Protestplakat in der Zuschauermenge, auf dem zu lesen war: »Ihr habt auch in schlechten Zeiten dicke Backen.«

Beispiele dieser Art hat es auch früher schon gegeben, beispielsweise zu Stalins Zeiten, als die Fälschungen allerdings noch zu erkennen waren, und es gibt sie heute, wie etwa bei der Tötung von Osama bin Laden im Frühjahr 2011, als aus einem Foto der das Geschehen live am Monitor verfolgenden US-amerikanischen Politprominenz unter Anführung des Präsidenten eine unbekannte und vielleicht auch weniger bedeutsame angebliche CIA-Mitarbeiterin entfernt wurde. Diese Version war offenbar nach Retusche durch eine Bildbearbeitungssoftware hergestellt worden, vielleicht, um dem Eindruck entgegenzuwirken, da könne »ja jeder zuschauen«.

Obwohl der Berufswunsch »irgendwas mit Medien« bei jungen Menschen verbreitet ist, hat die Bevölkerung von Journalisten keine sehr hohe Meinung. Eine Umfrage des Instituts für Demoskopie in Allensbach ergab, dass nur 18 Prozent den Redakteur zu denjenigen Berufen zählen, die sie am meisten schätzen. Viel mehr Ansehen genießen Ärzte (von 74 Prozent genannt), Geistliche (38 Prozent) und Professoren (33 Prozent). Der bekannte Journalist Herbert Riehl-Heyse von der SÜDDEUTSCHEN ZEITUNG sprach aus Erfahrung, als er in diesem Zusammenhang bemerkte:

> »Wenn ein deutscher Journalist einmal Sehnsucht hat nach dem wirklich sicheren Beifall seines Publikums, dann erklärt er am besten den Leuten, wie verkommen sein Berufsstand ist, wenigstens in weiten Teilen. Na ja, sagen dann die Leser und Zuschauer, wenigstens sieht er es selber ein« (Herbert Riehl-Heyse: Bestellte Wahrheiten, München 1989, S. 16).

Vermutlich hängt diese Geringschätzung damit zusammen, dass
- Journalisten häufig kritisieren und deshalb oft Nestbeschmutzer genannt werden;
- Arbeitsweise und Auftreten Einiger als typisch für alle gelten (rasender Reporter);
- der Nutzen, den ihre Arbeit in der Demokratie letztlich für jeden Einzelnen stiftet, nicht so klar auf der Hand liegt wie beim Arzt oder Ingenieur;
- es nach dem Volontariat keine Abschlussprüfung gibt und viele Journalisten auch ohne eine fachliche Ausbildung diesen Beruf ergreifen konnten und manchmal auch noch können.

Die Vorzugsstellung der Journalisten zeigt sich auf vielen verschiedenen Ebenen, beispielsweise
- rechtlich durch den Anspruch auf Auskünfte bei offiziellen Stellen,
- dadurch, dass sie gewöhnlich vor Gericht ihre Quellen für Informationen nicht zu nennen brauchen,
- bei Veranstaltungen durch die überdurchschnittliche Aufmerksamkeit, die ihnen von der Öffentlichkeit entgegengebracht wird, und
- im Prozess der Meinungs- und Willensbildung, vielleicht sogar einem Millionenpublikum persönlich Informationen und im Kommentar auch seine Meinung mitteilen zu können.

Geschätzt wird der Beruf von den meisten Journalisten wegen der abwechslungsreichen, spannenden Arbeitsweise und der Möglichkeit, zu schreiben und zu formulieren. Umfragen zeigen aber immer wieder, dass auch die Möglichkeit, Missstände aufzudecken und zu kritisieren, von vielen als attraktiv und wichtig empfunden wird. Die politische Einstellung der Mehrzahl der Journalisten wird – wie schon lange – auch heute noch mit »Links von der Mitte« einzustufen sein.

Was Journalisten denken

»Neuere Untersuchungen zeigen, dass sich die Einstellung von Journalisten zu verschiedenen politischen Problemen zum Teil deutlich von der Bevölkerungsmehrheit unterscheidet […] Die Untersuchungen zeigen ferner, dass die Journalisten ihren parteipolitischen Standpunkt häufiger links von der Mitte einordnen als die Mehrheit der Bevölkerung […] Eine mögliche Erklärung für derartige Befunde könnte darin liegen […], dass die Kritik- und Kontrollfunktion für viele Journalisten wichtig ist. Und diese Verpflichtung zur Kritik und Kontrolle von politischer Macht […] hat eine größere Nähe zu ideologisch linken als zu konservativen Positionen« (Winfried Schulz: Politische Kommunikation, Opladen/Wiesbaden 1997, S. 59).

10.2   Glaubwürdigkeit der Journalisten

Auf die Frage, ob das Fernsehen, der Hörfunk und die Zeitung wahrheitsgetreu berichten und die Dinge immer so wiedergeben, wie sie wirklich sind, haben in den 60er- und 80er-Jahren sehr viel mehr Zuschauer, Zuhörer und Leser mit »Ja« geantwortet als heute. Dieser Glaubwürdigkeitsverlust hat viele Gründe, doch müssen sich auch die Macher in den Medien selbstkritisch nach ihrem Beitrag zu dieser Entwicklung fragen. Von der Verfassung und durch spezielle Gesetze dazu legitimiert, Missstände und Verfehlungen aufzudecken, handeln sich Journalisten mit Recht den Vorwurf ein, unglaubwürdig zu sein, wenn sie bei der Bewertung des Verhaltens anderer einen Maßstab anlegen, den sie für sich selbst nicht gelten lassen. Erschreckend ist, dass es noch vor fast 20 Jahren ein Drittel der westdeutschen Journalisten unter 35 für vertretbar hielt, »sich durch Geldzuwendungen vertrauliche Unterlagen zu beschaffen« (vgl. die folgende Tabelle). Der so genannte Scheckbuch-Journalismus hatte für viele nichts Anrüchiges. Ob dies heute noch so ist, müsste in weiteren Untersuchungen geklärt werden.

Antworten auf die Frage: »Weil es oft sehr schwierig ist, an wichtige Informationen zu kommen, helfen sich Journalisten häufig mit ungewöhnlichen Methoden. Welche der folgenden Methoden halten Sie für vertretbar und welche billigen Sie auf keinen Fall?«

Es halten für vertretbar:	Journalisten in Westdeutschland				Journalisten in Ostdeutschland Wohnsitz vor 1989 in der DDR				Journalisten in Ost deutschland Wohnsitz vor 1989 in der BRD		
	insgesamt	18 bis 34 Jahre	35 bis 44 Jahre	über 44 Jahre	insgesamt	18 bis 34 Jahre	35 bis 44 Jahre	über 44 Jahre	insgesamt	18 bis 34 Jahre	über 34 Jahre
wenn Journalisten sich in ihren Beiträgen auf Quellen berufen, die sie dem Publikum nicht nennen	71	68	76	70	74	80	70	73	79	82	73
als Journalist geheime Regierungsunterlagen zu benutzen	75	75	80	72	65	71	65	53	94	93	95
sich als Mitarbeiter in einem Betrieb/einer Organisation betätigen, um an interne Informationen zu kommen	46	53	56	24	43	57	34	30	54	59	45
sich als eine andere Person auszugeben	28	37	32	11	27	40	19	14	34	38	28
versteckte Mikrofone und Kameras zu benutzen	22	30	20	13	25	33	20	19	31	35	25
Vorgabe einer anderen Meinung oder Einstellung, um einem Informanten Vertrauen einzuflößen	39	53	36	21	23	36	18	9	55	65	38
sich durch Geldzuwendungen vertrauliche Unterlagen zu beschaffen	28	36	28	17	15	22	10	8	31	40	18
wenn Journalisten private Papiere, wie Briefe/Fotos von jemandem veröffentlichen ohne dessen Zustimmung	10	11	10	8	4	5	4	4	11	9	15
Informanten unter Druck zu setzen	6	9	4	2	3	5	1	1	13	13	13
dem Informanten die Geheimhaltung der Information zusagen, aber nicht einhalten	3	4	2	2	1	3	1	0	4	4	3

* Mehrfachnennungen möglich

Legitimität umstrittener Recherchemethoden

(Beate Schneider, Klaus Schönbach, Dieter Stürzebecher: Journalisten im vereinigten Deutschland, in: Publizistik, 3/1993)

Gegen diese Art der Informationsbeschaffung ist so lange wenig einzuwenden, wie sie dem Zweck dient, Verhaltensweisen von Personen (der Zeitgeschichte), die dem Gemeinwohl abträglich sind, ans Licht zu bringen. Freilich sollten die Journalisten, die sich mit ihrer Enthüllung brüsten, auch öffentlich eingestehen, dass dies nicht immer ihre Rechercheleistung war, sondern ihnen Umstände zuhilfe kamen wie die Rachegelüste eines Dritten oder die pralle Kasse ihres Unternehmens. So zahlte der SPIEGEL an die Witwe eines Piloten, die über Flüge des früheren Ministerpräsidenten Johannes Rau berichtete, 100.000 Mark. Er hatte bei diesen Flügen private Termine mit dienstlichen gekoppelt. Ganz allgemein ist die Bezahlung von vertraulichen Informationen als Methode journalistischer Recherche aber klar abzulehnen.

Ende Mai 2000 musste das SZ-MAGAZIN in München eingestehen, dass es ebenso wie andere Publikationen gefälschte Storys und Interviews des Schweizer Autors Tom Kummer veröffentlicht hatte. Das Magazin, das jeden Freitag der SÜDDEUTSCHE ZEITUNG (SZ) beiliegt, arbeitet zwar mit einer eigenständigen, von der SZ unabhängigen Redaktion und erscheint in einer getrennten Verlagsgesellschaft; gleichwohl sah auch die SÜDDEUTSCHE ihre Glaubwürdigkeit gefährdet. Sie dokumentierte deswegen den Fall in der eigenen Zeitung ausführlich und kommentierte:

> »Weil die SZ auf ihrer Medienseite täglich kritisch über Medien berichtet und für die Pressefreiheit eintritt, will und darf sie nicht in den Verdacht kommen, Perversionen und Entgleisungen im Journalismus entschuldigen zu wollen. Wer Interviews fälscht oder wissentlich gefälschte Interviews druckt, liefert die Pressefreiheit als demokratische Idee dem Bankrott aus« (Süddeutsche Zeitung vom 27./28.5.2000, S. 21).

Der Verlag zog die Konsequenzen und trennte sich von der Chefredaktion des Magazins.

Der Konflikt liegt auf der Hand: hier die allseits geforderte Unabhängigkeit der Journalisten, dort ihre Verführung durch PR-Abteilungen der Unternehmen, Verbände und Parteien. Als besonders gefährdet gelten

- Wirtschaftsjournalisten (Vorzugsaktien, Anlagehinweise),
- Motorjournalisten (kostenlose oder vergünstigte Nutzung von Fahrzeugen),
- Reise- und Modejournalisten (Gratisreisen, aufwendige Geschenke),
- Gastronomiejournalisten (Gratisbewirtungen),
- Lokaljournalisten (persönliche Beziehungen).

Bei kritischer Berichterstattung kann man sowohl bei den Reiseveranstaltern als auch den Automobilherstellern in Ungnade fallen, also nicht wieder eingeladen werden oder Neuproduktionen nicht mehr testen dürfen. Überdies ist die Anzeigenabteilung daran interessiert, nicht durch kritische Berichte Kunden zu verlieren. Umgekehrt ist für sie der Druck groß, sich durch positive oder neutrale Berichterstattung Gratifikationen oder Anzeigen einzuhandeln.

Ohne die Einladungen der Tourismusindustrie wären Reisejournalisten nicht mehr überlebensfähig. Es gibt wohl nur wenige Redaktionen in Deutschland, die sich die Reisekosten für einen touristischen Bericht nicht bezahlen lassen. Das jeweils neueste Modell einer großen Autofirma für einen für den Test ungewöhnlich langen Zeitraum überlassen zu bekommen, gehört zu den Annehmlichkeiten des Motorjournalismus.

Zu den wenigen Ausnahmen gehört beispielsweise die SÜDDEUTSCHE ZEITUNG. Reisekosten werden dort grundsätzlich vom Verlag übernommen. Dies gilt seit Mitte 2003 auch für alle Redaktionen des Springer-Verlages aufgrund der neuen »Leitlinien zur Sicherung der journalistischen Unabhängigkeit bei Axel Springer«.

Kritisch sieht der Dortmunder Medienrechtler Udo Branahl auch die Wirtschaftsberichterstattung:

> »Die redaktionelle Berichterstattung wird – vor allem in den elektronischen Medien und den Zeitschriften – instrumentalisiert für die Gewinnung potenter Werbekunden, die bereit sind, höhere Preise zu bezahlen, wenn das Medium ihr Zielpublikum möglichst genau erreicht [...] Die freundliche Darstellung des einzelnen Wirtschaftsunternehmens, seiner Verfahrensweisen, Produkte und Dienstleistungen, erhält ein deutliches Übergewicht gegenüber Informationen, die zu einer kritischen Beurteilung führen könnten« (Udo Branahl: Berichterstattung und Wirtschaftswerbung, in: Marcel Machill: Journalistische Kultur. Rahmenbedingungen im internationalen Vergleich, Opladen/Wiesbaden 1997, S. 79).

Als die Deutschen Ende des 20. Jahrhunderts zu Börsianern wurden und neue Publikationen Tipps für Aktienkäufe und -verkäufe veröffentlichten, entstand für Journalisten ein neues Problem: Durften sie aufgrund ihrer Insider-Informationen Empfehlungen geben, die zum Kauf anregten, ohne einzuräumen, dass sie selbst Besitzer solcher Aktien sind? In einigen Fällen trieben Journalisten dadurch die Kurse ihrer Aktien in die Höhe. Der Deutsche Presserat erweiterte deswegen die Ziffer 7 des Pressekodex im Mai 2000, die nunmehr lautet:

> »Die Verantwortung der Presse gegenüber der Öffentlichkeit gebietet, dass redaktionelle Veröffentlichungen nicht durch private oder geschäftliche Interessen Dritter oder durch persönliche wirtschaftliche Interessen der Journalistinnen und Journalisten beeinflusst werden [...]«

Die Frage der Glaubwürdigkeit wurde besonders aktuell bei der Weiterbeschäftigung von Journalisten in den neuen Bundesländern, die vorher im SED-Staat gearbeitet hatten. Ob widerwillig oder überzeugt, fest steht, dass die meisten im Sinne der SED-Doktrin schrieben und sendeten. Es gab Nischen, beispielsweise in der kirchlichen Publizistik, in der lokalen Berichterstattung, im Nachrichtenprogramm des Hörfunks, und es gab zeitweilig auch Lockerungen und Sendungen im Fernsehen, die Liberalität zur Schau stellen sollten, und dennoch blieb es ein von oben geleitetes und kontrolliertes Mediensystem. Nach der Wende wurde deshalb den DDR-Journalisten die Frage gestellt, wie sie zu ihrer Vergangenheit stehen.

Insgesamt wohl mehr als westdeutsche Journalisten, die dies Thema nach 1945 weithin verdrängten oder ihr Handeln während des NS-Systems zu beschönigen versuchten, setzten sich manche ostdeutsche Journalisten kritisch mit ihrer Arbeit in der Ulbricht- und Honecker-Zeit auseinander. Natürlich stellten sich – wie bei den Politikern – manche nun plötzlich eher als Opfer denn als Täter dar. Andere äußerten sich hingegen etwa so wie Henryk Goldberg in der JUNGEN WELT:

>»Wir haben doch alle mitgemacht. Jeder auf seine Weise und mit seinem Motiv. Warum klären wir nicht auch mal dies auf: Meinen Artikel hat nicht Joachim Herrmann geschrieben, kein Bundes- oder Parteivorstand und auch kein Zentralrat der FDJ. Den habe ich geschrieben, eigenfingrig, eigenköpfig. Und sagt nicht unter Protest. Denn unter den Beiträgen standen Namen, nicht Proteste [...] Und sagt nicht, Freunde, wir mussten. Wir mussten schon, wenn wir weitermachen wollten. Aber mussten wir weitermachen wollen? Wir haben doch selbst gestrichen, wovon wir wussten, es würde gestrichen werden [...] Wir kriegen es, ich weiß, schwer in die Reihe mit dem gewachsenen Selbstbewusstsein und -verständnis als kritische Journalisten, aber für möglich halten sollten wir es immerhin: Wenn einmal die Rechnung aufgemacht wird, wer und was dieses Land so um und umgewandelt hat, da wird unser wohl kaum sonderlich gedacht sein. Oder auf eine Weise, die uns nicht sehr gefallen wird« (Nachdruck in: Rundfunk und Fernsehen, H. 3, 1990, S. 428).

Mit pauschalen Verurteilungen wie »rote Socken« und »alte Seilschaften« haben zuweilen westdeutsche Politiker und Journalisten den früher in der DDR tätigen Redakteuren und Reportern, Moderatoren und Kommentatoren eine weitere Beschäftigung in öffentlich-rechtlichen Rundfunkanstalten zu verwehren versucht. In einer umstrittenen Fragebogenaktion erkundigte sich der damalige Rundfunkbeauftragte der »Einrichtung« (Hörfunk und Fernsehen der DDR), Rudolf Mühlfenzl, nach Stasi-Aktivitäten und Funktionen von Journalisten in Parteien und Massenorganisationen. Um der Glaubwürdigkeit der Journalisten in den neuen Bundesländern willen war es sicherlich richtig, rechtlich relevante Schuld zu sühnen,

- Stasi-Mitarbeiter auszuwechseln,
- Denunzianten und jene, die auch alle Auswüchse des SED-Regimes gerechtfertigt haben, von Schreibtischen, Mikrofonen und Bildschirmen fernzuhalten.

Andererseits muss aber auch für Journalisten gelten, was andere für sich in Anspruch nehmen: das Recht auf politischen Irrtum. Und wer heute über jene urteilt, die damals überzeugte Anhänger eines Sozialismus waren, sollte bei seiner Bewertung auch die selbst gestellte Frage berücksichtigen, wie er sich verhalten hätte.

10.3   Journalisten und die »innere Pressefreiheit«

Aus der privatwirtschaftlichen Struktur der Presse ergibt sich das Recht des Eigentümers, die allgemeine, politische, wirtschaftliche und kulturelle Richtung seines Blattes vorzugeben und die Redakteure in ihren Arbeitsverträgen daran zu binden. Derartige ausdrückliche Meinungsbeschränkungen sind auch im Lichte des Grundgesetzes statthaft. Die Pressefreiheit geht nicht so weit, dass ein Redakteur, der sich bei Beginn seiner Tätigkeit vertraglich auf eine christliche Politik festgelegt hat, anschließend in der Zeitung atheistische Ansichten vertreten darf. Da es im konkreten Einzelfall sehr schwierig ist, die Grenze zu ziehen zwischen der dem Verleger erlaubten Richtungsbestimmung und der ihm verwehrten textlichen Gestaltung, bleibt der Journalist in der Regel auf den guten Willen des Verlegers angewiesen. Auch hier kommt es aber oft zu medienpolitischen Konflikten.

Um die innere Pressefreiheit und Unabhängigkeit der Journalisten besser als bisher zu schützen und um zu verhindern, dass anonyme wirtschaftliche und andere Kräfte die Presse als Instrument missbrauchen, schlugen in den 70er-Jahren Journalisten und Medienpolitiker unter anderem vor,

- die Rechte der Journalisten auszubauen und ihnen Mitbestimmung in allen Fragen der redaktionellen Personalpolitik und bei einer grundsätzlichen Änderung der politischen Haltung der Zeitung zu gewähren,
- die Journalisten wirtschaftlich am Verlag zu beteiligen,
- die Verfügungsgewalt der Verleger über die Produktionsmittel zu beschneiden und die Presse auf nicht privatkapitalistischer Grundlage in Form von Stiftungen oder wie Rundfunkanstalten öffentlich-rechtlich zu organisieren.

Einige dieser Vorstellungen wollte die sozialliberale Bundesregierung im Presserechts-Rahmengesetz verwirklichen, stieß jedoch mit ihrem Entwurf im Herbst

1974 allenthalben auf Kritik. Sie verzichtete deshalb darauf, ein solches Gesetz in den Bundestag einzubringen. Die Hoffnung mancher, dass bei der Neuordnung der Presse und des Rundfunks in Ostdeutschland frühere Reformansätze wieder aufgegriffen würden, erwies sich als Illusion (vgl. Jan Tonnemacher: Thesen zu einer gesamtdeutschen Rundfunkperspektive, in: Rundfunk und Fernsehen 1/1991, S. 97–103). Nur das Pressegesetz für Brandenburg bestimmt, dass Redaktionsstatute vereinbart werden können. Einige Presseunternehmen haben sich freiwillig Redaktionsstatute gegeben, so die SÜDDEUTSCHE ZEITUNG und DIE ZEIT. Streit gab es beim MANNHEIMER MORGEN. Das Redaktionsstatut ist dort Bestandteil der Arbeitsverträge. Als es gekündigt wurde, klagten Journalisten und das Bundesarbeitsgericht entschied zu ihren Gunsten: Das Statut blieb in Kraft. Redaktionsstatute gibt es heute nur noch bei wenigen Zeitungen und Zeitschriften. In ihnen ist gewöhnlich eine Redaktionsvertretung festgeschrieben, und es befinden sich darin juristisch verbindliche Vereinbarungen über Rechte und Pflichten zur Information, Anhörung und Mitbestimmung.

Nach dem Betriebsverfassungsgesetz und seiner Auslegung durch das Bundesverfassungsgericht haben Betriebsräte grundsätzlich in Presseunternehmen nur beschränkte Mitbestimmungsrechte bei Einstellung und Kündigung von Redakteuren. Sie dürfen nur soziale Gründe berücksichtigen, aber keine, die sich auf Inhalt und Gestaltung der Zeitung oder Zeitschrift beziehen. Das verbietet der so genannte Tendenzschutz-Paragraf des Betriebsverfassungsgesetzes (§ 118). Er schließt auch die Mitsprache in wirtschaftlichen Fragen aus. Das Bundesverfassungsgericht vertritt die Ansicht, dass es mit dem Grundrecht der Pressefreiheit nicht vereinbar wäre, wenn dem Betriebsrat ein Einfluss auf die Bestimmung oder Verwirklichung der Tendenz einer Zeitung eingeräumt würde, denn dies wäre ein fremder Einfluss.

Die bisher vorgelegten Redaktionsstatute gehen nicht so weit wie die gelegentlich erhobene Forderung, den technisch-kaufmännischen und den publizistischen Bereich streng voneinander zu trennen. Dann wären die Verleger nur noch Händler mit bedrucktem Papier und die Journalisten allein zuständig für den Textteil und die personelle Ergänzung der Redaktion. Gegen eine solche Regelung spricht nach Ansicht der Besitzer, dass sie den wirtschaftlichen Bestand des Presseunternehmens aufs Spiel setzt. Andererseits ist wohl kaum vorstellbar, dass die Redakteure daran interessiert wären, die Grundlage ihrer eigenen Existenz mutwillig oder leichtsinnig zu gefährden. Auch wenn sie mit solchen Rechten ausgestattet sind, können sie auf die Dauer keine Zeitung machen, die der Markt ablehnt.

Um die viel kritisierte hierarchische Struktur der Rundfunkanstalten aufzulockern und die Position des einzelnen Programm-Machers zu verbessern, forderten viele bereits in den 70er-Jahren auch hier Redaktionsstatute. Zunächst gab es freiwillige Vereinbarungen über Informations- und Mitsprachemöglichkeiten bei etlichen Sendern. 1985 wurde für den WDR, 1987 für den SAARLÄNDISCHEN RUND-

FUNK 1991 für den OSTDEUTSCHEN RUNDFUNK BRANDENBURG und für den NDR die Einräumung von Beteiligungsrechten zugunsten der Redaktion und damit auch die Einführung von Redaktionsstatuten und Redakteursvertretungen gesetzlich vorgeschrieben.

Verschiedene Landesmediengesetze sehen für den Privatfunk vor, dass bei der Zulassung landesweiter Programme berücksichtigt wird, ob den redaktionellen Mitarbeitern bei der Programmgestaltung und -verantwortung ein Einfluss zusteht. Das Bundesverfassungsgericht hat 1991 in seinem sechsten Rundfunkurteil dies als ein sachgerechtes Kriterium bei der Auswahl von Rundfunkanbietern bezeichnet und erklärt, eine Beteiligung der redaktionell Beschäftigten sei ein geeignetes Mittel zur Sicherung der Vielfaltsanforderungen.

Ebenso wie die Pressekonzentration als Beeinträchtigung der äußeren Pressefreiheit über der Konkurrenz im dualen Rundfunksystem und den sich überschlagenden Entwicklungen im Bereich der neuen Medien etwas aus dem Fokus der Medienpolitik geraten ist, sprechen heute nur noch wenige von der inneren Pressefreiheit, obwohl laufend Konflikte zwischen Verlegern und Journalisten bekannt werden. Als Ziel der Medienpolitik wird sie aber wieder an Bedeutung gewinnen, denn »wo die äußere Vielfalt in Gefahr ist, gewinnt die innere Pressefreiheit, also die redaktionelle Unabhängigkeit und Mitsprache, als Thema wieder an Bedeutung«, so stellte die Zeitschrift JOURNALIST (8/2004, S. 31) fest, als der erste Entwurf für eine Novellierung der Fusionskontrolle vorlag und Beobachter durch die Lockerung der Zustimmungspflicht des Bundeskartellamtes bei Übernahmen und Fusionen von Zeitungen »mächtigen Verdrängungswettbewerb« erwarteten. Diese Novellierung ist bis heute nicht vollzogen worden, steht aber auf der Agenda der schwarz-gelben Bundesregierung, und Kanzlerin Merkel hat Absichtserklärungen über ihre Einführung abgegeben (vgl. S. 105).

11 Alte Medien – neue Medien

11.1 Verdrängung oder Integration?

Bereits in einem früheren Kapitel wurde das Riepl'sche Gesetz erwähnt, das – im Jahre 1913, also vor etwa hundert Jahren aufgestellt – besagt, dass

> »[…] als Grundsatz der Entwicklung des Nachrichtenwesens die einfachsten Mittel, Formen und Methoden, wenn sie nur einmal eingebürgert und brauchbar befunden worden sind, auch von den vollkommensten und höchst entwickelten niemals wieder gänzlich und dauerhaft verdrängt und außer Gebrauch gesetzt werden können, sondern sich neben diesen erhalten, nur dass sie genötigt werden können, andere Aufgaben und Verwertungsgebiete aufzusuchen« (Wolfgang Riepl: Das Nachrichtenwesen des Altertums mit besonderer Rücksicht auf die Römer, Leipzig 1913).

Sicherlich gibt es Medien, die nicht mehr verwendet werden, aber im Grundsatz trifft diese mit dem Wort »Gesetz« vielleicht zu bedeutungsstark bezeichnete These auf vielfache moderne Medienentwicklungen zu. Beispielsweise
- hat die Entdeckung der »Fotografie« nicht die Malerei verdrängt,
- die Entdeckung und Entwicklung des Films nicht das Theater,
- der Hörfunk weder die Presse noch die Oper oder das Konzert und
- das Fernsehen nicht den Film, das Kino oder den Hörfunk.

Diese Aufzählung ließe sich fortsetzen, und auch der zweite Teil der Hypothese von Wolfgang Riepl trifft auf die moderne Medienlandschaft zu, dass nämlich die alten Medien gezwungen waren, »andere Aufgaben und Verwertungsgebiete aufzusuchen« – heute würde man sagen, andere Funktionen, Inhalte und Zielgruppen zu finden.

Drei wesentliche Strategien sind als Erfolgsfaktoren der alten gegenüber den neuen Medien festzustellen:
- Die Komplementaritätsstrategie, die sich vor allem auf Ergänzungen zum neuen Anbieter fokussiert,
- die Imitation des neuen Mediums, die eine Anpassung an dessen Auftritt und/ oder Inhalt bedingt, und schließlich

- die Kooperation, zumeist in Form von »Cross media publishing« (vgl. hierzu: Christoph Neuberger: Vom Papier auf den Bildschirm, in: Neuberger/Tonnemacher 2003).

Für alle drei Überlebensstrategien der alten Medien lassen sich vielfache Beispiele anführen. So musste der Hörfunk nach Einführung des Fernsehens Nischen suchen, weil er nicht mehr die familiäre Abendgestaltung dominierte, und zum Tagesbegleitmedium werden, das hauptsächlich am Morgen und am Vormittag genutzt wird, aber seinen Charakter als aktuelles Informations- und Servicemedium nicht aufgab und auch auf die musikalische Unterhaltung keineswegs zu verzichten brauchte – im Gegenteil. Auch Imitation wurde häufig betrieben, indem beispielsweise dem neuen Medium Fernsehen von den Zeitungen und Zeitschriften die Bebilderung, später auch in Farbe »abgeschaut« und imitiert wurde. Die Strategie der Kooperation schließlich zeigte sich in der Übernahme und Gründung von Anzeigenblättern oder auch lokalen Hörfunk- und Fernsehsendern durch die Tageszeitungen, und sie zeigt sich in deren Beteiligung beim Internet und bei den Social Media im Internet.

Wenn auch nicht zu erwarten ist, dass dies beispielsweise zum Verschwinden der gedruckten Presse und zur völligen Verlagerung der Informations- und Unterhaltungsverbreitung in die Netze oder auf die Flachbildschirme führen wird, so ist doch das Unbehagen und die Furcht der Zeitungsverleger verständlich, die gleichzeitig Einkommensverluste aus sinkenden Auflagen und abnehmenden Werbeeinnahmen hinnehmen müssen und sich einer wachsenden Konkurrenz neuer und teils branchenfremder Anbieter gegenübersehen, die für Zeitungsinhalte nun im Internet den gleichen Vertriebsweg nutzen können und das auch tun.

Diese Fragen sind in den vorangegangenen Kapiteln sowohl bei den Zeitungsverlagen als auch beim Wettbewerb zwischen privaten und öffentlich-rechtlichen Sendern im dualen Rundfunksystems bereits kurz behandelt worden. Hier erscheint aber eine grundsätzliche Beschäftigung mit dem vielleicht wichtigsten medienpolitischen Thema der Gegenwart angebracht.

11.2   Presse und Rundfunk

Grundsätzlich haben sich Presse und Rundfunk (Hörfunk und Fernsehen) stets als Konkurrenz gesehen, denn beide bemühen sich, ähnliche Bedürfnisse zu befriedigen: Unterhaltung, Information, Bildung. Die Mittel, mit denen sie dieses Ziel zu erreichen suchen, sind aber so unterschiedlich, dass – publizistisch betrachtet – nur mit Einschränkungen ein Wettbewerbsverhältnis herrscht. Jedes Massenmedium hat so beträchtliche Vorzüge und Nachteile, die sich zum großen Teil aus seinen technischen Grundlagen ergeben, dass zumindest in absehbarer Zeit eine Verdrängung des einen Mediums durch das andere nicht zu befürchten ist. So binden zum Beispiel

- Zeitungen und Zeitschriften den Nutzer räumlich und zeitlich in sehr viel geringerem Maße als Hörfunk und Fernsehen.
- Dafür gestatten sie auch nur ein Nacherleben, während bei Direktübertragungen im Radio, auf dem TV-Bildschirm und in den neuen Medien ein Miterleben möglich ist.

Trotz ihrer Besonderheiten stehen Presse und Rundfunk in Teilbereichen im Wettbewerb miteinander, so etwa bei der Verbreitung aktueller Informationen oder auch bei der Werbung. Der in den 50er- und 60er-Jahren mit großem Aufwand geführte Streit über die Frage, ob und inwieweit Werbung im Fernsehen das Anzeigengeschäft der Zeitungen beeinträchtigen und insbesondere für lokale und regionale Blätter existenzbedrohlich werden könne, hatte zunächst an Aktualität eingebüßt, als deutlich wurde, dass es sich im Fernsehen um Markenartikel-Werbung handelt, die bei Zeitungen im Vergleich zur Werbung des lokalen Groß- und Einzelhandels sowie der Rubrikenanzeigen nur einen ganz kleinen Teil der Einnahmen ausmacht. Seitdem allerdings mit der Werbekrise die Presse so schwer gebeutelt und im Jahre 2010 überdies vom Fernsehen als Spitzenreiter unter den Werbeträgern abgelöst wurde, gewinnt auch dieses Argument für die Zeitungsverleger wieder an Bedeutung. Sie sehen sich hier in einer Front mit dem Verband Privater Rundfunk und Telemedien (VPRT) und fordern immer wieder Einschränkungen oder auch die völlige Abschaffung der restlichen Werbung in ARD und ZDF, wenn nicht sogar die Privatisierung des ZDF (vgl. hierzu auch Seite 85 ff. und 94 ff.).

Auch bei lokalen Informationen hat die Presse grundsätzlich noch eine sehr wichtige Position inne, denn als Mediengattung insgesamt hat sie bisher noch keinen wirklich gravierenden Schaden genommen. Insofern hat sich das Argument der Verleger, sie müssten im lokalen Hörfunk und Fernsehen dabei sein, um Verluste im alten Medium beim neuen ausgleichen zu können, von selbst widerlegt. Was sich bei der Werbung zeigte, bestätigten die Lese- und Sehgewohnheiten des Publikums: Presse und Fernsehen verdrängen einander nicht, sondern ergänzen sich gegenseitig. Wer beispielsweise am Abend TAGESSCHAU oder HEUTE gesehen hat, liest trotzdem noch am nächsten Morgen die Nachrichten und die Hintergrundinformation in der Zeitung.

Allerdings hatte die Möglichkeit, auf neuen Verbreitungswegen (Kabel, Satellit) mehr Programme in die Wohnzimmer zu bringen, schon vor Einführung des Privatfunks Hoffnungen und Befürchtungen ausgelöst:

- die Hoffnung, eine größere Auswahl biete mehr Vielfalt und damit mehr Informationsfreiheit;
- die Befürchtung, die Revolution auf dem Bildschirm könne die Medienordnung zerstören.

Unter ähnlichen Vorzeichen hatte auch schon eine Diskussion stattgefunden, als in den 20er-Jahren der Hörfunk aufkam. Seit den 80er-Jahren haben sich jedoch die Arbeitsteilung und die traditionelle Konkurrenz zwischen Presse und Rundfunk durch die Zulassung privater, allein durch Werbung finanzierter TV- und Hörfunkveranstalter geändert. Zeitungs- und Zeitschriftenverleger strebten schon seit Jahrzehnten danach, an den elektronischen Medien beteiligt zu sein, weil sie, so ihre Hauptgründe, dank ihrer Erfahrung besonders viel von Unterhaltung und Informationen verstünden, und weil sie Anzeigenverluste in ihren Blättern, verursacht vom Fernsehen, ausgleichen müssten.

Wirtschafts- und medienpolitisch bedenklich ist die dadurch beschleunigte Bildung von Multimediakonzernen, nun nicht nur in der überregionalen, sondern verstärkt auch in der lokalen Publizistik. Das freie Spiel der Kräfte, das die CDU und die Unternehmer für den Markt forderten, lief nach Ansicht der SPD auf ein freies Spiel der Kräftigeren hinaus. Die Folge:

- Großverlage hatten die Finanzmittel, um sich im TV-Geschäft zu engagieren.
- Kleinere und mittlere Verlage konnten dies jedoch weniger und waren und sind beim Wettbewerb einem zusätzlichen Druck durch die Multimediakonzerne ausgesetzt.

11.3 Öffentlich-rechtlicher kontra privater Rundfunk

Privater gegen öffentlich-rechtlicher Rundfunk – das ist der große Konkurrenzkampf der Funk- und Fernsehmedien um Werbung und Kunden. Dieser Wettbewerb, der bis zur Verdrängung gehen sollte, besteht, obwohl (oder weil) beide Systeme sich in der Finanzierung und in ihrem Auftrag fundamental unterscheiden: Auf der einen Seite stand und steht der am Gemeinwohl orientierte, von Gebührenzahlern finanzierte Rundfunk. Er muss in seinen Angeboten den Erwartungen aller gerecht werden. Er kann und darf sich nicht auf eine Restversorgung von Minderheiten beschränken, sondern muss durch den Zuspruch eines Millionenpublikums immer wieder neu seine Existenzberechtigung als Gebührenrundfunk beweisen. Zugleich ist er aber auch verpflichtet, Teilsegmente zu bedienen. Das bedeutet täglich einen neuen Spagat zwischen Minderheitenverpflichtung und Massenerwartung.

Auf der anderen Seite steht der auf Gewinnmaximierung bedachte Privatfunk. Er muss, weil er allein durch Werbung finanziert wird, ständig um möglichst große Marktanteile ringen. Die Einschaltquote ist für ihn die Goldwährung, für den öffentlich-rechtlichen Rundfunk kann sie zu einem gefährlichen Falschgeld werden.

Die Auswirkungen dieses Konkurrenzkampfes sind:

1. Privatveranstalter warben in den Jahren des Werbebooms bei ARD und ZDF Spitzenkräfte und besonders populäre Showstars ab. Diese begannen ihre Laufbahn oft bei öffentlich-rechtlichen Anstalten, wurden in deren Programmen groß, ehe sie wegen höherer Gagen bei der Konkurrenz anheuerten.

2. Die öffentlich-rechtlichen Rundfunkanstalten investieren viele Millionen Euro in die Unterhaltung, um nicht zu viele Zuschauer an die Konkurrenz zu verlieren. So lässt sich das ZDF die erfolgreichste Show in Europa, »Wetten, dass …?«, pro Ausgabe einen mehrstelligen Millionenbetrag kosten. Moderatoren von Unterhaltungssendungen bekommen von ARD und ZDF hohe – und manchmal – Millionenhonorare, und im Jahre 2010 erregte das Jahreshonorar der »Botschafterin« der ARD-Lotterie »Ein Platz an der Sonne« in Höhe von angeblich 450.000 Euro für zweimal wöchentliche Auftritte die Öffentlichkeit. Die Höhe des Honorars, das laut SPIEGEL der früheren Sportmoderatorin Monika Lierhaus für 2011 gezahlt werden sollte, wurde nicht bestätigt, blieb aber auch unwidersprochen.

3. Die Preise für Übertragungsrechte (vor allem spektakulärer Sportereignisse) explodierten. Die privaten Veranstalter erkannten in Sportübertragungen die zugkräftigste Pogrammlokomotive. Sport bietet den Zuschauern oft ein Live-Erlebnis, vermittelt wegen seines ungewissen Ausgangs erhebliche Spannung und entspricht damit den emotionalen Bedürfnissen vieler Zuschauer in besonderer Weise. Das Publikum bleibt manchmal über Stunden dem Programm treu und lässt auch Werbespots über sich ergehen, die Finanzgrundlage für die teuren Rechte sind. Während die CLT/UFA von 1989 bis 1993 jährlich 12 Millionen Mark für die Tennisübertragungen aus Wimbledon zahlte, musste sie für die folgenden vier Jahre viermal so viel ausgeben. Kostete die Fußballbundesliga in der Saison 1985/86 die ARD und das ZDF noch 12 Millionen DM, so nimmt die Deutsche Fußball-Liga (DFL) heute pro Spielzeit 412 Millionen Euro ein. Neben ARD und ZDF konkurrieren hier die Privaten, das Pay-TV, inzwischen aber auch schon Anbieter wie die Deutsche Telekom, Yahoo oder Vodafone. ARD und ZDF sicherten sich 2012 die Übertragungsrechte für die Fußball-Europameisterschaft 2016 in Frankreich für 160 Millionen Euro, und das ZDF stach im November 2011 SAT.1 bei der Rechtevergabe für die Champions League ab 2012/13 aus, für die es dann jährlich 50 Millionen Euro bezahlen muss. Gegenwärtig wird vor den Neuverhandlungen um die Bundesliga-Rechte von der DFL auch schon über die Vergabe der Rechte an vorgezogenen Onlinezusammenfassungen nachgedacht (»web first«), die beispielsweise die ARD-Sportschau erheblich beeinträchtigen könnten. Bisher ist es noch immer gelungen, große Sport- und namentlich Fußballereignisse im Free-TV und da zumeist bei den öffentlich-rechtlichen Sendern unterzubringen, so dass alle Interessierten – wenn auch manchmal zeitver-

setzt – in den Genuss solcher Veranstaltungen im Fernsehen kommen konnten. Ob dies so bleiben wird, ist nicht vorauszusagen.

Um der Monopolisierung der Sportberichterstattung entgegenzuwirken, regelten die Ministerpräsidenten die unentgeltliche Kurzberichterstattung. Danach hat jeder in Europa zugelassene Fernsehveranstalter bei Veranstaltungen, die öffentlich zugänglich und von allgemeinem Interesse sind, das Recht auf Zutritt, kurzzeitige Direktübertragung, Aufzeichnung der gesamten Veranstaltung und deren Auswertung für einen Kurzbericht (in der Regel von 90 Sekunden Dauer; die berühmten »1:30«).

Der Rundfunkänderungsstaatsvertrag vom 1. April 2000 enthält eine Liste für die Übertragungsrechte von sportlichen Großveranstaltungen (unter anderem alle Spiele mit deutscher Beteiligung bei Europa- und Weltmeisterschaften im Fußball). Sie soll sicherstellen, dass besonders attraktive Ereignisse live nicht ausschließlich nur im Pay-TV zu sehen sind.

Die Konkurrenten sprechen von ungleichen Wettbewerbschancen. ARD und ZDF weisen vor allem darauf hin, dass sie nur begrenzt werben dürfen (maximal 20 Minuten pro Tag, nicht nach 20 Uhr und an Sonn- und Feiertagen). Die Privaten kontern, die öffentlich-rechtlichen Anstalten genössen eine Doppelfinanzierung, die vorwiegend aus »Zwangsgebühren« bestünde. Dabei ist die Werbung beim Publikum gar nicht so unbeliebt.

Immer wieder verlangen Politiker und private Hörfunk- und Fernsehveranstalter die Abschaffung der Werbung bei öffentlich-rechtlichen Rundfunkanstalten. Bei einem Werbeverzicht müssten die Gebühren um rund 1,50 Euro pro Monat erhöht werden. ARD und ZDF argumentieren, Werbung erfülle bei ihnen auch ein Informations- und Unterhaltungsbedürfnis des Publikums. Überdies würde die Alleinfinanzierung durch Gebühren die Anstalten noch abhängiger von politischen Entscheidungen machen. Gebührenerhöhungen sind in der Tat stets politische Entscheidungen, und da gibt es in einem Land wie Deutschland, das mit seinen 16 Bundesländern sozusagen permanent im Wahlkampf steht, oft Streit, und mancher Landespolitiker versucht dann, mit Kritik an den ungeliebten Gebührenerhöhungen Punkte zu machen.

Im Werbemarkt spielen ARD und ZDF mit einem Marktanteil von zusammen 5 bis 6 Prozent der Fernsehwerbeeinnahmen nur noch eine geringe Rolle. Für den öffentlich-rechtlichen Hörfunk sieht das etwas günstiger aus (vgl. hierzu die Jahresberichte des Zentralverbands der Werbewirtschaft ZAW). Diese Situation wird sich für die öffentlich-rechtlichen Rundfunkanstalten auf keinen Fall wesentlich verbessern, sondern gleich bleiben oder eher verschlechtern, wenn die Politiker und Lobbyisten sich durchsetzen sollten, die permanent an der Gebührenschraube drehen und die Werbung dort weiter begrenzen oder abschaffen wollen. Bleibt als Trost, dass auch kein Landespolitiker sich bei der nächsten Wahl vorwerfen lassen möchte, eine Gebührenerhöhung wegen der Abschaffung der Werbung bei ARD und ZDF verursacht zu haben.

Das erste Jahrzehnt des dualen Rundfunksystems war tatsächlich noch eines des versuchten Verdrängungswettbewerbs, aber danach waren die Claims zwischen den »Großen Vier« (ARD, ZDF, RTL und SAT.1) verteilt, und damit wurde der Wettbewerb der Privaten untereinander größer. Ein Auszug aus der auf Seite 147 bereits abgedruckten Tabelle macht dies noch einmal deutlich (vgl. hierzu auch S. 133 ff. und 143 ff.).

	1985	1995	2011[*]
ARD	43,2	14,6	12,5
ZDF	42,5	14,7	12,1
ARD III	10,8	9,7	12,5
RTL	2,0	17,6	14,1
Sat.1	1,5	14,7	10,1
Pro7	–	9,9	6,2
sonstige	–	18,8	32,5
Gesamt	100	100	100

*Januar bis Oktober

Die Zuschauermarktanteile der großen Fernsehsender im Vergleich (in %)
(1985–1995: AGF/GfK Fernsehforschung 2000–2011: Media Perspektiven Basisdaten 2011, S. 76)

Wenn man so will, war das in den ersten zehn Jahren für ARD und ZDF geradezu ein Absturz von fast 100 auf knapp 40 Prozent Zuschauermarktanteil. In den fünfzehn Jahren seither jagten sich aber vor allem die Privaten dann die Marktanteile ab, wobei gerade die »Großen Drei« (RTL, SAT.1 und PRO7) deutliche Einbußen hinnehmen mussten. Es bleibt also festzuhalten, dass ARD und ZDF HEUTE (was Zuschauer und Zuhörer betrifft) auf einer stabilen Grundlage senden. Sie haben einen Marktanteil von etwa 40 Prozent behauptet und die Verluste an Werbeeinnahmen durch Gebührenerhöhungen kompensiert.

Was die publizistischen Folgen des Wettbewerbs betrifft, so haben die öffentlich-rechtlichen Rundfunkanstalten auch diese – zwar nicht unbeschadet – aber doch überstanden. Wurde in den ersten zehn Jahren von manchen von »Konvergenz« im

Programm von ARD und ZDF gesprochen, also einer Beobachtung, die diesen eine Annäherung in Geschmack und Qualität an die Privaten attestierten, so zeigte sich, dass es durch den Quotendruck auch bei den öffentlich-rechtlichen Sendern Änderungen gegeben hatte, insbesondere im Hinblick auf eine minder starke Berücksichtigung von politischen Informations- und vor allem von Kulturprogrammen. Kritiker bemängeln auch heute noch eine Gleichförmigkeit der Programme und warnen vor einer »Verkümmerungsspirale« und vor einer weiteren qualitativen Anpassung der beiden Rundfunksysteme.

Die Anstalten argumentieren, beliebte Serien und Unterhaltungssendungen gehörten zum Programmauftrag und seien überdies für hohe Einschaltquoten unentbehrlich; sonst müssten sie die von den Zuschauerzahlen abhängigen Werbespot-Preise noch mehr senken und noch größere Werbeeinnahmen-Verluste hinnehmen, als sie heute schon bei ARD und ZDF zu verzeichnen sind. Genau dies sei in der gegenwärtig angespannten Finanzsituation nicht unbegrenzt möglich. Sie müssten außerdem der Gefahr entgehen, zum Minderheitenfernsehen und Nischenfunk zu verkommen, der die letztlich für die Rundfunkgebühren zuständigen Parlamentarier in den Landtagen dazu verführen könne, Gebührenerhöhungen abzulehnen.

Kritiker eines »Quotenfetischismus« in den Anstalten warnen vor der Vernachlässigung des neben der Unterhaltung auch Information, Bildung und Kultur umfassenden Programmauftrags, der allein die Gebührenfinanzierung rechtfertigt. Wird er nicht eingelöst, untergraben die Anstalten selbst die Legitimation für ihre wichtigste Finanzierungsquelle. Ergänzend zur Quote, so mahnen Kritiker, müsse das Bewertungskriterium der Qualität treten. Die erreichten Zuschauer sollten nur *ein* Kriterium der Gesamtbeurteilung sein.

Trotz mancher gegenseitiger Anpassung unterscheiden sich die öffentlich-rechtlichen Fernsehprogramme von den privaten immer noch beträchtlich. Fiktionale Unterhaltungsangebote machen bei den privaten Veranstaltern in der Gesamtsendezeit zwischen 40 und 70 Prozent des Programms, bei der ARD und dem ZDF knapp 30 Prozent aus (vgl. Kapitel 7.3). In der Hauptsendezeit von 18 bis 23 Uhr sind die Unterschiede allerdings nicht mehr so deutlich.

Anders als die Konkurrenz leisten sich ARD und ZDF ein engmaschiges Netz von Auslandskorrespondenten auf der ganzen Welt. Zuweilen ist der Einwand zu hören, Reisekorrespondenten seien billiger. Ein solcher Vergleich übersieht, dass der Einsatz von Teams und Redakteuren aus den Zentralen keine auf kontinuierliche Beobachtung basierende Berichterstattung erlaubt und Gefahren der Verflachung, möglicherweise auch die Verfälschung der Auslandswirklichkeit mit sich bringt. Selbst der ständige Korrespondent bleibt ein Fremder im Land, aber weniger fremd als der reisende Reporter der Zentrale.

11.4   Die Zukunft der dualen Rundfunkordnung

Ist diese temporäre Stabilität auch für die Zukunft zu erwarten?

Auf der Seite der Aktiva für den öffentlich-rechtlichen Rundfunk stehen zunächst die Rundfunkurteile des Bundesverfassungsgerichts, die für diesen sowohl eine Bestands- und Entwicklungsgarantie gegeben, als auch ihm explizit mit dem Auftrag der Grundversorgung eine der wichtigsten Funktionen in der demokratischen Gesellschaft der Bundesrepublik Deutschland zuerkannt haben. Und dass die Privaten bei ihrem Zwang, aus ökonomischen Erwägungen sich in erster Linie am Massengeschmack orientieren zu müssen, einmal im Informations- und Kulturbereich eine wirkliche Konkurrenz für ARD und ZDF werden könnten, ist nicht absehbar.

Mit etwa 40 Prozent Zuschauermarktanteil haben sie ein gutes und in den vergangenen 20 Jahren stabiles Fundament. Den Hauptpfeiler stellt aber die Gebührenfinanzierung dar, die allerdings auch häufig und durchaus mit steigender Tendenz der öffentlichen Kritik unterliegt. Dabei geht es nicht nur um die Höhe des alle paar Jahre beantragten Mehraufwandes, sondern immer wieder auch um die Existenz der Rundfunkgebühren. Durch die ab 2013 auf den Haushalt und nicht mehr auf jedes Empfangsgerät bezogene Abgabe wird sie zwar auf eine neue Basis gestellt und auch noch einmal fest verankert. Ob sich dieser Zustand aber angesichts der schon absehbaren dramatischen Änderungen in der Verbreitungs- und der Empfangstechnik für Rundfunksendungen so aufrechterhalten lassen wird, ist zumindest fraglich.

Wenn man diese Entwicklungen in Betracht zieht, die die Mediensysteme in allen Ländern der Welt geradezu revolutionär verändern werden, dann kann es nicht ausgeschlossen werden, dass irgendwann einmal eine Bestands- und Entwicklungsgarantie für den öffentlich-rechtlichen Rundfunk relativiert werden muss, weil man sie sich nicht mehr leisten kann. Das Internetzeitalter meldet sich, und es wird kaum noch um die alten Gegensätze zwischen den Privaten und den öffentlich-rechtlichen Anstalten in einem dualen Rundfunksystem gehen, wenn die IT-Riesen sich des Informations- und Kommunikationsbereichs bemächtigt haben. Heute jedenfalls klopfen Microsoft und Apple, Google und Yahoo, Facebook, YouTube und Twitter allenfalls erst an die Türen der Programm-Macher, aber sie begehren Einlass, und der wird ihnen gewährt werden. Der Ausbau der Google-Tochter YouTube zur Onlinevideothek und dessen im Sommer 2012 bekannt gewordenen Pläne zum Start eigener TV-Kanäle erregt bisher eher die privaten Sender, wird aber ARD und ZDF genauso betreffen

11.5 Das Internet

Die Meldung von der sich abzeichnenden Kernschmelze in Fukushima veröffentlichte am Samstag, dem 12. März 2011 um 6.29 Uhr SPIEGEL ONLINE. Da waren die Wochenendzeitungen schon am Kiosk oder in den Briefkästen, und am 30. März resümierte der Onlinedienst des Nachrichtenmagazins: »Deutlicher hatte man selten vor Augen geführt bekommen, in welchem Maße das gedruckte Wort der Echtzeit-Berichterstattung der elektronischen Medien heutzutage hinterherhinkt.«

	1997	2000	2005	2010	2011
gelegentliche Onlinenutzung					
in %	6,5	28,6	57,9	69,4	73,3
in Mio	4,1	18,3	37,5	49,0	51,7
Zuwachs gegenüber dem Vorjahr in %	–	64	5	13	6
Onlinenutzung innerhalb der letzten vier Wochen					
in %	n.e.[1]	n.e.	56,7	68,1	72,6
in Mio	n.e.[1]	n.e.	36,7	48,1	51,2
Zuwachs gegenüber dem Vorjahr in %	–	–	8	15	6

1) n.e. = nicht erhoben.
Basis: Bis 2009 Deutsche ab 14 Jahren, ab 2010 deutschsprachige Bevölkerung ab 14 Jahren.

Entwicklung der Onlinenutzung in Deutschland
(Media Perspektiven Basisdaten 2011, S. 82)

Nach den Ergebnissen der ARD/ZDF-Onlinestudie 2011 sind »Drei von vier Deutschen im Netz« (vgl. Birgit van Eimeren/Beate Frees, in: Media Perspektiven 7–8/2011, S. 334 ff.). Das heißt, 52 Millionen Deutsche ab 14 Jahren sind »Onliner«.

In den 15 Jahren, seit diese wichtigste Nutzeruntersuchung für das Internet von ARD und ZDF durchgeführt wird, hat das neue Medium auch in Deutschland eine Entwicklung erlebt, wie sie Mitte der 90er-Jahre nicht voraussehbar war. Waren es anfangs vor allem junge und besser ausgebildete Männer, die das Internet nutzten, so hat sich die Struktur der Internetgemeinde seither total verändert. Es sind zwar immer noch mehr Männer als Frauen und jüngere als ältere Nutzer, aber mit einer klaren Tendenz zur Annäherung bzw. Angleichung. Von den Personen, die 60 Jahre und älter sind, nutzt allerdings nur knapp jeder Dritte dieses Medium, während es in Altersgruppen bis 50 Jahre mehr als 90 Prozent sind, bei den 14- bis 19-Jährigen sogar 100 Prozent. Waren im Jahre 1997 noch dreimal so viel Männer wie Frauen Onlinenutzer, so hat sich heute das Verhältnis schon weitgehend angeglichen. In den

Altersgruppen bis 50 Jahre gibt es keine Unterschiede mehr beim Internetanschluss zwischen Männern und Frauen, während es bei den über 60-Jährigen wesentlich mehr Männer sind. Die Autoren der Studie machen sich auch keine Illusionen und stellen fest, dass »die Erwartungen in das zukünftige Wachstum des Onlineranteils in dieser Generation nicht zu hoch geschraubt werden [sollten]«.

	1997	2000	2005	2010	2011
Gesamt	6,5	28,6	57,9	69,4	73,3
Geschlecht					
männlich	10,0	36,6	67,5	75,5	78,3
weiblich	3,3	21,3	49,1	63,5	68,5
Alter in Jahren					
14–19	6,3	48,5	95,7	100,0	100,0
20–29	13,0	54,6	85,3	98,4	98,2
30–39	12,4	41,1	79,9	89,9	94,4
40–49	7,7	32,2	71,0	81,9	90,7
50–59	3,0	22,1	56,5	68,9	69,1
60 und älter	0,2	4,4	18,4	28,2	34,5
Berufstätigkeit					
in Ausbildung	15,1	58,5	97,4	100,0	100,0
berufstätig	9,1	38,4	77,1	82,4	87,0
Rentner/nicht berufstätig	0,5	6,8	26,3	36,4	45,0

Basis: Bis 2009 Deutsche ab 14 Jahren, ab 2010 deutschsprachige Bevölkerung ab 14 Jahren.

Onlinenutzer: Soziodemografische Struktur (in %)
(Media Perspektiven Basisdaten 2011, S. 83)

Interessant ist auch der Blick auf die Berufstätigkeit: Während die jüngeren, sich noch in der Ausbildung befindlichen Internetnutzer schon seit Jahren vollzählig zur Internetgemeinde zählen, sind es bei den Berufstätigen inzwischen auch schon 87 Prozent, die ohne das Internet nicht mehr auskommen. Einzig bei Rentnern ist es noch nicht einmal die Hälfte, aber auch hier kann man angesichts der Altersstruktur und der sehr hohen Steigerungsraten dieser Gruppen von einer dynamischen Entwicklung sprechen.

Die ganz überwiegende Mehrheit nutzt das Internet am Computer (75 Prozent) oder Laptop (53 Prozent), jeder Sechste (16 Prozent) allerdings auch schon mit dem Handy, und davon wiederum die meisten mit dem iPhone oder einem anderen Smartphone (16 Prozent) und nur ganz wenige mit einem internetfähigen Handy. Bisher nutzen zwar nur 20 Prozent das Internet auch »von unterwegs«, aber der Anteil der mobilen Nutzer hat sich in zwei Jahren fast verdoppelt. Ähnlich sieht es

	2000	2005	2010	2011
Suchmaschinen nutzen	–	–	83	83
Versenden/Empfangen von E-Mails	82	78	84	80
zielgerichtet bestimmte Angebote suchen	–	53	47	43
einfach so im Internet surfen	55	50	44	47
Homebanking	40	37	33	32
Instant Messaging	–	–	29	25
Gesprächsforen, Newsgroups, Chats	24	16	19	21
Onlinecommunitys nutzen	–	–	32	36
Download von Dateien	44	23	18	17
Onlinespiele	7	4	13	17
Onlineauktionen	10	19	7	7
Onlineshopping	12	12	6	7
live im Internet Radio hören	–	6	12	13
Musikdateien aus dem Internet	–	–	11	12
RSS-feeds/Newsfeeds	–	–	11	7
Buch-/CD-Bestellungen	8	6	4	4
(andere) Audiodateien aus dem Internet	–	11	3	4
Video/TV zeitversetzt	-	–	8	12
Kontakt-/Partnerbörsen	–	5	3	5
live im Internet fernsehen	–	2	5	9

Basis: Bis 2009 Deutsche ab 14 Jahren, ab 2010 deutschsprachige Bevölkerung ab 14 Jahren.

Onlineanwendungen im Zeitvergleich (mindestens einmal wöchentlich, in %)
(Media Perspektiven Basisdaten 2011, S. 83)

mit den entsprechenden Empfangsgeräten, dem Smartphone, dem Tablet-PC und der Installation von Apps aus: jeweils noch geringe Zahlen von weniger als 20 Prozent, aber dafür ein rasantes Wachstum in kürzester Zeit.

Die Onlineanwendungen werden dominiert von der Nutzung der Suchmaschinen und dem Versenden und Empfangen von E-Mails. Ebenfalls eine relativ große Rolle spielen das »zielgerichtete Suchen« und das ziellose »einfach so im Internet surfen« und das Homebanking. In diese Gruppe vorgerückt ist seit neuestem auch die Anwendung »Online-Communitys nutzen«, also die Beteiligung und Betätigung in sozialen Netzwerken wie Facebook. Dort bewegen sich besonders die 14- bis 29-Jährigen, und zwar zu 71 Prozent. Kommunikative Anwendungen sind also im Internet wichtiger geworden und werden es mit Sicherheit auch noch stärker, wobei eine wirklich aktive Nutzung mit Ausnahme des Austauschs von Botschaften in den »Communitys« bisher kaum stattfindet.

Das Internet ist die zentrale Konkurrenz für die klassischen Massenmedien, wie wir sie bisher kennen. Abgesehen von der ins Internet abwandernden Werbung und den wahrscheinlich im wesentlichen aufs Internet zurückzuführenden Auflagenverlusten der Presse ist die Mediennutzung des Hörfunks nur geringfügig gesunken, die des Fernsehens allerdings noch einmal deutlich gestiegen.

	1970	1980	1990	2000	2010
Fernsehen	113	125	135	185	220
Hörfunk	73	135	170	206	187
Tages-zeitung	35	38	28	30	23
Internet	–	–	–	13	83
CD/LP/MC/MP3	–	15	14	36	35
Bücher	–	22	18	18	22
Zeitschriften	–	11	11	10	6
Video/CVD	–	–	4	4	5

Mo–So, 05:00–24:00 Uhr (der So wurde erst ab 1990 aufgenommen); BRD gesamt (bis 1990 nur alte Bundesländer); Personen ab 14 Jahren; in Min./Tag

Nutzungsdauer der Medien 1970 bis 2010
(Media Perspektiven 1/2011, S. 8)

Auch hier hat es wieder stärker die Tageszeitungen getroffen, die nach früher ziemlich konstant 35 Minuten im Tagesdurchschnitt auf 30 Minuten im Jahre 2000 und bis auf 23 Minuten (2010) verloren haben. Bei Zeitschriften verminderte sich die Nutzungsdauer sogar um fast 50 Prozent, von 11 (1980) auf 6 Minuten (2010). Zeitungs- und Zeitschriftenlesen verliert klar immer weiter an Attraktivität und das besonders bei jüngeren Menschen; das zeigt die folgende Tabelle, die der gleichen Studie entnommen ist.

	2000	2005	2010
Fernsehen	180	190	151
Hörfunk	173	164	136
Tageszeitung	16	13	10
Zeitschriften	6	7	4
Internet	25	79	144

Mo–So 05:00–24:00 Uhr; in Min./Tag

Nutzungsdauer ausgewählter Medien bei 14- bis 29-Jährigen 2000 bis 2010
(Media Perspektiven 1/2011, S. 9)

Was die journalistischen Inhalte im Internet und deren Qualität betrifft, sind sich die meisten Beobachter einig, dass die neue Medienöffentlichkeit in Blogs und Twitter-Meldungen nur in Einzelfällen an die Qualität professioneller journalistischer Berichterstattung heranreicht. Es wurde in der ARD/ZDF-Onlinestudie auch festgestellt, dass diese Dienste insgesamt bisher nur relativ wenig genutzt werden. In einer weiteren Befragung kam ferner heraus, dass die Onlinenutzer mehrheitlich skeptisch sind, dass »ungeschulte Kommunikatoren gleiche Leistungen wie der Journalismus erbringen oder sie diesen gar ersetzen könnten. Zwei Drittel von ihnen waren der Auffassung, dass auch im Internet Berufsjournalisten unersetzlich sind [...]« (Christoph Neuberger: »Journalismus im Internet aus Nutzersicht«, in: Media Perspektiven 1/2012, S. 60).

Bereits in einer früheren Studie hatte dieser Internetexperte schon auf folgende Beobachtung hingewiesen:

>»Der professionelle Internetjournalismus ist immer noch fast ausschließlich in den Medienorganisationen von Presse und Rundfunk beheimatet. Reine Internetanbieter (wie netzeitung.de), die nicht in der alten Medienwelt verwurzelt sind, sind hier noch kaum anzutreffen. Die reichweitenstärksten journalistischen Internetanbieter sind klassische Medienmarken« (Christoph Neuberger: »Ökonomische Bedrohung und Qualitätsverlust der Tageszeitungen durch das Internet?«. Auszug aus einem Gutachten im Auftrag des Deutschen Bundestages, vorgelegt dem Büro für Technikfolgenabschätzung beim Deutschen Bundestag 2009, S. 22).

Und es sind nicht allein die klassischen Medienmarken, sondern es gibt in wachsendem Maße im Internet auch Qualitätsjournalismus, der sich nicht nur bei den bekannten Medientiteln zeigt. Verschiedene Journalistenpreise für Onlinepublikationen sprechen hier eine deutliche Sprache. Im April 2012 wurden zwei Onlinepublikationen in den USA sogar mit dem Pulitzer-Preis bedacht, dem anerkanntesten Journalistenpreis dieses Landes.

Eingliederung ins alte Mediensystem oder Verdrängung der alten durch die neuen Medien? Die letztere Feststellung spricht eher für die These von der Komplementarität, also der Eingliederung und Nutzung der neuen durch die alten Medien. Wenn da nicht die Alarmzeichen im Pressebereich wären, die neuen Anbieter in Form von IT-Riesen am Horizont, die immer weiter heranwachsenden Generationen von »Digital Natives« und die »anhaltenden Refinanzierungsprobleme des (Qualitäts-)Journalismus« (Neuberger, ebd., S. 26). Obwohl der Nachweis einer ursächlichen Verdrängung der Tageszeitungen durch das Internet schwierig ist, sprechen die Zahlen doch Bände: Die dramatischen Verluste an Auflagen und Werbeeinnahmen, die in den vorherigen Kapiteln dargestellt wurden, gehen mit einem erheblichen Anstieg der Internetnutzung – insbesondere bei der jüngeren Generation – einher. Die Versuche der Verlage, durch E-Publishing oder Apps (als bezahlte Inhalte, d.h. Paid Content) verlorenes Terrain wieder zurückzugewinnen, wirken fast verzweifelt und zeigen deutlich den Verdrängungseffekt. Diese Frage soll in Kapitel 14 zu den Zukunftsperspektiven der Massenmedien in Deutschland wieder aufgenommen werden.

12 Nutzung und Wirkung der Medien

12.1 Der Kommunikationsprozess

Wie Massenmedien auf die öffentliche Meinung wirken, ist erst auf ein festes Fundament gestellt worden, seit Ende der 60er-Jahre kontinuierlich Resultate von Medieninhaltsanalysen und Daten der Meinungsforschung miteinander verknüpft werden. Beweiskräftige Erkenntnisse über Entstehung und Veränderungen der öffentlichen Meinung haben die Phase beendet, in der die Auffassung vorherrschte, Medienwirkungen ließen sich nicht erkennen und schon gar nicht messen. Stattdessen sind Wissenschaftler inzwischen weitestgehend zu der Übereinstimmung gelangt, dass durchaus Wirkungen auf Meinungen, Einstellungen und Verhalten der Bevölkerung ausgehen. Gleichzeitig werden aber den Medien auch oft für die vielen schlechten Nachrichten Vorwürfe gemacht, als könnten sie – wie in der Antike – und nicht die Verursacher für Missstände verantwortlich sein.

Wirkungen kommen in einem komplizierten Prozess zustande. Antworten auf die Frage, ob die Medien mächtig oder ohnmächtig sind, können nicht gegeben werden. Die Frage ist auch viel zu pauschal gestellt. So kann der Einfluss einer Zeitung zum einen von den Journalisten abhängen, und zwar beispielsweise davon,

- welche Aufgaben ihnen der Verleger gestellt hat und welche sie selbst wahrnehmen, also ob sie sich in erster Linie als Berichterstatter und Informationsübermittler oder als investigativ und aufklärerisch arbeitende Journalisten verstehen,
- in welchem Umfang und in welcher Form sie politische Informationen verbreiten (ob auf zwei Seiten oder auf fünf, ob als Nachricht, Kommentar, Reportage, Karikatur oder Foto),
- wie sie sich ihr Publikum vorstellen (ob sie es etwa als politisch informiert einschätzen und in einer entsprechenden Sprache schreiben).

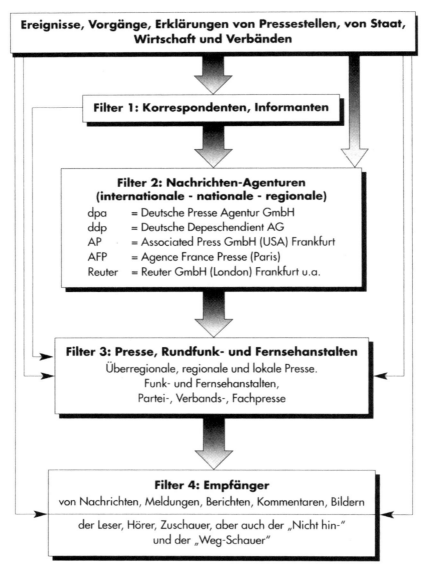

Vom Ereignis zur Nachricht
(Host Becker/Jürgen Feick, Herbert Uhl: Leitfragen Politik. Stuttgart/Dresden 1993, S. 73)

Für die Nutzer hängt die Wirkung einer Medienbotschaft aber auch von den Fragen ab,
- welche Ansichten sie über das Medium haben (ob sie beispielsweise die Nachrichten als zuverlässig und daher auch glaubwürdig ansehen),
- welche Erfahrungen, Haltungen, Meinungen und Kenntnisse sie haben (nichts ist falscher als die Annahme, das Publikum bestehe aus passiven Einzelwesen in der Gewalt anonymer Manipulatoren),
- in welchen Gruppenbeziehungen sie stehen,
- wie viele von ihnen welche politischen Informationen zur Kenntnis nehmen,
- welche anderen Medien sie noch nutzen.

Hiermit wird bereits deutlich, dass die Wirkung von Massenmedien selbst *bewirkt* wird, und zwar von den unterschiedlichsten individuellen und sozialen Gegebenheiten und Faktoren.

Für die eigene Planung brauchen die Medien Aussagen darüber,
- wie sie beim Leser, Hörer oder Zuschauer ankommen,
- was mit welcher Akzeptanz gelesen, gehört oder gesehen wird,
- wie die Berichte und Programme beurteilt werden und
- wer ihr Publikum ist.

Es ist klar, dass diese Erkenntnisse sowohl für die Redaktionen wie auch für die Anzeigenabteilungen wichtig und vielleicht sogar existenziell wichtig sind, und mit entsprechendem Aufwand wird Publikumsforschung betrieben, die somit auch als Marktforschung zu sehen ist.
- Manche Verlage erkunden mit Leserbefragungen und Copy-Tests (Befragungen zum Interesse der Leser an jedem Bericht oder Foto einer Ausgabe) die Akzeptanz von Inhalt und Aufmachung und ziehen daraus Folgerungen.
- Die Hörfunk- und Fernsehveranstalter lassen die Einschaltquoten für jede Sendung ermitteln. Wenngleich sich diese nicht immer unmittelbar auf die redaktionelle Arbeit auswirken, so beeinflussen sie zumindest mittelfristig die Programmplanung: Sie haben häufig eine Rolle gespielt bei Entscheidungen, Sendungen zu streichen oder zu verlegen, Reihen zu kürzen oder zu verlängern, Show-Stars zu entlassen oder Vertragsänderungen vorzunehmen. Jüngstes und bekanntestes Beispiel hierfür ist die Vorabend-Talkshow von Thomas Gottschalk, die nach seinem Ausstieg aus »Wetten, dass …?« für ihn eingerichtet wurde und statt der erwarteten 10 nur 3 bis 5 Prozent Marktanteil erbrachte. Nach kurzer Dauer wurde sie im Juni 2012 dann abgesetzt.

Für den Leser boten sich früher nur zwei Möglichkeiten, auf den Inhalt einer Zeitung einzuwirken: Er konnte sie kaufen oder nicht – oder einen Leserbrief einsenden. Inzwischen gibt es neue Formen des Dialogs zwischen Lesern und Journalisten über das Internet. Bis zu 2 Prozent der Abonnenten eines überregional verbreiteten Blattes schreiben einmal im Jahr an die Redaktion. Diese Post ist also in gar keiner Weise repräsentativ für die gesamte Leserschaft, erst recht nicht die veröffentlichte Zahl der Zusendungen, die stets nur sehr gering ist. Im Allgemeinen bringen die Zeitungen nichts, was von Nörglern und Eigenbrötlern stammt, vertraulich gemeint ist, persönliche Sorgen ohne allgemeines Interesse betrifft, anonym verfasst ist oder früher Abgedrucktes wiederholt. Auch offene Briefe landen im Papierkorb. Blätter wie die FRANKFURTER ALLGEMEINE ZEITUNG oder DIE ZEIT pflegen den Leserbrief-Teil, weil er für sie auch ein Forum ist, um andere Meinungen zu Wort kommen oder Sachverhalte aus der Sicht Betroffener darstellen zu lassen.

Auch an die Hörfunk- und Fernsehveranstalter wenden sich viele. Anders als Zeitungen und Zeitschriften mit ihren ständigen Leserbrief-Spalten bieten sie keine festen Sendezeiten, um Echo von Nutzern wiederzugeben; andererseits ermuntern viele Hörfunk- und auch Fernsehsender ihre Kunden, im Funkhaus anzurufen und Musikwünsche zu äußern oder Rätsel zu raten und sich an Gewinnspielen zu beteiligen. Die Programm-Macher möchten auf diese Weise ihre Klientel fester an ihre Sendungen und ihren Sender binden. Die Wechselwirkungen zwischen Nutzern und Medien sind nur ein kleiner Teil des gesamten Kommunikationsprozesses. Mindestens genauso wichtig ist ein anderer Faktor: die Primärgruppe (Familie, Freundeskreis, Nachbarn, Kollegen). Überwiegend in ihr entstehen die grundlegenden Meinungen, Denkweisen, Ansichten und Normen, die sich der Einzelne bewusst oder unbewusst und in mehr oder minder starkem Maße zu eigen macht und von der er dann mitbestimmen lässt,

- was er von dem Informationsangebot auswählt und
- wie er die Aussagen in den Massenmedien beurteilt.

Die Primärgruppen wirken nicht nur indirekt auf den Kommunikationsprozess ein, sondern auch direkt, weil sich in ihnen über Gelesenes, Gehörtes und Gesehenes immer wieder Gespräche entwickeln. Dabei werden die durch Massenmedien erhaltenen Informationen weitergeleitet, geformt, zugeordnet, bewertet. Normalerweise gibt es in jeder Primärgruppe eine Person, die das Gespräch steuert: den Meinungsführer, also jemanden, den man in politischen Fragen um seine Meinung und seinen Rat bittet. Der Meinungsführer liest, hört, sieht nicht mehr als andere, aber er nutzt die Medien aufmerksamer. Er hat eine bessere Erinnerung, und er kann über das Gelesene, Gehörte, Gesehene sprechen. Meinungsführer haben eine exaktere Kenntnis auf den Gebieten, für die sie sich interessieren. Und sie interessieren sich für mehr Gebiete als der Durchschnitt. Deshalb werden sie viel um Rat gefragt. Doch auch die anderen, die Passiven, bleiben nicht abseits. Es ist anzunehmen, dass die an dem Meinungsaustausch nicht Beteiligten dennoch erreicht werden, beispielsweise über aktive Familienmitglieder. Es gibt also einen Zwei-Stufen-Fluss von Einflussreichen zu den eher Passiven. Langfristig ist anzunehmen, dass sich Wirkungen nicht nur bei den Erstempfängern zeigen. Publizistische Aussagen können also in das allgemeine Meinungsklima eingehen, vor allem dann, wenn etwa ein Fünftel der erwachsenen Bevölkerung erreicht wird, zum Beispiel durch BILD.

Ausgesprochen empfänglich für die Meinungsbeeinflussung erscheinen jene Personen, die Kontakte mit anderen Menschen wegen ihrer besonderen Lage schlecht herstellen oder aufrechterhalten können. Bei sozial Desintegrierten können die Massenmedien eine Fluchttendenz ermöglichen und verstärken. In solchen Fällen verdrängen sie die Primärgruppen-Einflüsse und steigern ihre Wirkungschancen. So identifizieren sich Kinder, die in ihren Altersgruppen ziemlich isoliert sind, sehr leicht mit Fabelwesen und Helden vom Bildschirm. Sie neigen auch in relativ großem Maße dazu, diese als Vorbilder anzusehen.

Die Beispiele unterstützen die These: Vor allem die Eigenschaften des Publikums bestimmen die Wirkung der Massenmedien. Andererseits prägen Inhalte und Formen der Aussagen die Nutzer, so dass ein Wechselbezug entsteht. Nachweislich ergeben sich überdurchschnittliche Einflussmöglichkeiten, wenn

- es sich um eine Frage handelt, auf die es noch keine Antwort gibt (ungeklärt ist bis heute bei Transporten von Atommüll die Strahlenbelastung, die von den Castor- Behältern ausgeht – ob die Rinderwahnsinn-Krankheit BSE für Menschen gefährlich ist, wurde bis heute wissenschaftlich nicht bewiesen; die Berichte über BSE führten dazu, dass Rindfleisch in Schlachtereien monatelang liegen blieb),
- ein Problem außerhalb des persönlichen Beziehungssystems liegt (etwa: der Bosnien-Konflikt im ehemaligen Jugoslawien oder der »arabische Frühling« des Jahres 2011, bei dem für Deutsche nicht erfahr- und einsehbar war, warum welche ethnische bzw. religiöse Minderheit mit welcher im Streit lag, und wo allenfalls klar war, dass es um Befreiung von autoritären und despotischen Herrschaftsformen ging),
- ein Thema mit Grundüberzeugungen nichts zu tun hat, Stichwort Werbung: Ob ein bestimmtes Produkt gekauft wird, hat oft wenig mit der Qualität zu tun, sondern sehr viel mehr mit der durch die Werbung erzeugten Bekanntheit und Akzeptanz.

Vieles spricht dafür, dass Meinungen über Personen leichter zu ändern sind als über Sachverhalte. Gefühlsansprache mit direkter Handlungsanweisung (Spendenaufrufe für Katastrophengebiete) dürfte erfolgreicher sein als rationale Argumentation. Für besonders wirksam wird das Fernsehen gehalten, weil es die Not der Menschen in Bildern zeigt, die Mitleid erregen, so bei der Flutkatastrophe in Ostdeutschland 2002 und bei weiteren Naturkatastrophen in anderen Ländern, wie dem Tsunami von 2004 und der Atomkatastrophe von Fukushima im Jahre 2011.

12.2 Reichweite der Massenmedien

In der Bundesrepublik Deutschland hat jeder Bürger leichten Zugang zu Massenmedien:

- Zeitungen und Zeitschriften können abonniert oder am Kiosk gekauft werden.
- Die Zahl der Hörfunk- und Fernsehprogramme ist in den letzten Jahren immens gestiegen. Inzwischen haben de facto alle Haushalte Zugang zu einer Vielzahl an Sendern und Programmen.
- Drei Viertel der Bundesbürger verfügen über einen Internetanschluss.

	1970	1980	1990	2000	2010
Fernsehen	72	77	81	85	86
Hörfunk	67	69	79	85	79
Tages-zeitung	70	76	71	54	44
Internet	–	–	–	10	43

in %; BRD gesamt (bis 1990 nur alte Bundesländer)

Reichweite der Medien 1970–2010
(Media Perspektiven verschiedene Ausgaben und Media Perspektiven Basisdaten 2011, S. 67)

Wie die Tabelle belegt, liegt die Gesamtreichweite der drei so genannten tagesaktuellen Medien Presse, Hörfunk und Fernsehen in der Bevölkerung sehr hoch. Die Reichweite des Fernsehens hat sich seit 1970 von 72 auf 86 Prozent erhöht. Gleichzeitig sank die der Tageszeitungen von 70 auf 44 Prozent. Die Zeitungsverleger beanspruchen allerdings im Unterschied zu dieser von den öffentlich-rechtlichen Rundfunkanstalten durchgeführten Langzeitstudie zur Mediennutzung eine höhere Reichweite für die Zeitungen (vgl. Kapitel 5). Das Internet hat diese inzwischen erreicht und in der Nutzung sogar von Platz drei verdrängt (vgl. die Tabelle auf S. 199). Zwar ist die Reichweite der Zeitungen gerade in den letzten zwei Jahrzehnten deutlich zurückgegangen. Vermutlich ist dies aber auch darauf zurückzuführen, dass Zeitungen weniger gekauft oder abonniert und stattdessen im Internet gelesen werden. Auf Reichweite und Lesedauer von Zeitungen wirken sich weiterhin vielfache Konkurrenzangebote im Internet aus.

Verdreifacht hat sich der in der Tabelle ausgewiesenen Ergebnisse zufolge die Gesamtnutzungsdauer der Massenmedien: Betrug sie unter Einbeziehung anderer Medien wie der Tonträger und der Bücher im ersten Jahr der Erhebung (1964) durchschnittlich drei Stunden und 14 Minuten pro Tag, so waren dies 2010 schon neun Stunden und 43 Minuten, also dreimal so viel. Nach wie vor dominieren im *Medien-Zeitbudget* der Bevölkerung aber noch das Fernsehen und das Radio mit nahezu zwei Dritteln der gesamten Mediennutzungszeit.

In den neuen Bundesländern erfreuen sich private TV-Sender einer größeren Beliebtheit als in den alten. Das Interesse des ostdeutschen Fernsehpublikums an Sendern, die vorwiegend Unterhaltung anbieten, ist eine Reaktion auf jene Zeit, als das Fernsehen in der DDR die Menschen vor allem im Sinne der SED-Politik instrumentalisieren wollte. Dies mag auch erklären, warum Informationssendungen der ARD und des ZDF zwischen Ostsee und Erzgebirge nicht so viele Zuschauer finden wie zwischen Nordsee und Alpen.

Die Nutzer der einzelnen Medien bevorzugen teils recht verschiedenartige Inhalte. So schenken sie die größte Aufmerksamkeit

- beim Fernsehen neben den Nachrichten den Unterhaltungssendungen,
- beim Hörfunk den aktuellen Meldungen und mindestens ebenso sehr der leichten Musik (auch als Hintergrundunterhaltung bei anderen Tätigkeiten),
- bei der Tageszeitung dem Lokalteil, den Berichten über Unglücke, Unfälle und Verbrechen.

Wie viele Leser eine Zeitung oder Zeitschrift hat, lässt sich aus den Auflagenziffern allein nicht erkennen, da neben dem Käufer meist mehrere andere (Familienmitglieder, Arbeitskollegen) das Blatt nutzen. Solche Reichweiten-Daten sind vor allem für die Werbung von Interesse, die möglichst viel über ihre Zielgruppen wissen möchte.

Die Wirkungsmöglichkeiten der Medien hängen auch davon ab, welche Bedeutung die Leser, Hörer und Zuschauer ihrer Zeitung, ihrem Hörfunk- und Fernsehprogramm beimessen. Diese so genannte Bindung lässt sich bei Erhebungen an den Antworten auf die Frage herausfinden, welches Medium der Einzelne am stärksten vermissen würde.

	1990	2000	2010
Es würden sehr stark vermissen:			
Fernsehen	51	44	45
Hörfunk	57	58	52
Tageszeitung	63	52	42
Internet	–	8	38
Es würden sich entscheiden für:			
Fernsehen	52	45	32
Hörfunk	26	32	21
Tageszeitung	20	16	11
Internet	–	6	33

Bindung an die tagesaktuellen Medien (in %)
(Media Perspektiven Basisdaten 2011, S. 67)

Gerade die *Bindung* an die wichtigen Massenmedien hat sich in den vergangenen zwei Jahrzehnten stark verändert. Bei den klassischen Medien ist sie deutlich zurückgegangen, am meisten bei der Tageszeitung, was mit deren Auflagen- und Reichweitenverlusten korrespondiert, und am geringsten beim Radio. Verzichten würde man ebenfalls am ehesten auf die Zeitung und von den drei klassischen Medien am wenigsten auf den Hörfunk. Stark im Gegensatz hierzu steht die Entwicklung im Internet, auf das heute die wenigsten gern als Informations- und Unterhaltungsquelle verzichten würden.

Anders sieht es dagegen bei der *Glaubwürdigkeit* aus, bei der nach wie vor die meisten Mediennutzer sich auf die Frage, wem sie bei widersprüchlicher Berichterstattung am ehesten vertrauen würden, für die Zeitungen entscheiden. Und hier sind es vor allem die Regional- und Lokalzeitungen, die den öffentlich-rechtlichen Hörfunk und das Fernsehen sowie die privaten Radio- und Fernsehsender und das Internet deutlich hinter sich lassen, worauf der BDZV hinweist (vgl. BDZV [Hg.]: Zeitungen 2010/2011).

12.3   Ergebnisse der Wirkungsforschung

Verhaltensänderungen

In der Wirkungsforschung wird zunächst unterschieden in einerseits individuelle und andererseits gesellschaftliche Wirkungen der Massenmedien. Beide sind nicht eindeutig und klar abgrenzbar und bewirken einander teilweise auch. Individuell lassen sich Veränderungen von Emotionen, Einstellungen und Meinungen, Wissen, aber auch Verhalten beobachten, die in ihrer Gesamtheit dann auch die gesellschaftliche Entwicklung beeinflussen, denn Einflüsse auf die Sozialisation junger Menschen, das Familienleben oder auch das politische Verhalten und die öffentliche (oder »veröffentlichte«) Diskussion sind insgesamt gesellschaftliche Wirkungen der Massenkommunikation (vgl. hierzu auch Gerhard Maletzke: Kommunikationswissenschaft im Überblick, Opladen/Wiesbaden 1998, S. 86 ff.). Dabei können sich individuelle und gesellschaftliche Wirkungen durchaus widersprechen.

Um dies am Beispiel von Wissensveränderungen deutlich zu machen, können die Massenmedien Wissen erweitern, Hintergründe und Zusammenhänge deutlich machen und zur Meinungsbildung beim Einzelnen beitragen. Gesellschaftlich mag dies aber auch wieder negative Wirkungen haben, je nachdem, wen sie mit welchen Botschaften erreichen, womit sie zu Unterschieden im Informations- und Wissensstand der Bevölkerung beitragen können, die gesellschaftlich nicht erwünscht sind. Auch der Beitrag der Medien zu Meinungen oder Einstellungen und deren Beeinflussung kann beim Einzelnen zu einer erwünschten und für ihn sinnvollen Wirkung beitragen, gesamtgesellschaftlich jedoch nur, wenn dies in undogmatischer und pluralistischen Ansprüchen genügender Form geschieht und nicht oberflächlich, aufdringlich und sensationsorientiert.

Zunächst zu den Wirkungen der Massenmedien auf den Tagesablauf. Zeitunglesen, Radiohören und Fernsehen kosten Zeit. Das verändert die Art und Weise, wie die Menschen ihre Freizeit verbringen. Vor allem das Fernsehen – inzwischen aber in wachsendem Maße auch das Internet – bestimmen den Ablauf des Alltagslebens:

- Viele planen den Abend nach den Anfangszeiten von TAGESSCHAU und HEUTE.
- Millionen gestalten den Samstag- und Sonntagnachmittag so, dass sie pünktlich zu den Sportsendungen vor dem Apparat sitzen können.
- Wenn bestimmte Serien laufen, unterbricht man die Lektüre, schaltet das Radio ab und beendet die Unterhaltung, die in der Familie auch nach gemeinsamem Fernsehen nur selten wieder auflebt.
- Das Internet kann zwar zeitunabhängig genutzt werden. Allein durch seine Bedeutung für den privaten und beruflichen Alltag hat es aber auf den gesamten Tagesablauf die wohl größten Auswirkungen.

Die ausführliche Berichterstattung über spektakuläre Erfolge deutscher Spitzensportler hat gelegentlich zu einem veränderten Freizeitverhalten geführt. Als der 17-jährige Boris Becker 1985 in Wimbledon gewann, lag ganz Deutschland im Tennisfieber. Tennisplätze schossen wie Pilze aus dem Boden. Als an der Spitze des »Erfolgsmodells in Gelb« (Telekom-Team) der 23-jährige Jan Ullrich 1997 Sieger der Tour de France wurde, sollen Radsportklubs die Anmeldeformulare ausgegangen sein. 2003 sahen den dramatischen Zweikampf zwischen Lance Armstrong und Jan Ullrich beim zweiten entscheidenden Zeitfahren der Tour über 9 Millionen Zuschauer. Dieser Marktanteil von fast 60 Prozent war damals ein neuer Rekord. Übertroffen wurde dies nur noch von der Fußballweltmeisterschaft im Jahr 2006 in Deutschland, wo das Halbfinalspiel Deutschland gegen Italien von fast 30 Millionen (Marktanteil: 84,1 Prozent) und in der Verlängerung sogar von über 31 Millionen Zuschauern gesehen wurde. Diese Quote wurde dann am 7. Juli 2010 im Halbfinalspiel der WM Deutschland gegen Spanien ebenfalls erreicht. Bei der Olympiade 2012 hatte durch perfekte Medien- und vor allem Fernsehinszenierungen die Begeisterung im Gastgeberland Großbritannien solche Ausmaße angenommen, dass man in anderen Ländern schon den neu erstarkten Nationalismus und einen »Medaillen-Chauvinismus« im Vereinigten Königreich konstatierte und teilweise auch kritisierte.

Als am 9. November 1989 westliche Medien meldeten: »DDR öffnet Grenze«, veranlasste dies Tausende von Fernsehzuschauern in Berlin, an die Grenzübergänge zu eilen. Erst ihr Erscheinen führte zur Öffnung der Mauer, die zur Zeit der Berichterstattung noch geschlossen war. Die Medien lösten also einen dynamischen Mobilisierungsprozess aus, der das angekündigte Ereignis Wirklichkeit werden ließ.

Mit der Öffnung des Fernsehsystems für private Veranstalter vor nahezu einem Menschenalter wurde neben der Vermehrung des Programmvolumens auch die Wahlmöglichkeit der Nutzer erheblich ausgeweitet. Während Anfang der 80er-Jahre die meisten nur zwischen drei oder vier terrestrischen Programmen wählen konnten, stehen heute dank Kabelfernsehempfang über 90 Prozent der privaten Haushalte mindestens 30 Kanäle zur Verfügung. Bei Direktsatelliten-Empfang sind es dann häufig schon dreistellige Zahlen, und es gibt Anbieter, die beanspruchen, mit ihren »Tools« im Internet per Multimediastream zwischen 100 und 700 TV-Programme kostenlos empfangbar zu machen. Hier fragt man sich allerdings zunächst, ob solche Angaben, die immer wieder im Web zu lesen sind, der Wahrheit entsprechen, in welcher Qualität die Programme empfangbar sind, und wer eine solche Kanalflut nutzen oder ertragen kann bzw. sie sogar wünscht?

Als Folge dieser Versuchung nutzen einige das Fernsehen geradezu exzessiv. Diese Vielseher haben eine tägliche Nutzungsdauer von durchschnittlich bis sechs und mehr Stunden. Sie zeichnen sich unter anderem aus durch

- höheres Alter,
- niedrigen sozioökonomischen Status (geringe Bildung, Unterschichtmilieu oder Arbeitslosigkeit) und/oder
- Einsamkeit, so dass Fernsehen zum Ersatz für Sozialkontakte wird.

Vielfernsehen dient offenbar dazu, Einschränkungen und Verletzungen, die aus den Beschwernissen des Alters, aus wirtschaftlichen Zwängen oder gesellschaftlicher Zurücksetzung entstehen, zu kompensieren (Flucht in virtuelle Welten). Das hierdurch erfüllte Bedürfnis nach Flucht wird in der Sozialpsychologie Eskapismus genannt. Den Befunden zufolge neigen Vielseher zur Ängstlichkeit. Dabei muss freilich offen bleiben, was Ursache und was Wirkung ist: Macht Vielsehen ängstlich oder verfallen ängstliche Personen dem Hang, viel fernzusehen?

Als besonders beeinflussbar gelten Kinder. Auf welche Weise und wie stark Fernsehen ihr Verhalten formt, ob dies mehr als Nutzen oder eher als Schaden zu bewerten ist, darüber sind sich Wissenschaftler und Erzieher nicht einig. Einerseits ist unbestreitbar: Gezielte Bildungsprogramme oder kindgemäße Fernsehsendungen können Anregungen vermitteln und durchaus positive Impulse geben. Allerdings muss nach dem Alter der Kinder, ihrem Entwicklungsstand und ihrem familiären Umfeld unterschieden werden. Was ein 5-jähriges Kind noch nicht begreift, ist für ein älteres häufig kein Problem mehr. 3- bis 8-Jährige verstehen am ehesten einfache Wenn-dann-Geschichten, ein Grund, warum die Werbung bei ihnen so beliebt ist. Dass sie auch nachhaltige Wirkung erzeugt, belegt ein einfaches Beispiel. Für eine Malaktion in bayerischen Kindergärten wurden rund 40.000 Bauernhof-Poster verschickt. Auf einem Drittel der zurückgesandten Bilder waren die Kühe lila ausgemalt – wie in der Werbung des Schokoladenherstellers Suchard.

Kinder lernen Rollen- und Verhaltensmuster durch Fernsehkonsum, die später auch als befriedigendes soziales Verhalten erlebt werden: Stärkung des Selbstvertrauens, Abbau von Vorurteilen, Verbesserung der Selbstkontrolle, Förderung von abstraktem Denken. Andererseits gilt: Das Bedeutsame des TV-Konsums sind die emotionalen Eindrücke. Auch wenn Inhalte von Fernsehsendungen längst vergessen sind, bleiben gefühlsmäßige Erinnerungen bestehen. Aufsehen erregte schon vor längerer Zeit eine amerikanische Untersuchung mit 3.000 Kindern zwischen drei und fünf Jahren, wonach bei 44 Prozent das Fernsehen beliebter ist als der Vater, bei 20 Prozent auch als die Mutter. Kinder, die viel vor dem Bildschirm hocken, haben häufig Albträume, da sie das Gesehene nicht vollständig von der Wirklichkeit zu trennen vermögen. Langes Fernsehen führt zur Verkürzung des notwendigen Schlafs und zu geringerer Schlaftiefe, was Müdigkeit am nächsten Morgen und, auf die Mitarbeit im Unterricht bezogen, Unaufmerksamkeit zur Folge hat. Entscheidend scheint nicht nur zu sein, was Jungen und Mädchen auf dem Bildschirm sehen, sondern auch, wie viel Zeit sie dafür aufwenden.

Nach weiteren Untersuchungen macht überdurchschnittlicher TV-Konsum Kinder häufig nervös und wortarm, fantasielos und ängstlich und führt zuweilen dazu, dass Attribute des Kindseins wie Staunen und Neugier, Naivität und Begeisterungsfähigkeit, verloren zu gehen drohen. Grausige Darstellungen gewöhnen einerseits an Grausamkeiten. Andererseits stoßen sie das junge Publikum nicht nur ab, sondern lösen auch Ängste aus. Diese Entwicklungen werden von Programmausweitung und Internetnutzung durch Kinder und Jugendliche heute teilweise noch erheblich verschärft.

Die Wirkungsforschung leidet unter Beweisnot. TV-Wirkungen lassen sich nicht isolieren wie im Chemielabor. Kinder mit starkem TV-Konsum sind meist in der Unterschicht zu Hause, Kinder aus zerrütteten Ehen neigen eher zu Aggressionen und schulischer Leistungsschwäche. Im Akademikerhaushalt wird das Lesen gefördert. Sehen die Eltern oft und gern fern, sind auch die Kinder vielfach Vielseher. Das heißt: Fernsehen ist immer nur *ein* Glied in der Wirkungskette und TV-Konsum im Übermaß häufig ein Symptom für tiefsitzende psychische und soziale Probleme anderer Art. Die Forschung ist daher abgerückt von den Allmachtsvorstellungen des Fernsehens, aber von Wirkungslosigkeit kann keineswegs die Rede sein.

Wissenszuwachs oder Wissenskluft?

Die Medien verbreiten Wissen, aber sie verbreitern auch den Abstand zwischen den gebildeten und den weniger gebildeten Schichten der Gesellschaft. Wer bereits gut informiert ist, weiß auch am besten, wo er zusätzlich Informationen findet; er kann aus dem Angebot am besten auswählen, Wichtiges von Unwichtigem unterscheiden und neues Wissen einordnen. Hingegen kann der schlecht Informierte auch mit neuen Informationen schlecht umgehen. Die zunehmende Ungleichverteilung des Wissens führt zu einer Teilung der Gesellschaft in mindestens zwei Hälften: der Informationselite auf der einen und den Nichtinformierten auf der anderen Seite. Auch oder gerade hier wird aber deutlich, dass der Prozess der Vermittlung, Aufnahme und Verwendung von Informationen und Wissen durch Massenmedien von einer Vielzahl von Faktoren individueller (Mikroebene) und gesellschaftlicher (Makroebene) Art beeinflusst wird.

Einfluss auf das Entstehen oder die Verbreiterung einer Wissenskluft (Knowledge Gap) haben neben dem Informations- und Wissensangebot, das von Seiten der Medien erfolgt (also der Ungleichheit beim Informationszugang) die Persönlichkeitsstruktur und vor allem der Bildungswille und der Bildungsgrad des einzelnen Nutzers. Die Persönlichkeitsmerkmale wiederum können aufgrund von dessen Erziehung und Sozialisation, aber auch durch sein soziales Umfeld bestimmt sein. Zeitungsleser mit geringerer Bildung und entsprechendem sozialen Status lesen eher Boulevardblätter und Zeitschriften bzw. nutzen vorwiegend die Fernsehangebote der Privatsender, während Personen aus bildungs- und statusmäßig höherem Umfeld wesentlich mehr zu Qualitätszeitungen greifen und sich auch im Fernsehen eher den informationsreichen Sendern und Angeboten zuwenden als sich ausschließlich unterhalten zu lassen.

In den vielen Untersuchungen und Diskussionen zum Problem des Knowledge Gap spielen Faktoren wie Medienkompetenz, also ein interessen- und verantwortungsgeleiteter Umgang mit den Massenmedien, ebenso eine Rolle wie Freunde, die Gruppe oder die Zugehörigkeit zu einer sozialen Gemeinschaft oder Organisation, die mit bestimmten Normen und Verhaltensvorgaben auf die Mediennutzung des Einzelnen Einfluss nehmen. Medienkompetenz zu entwickeln, ist eine wesentliche Aufgabe der Gesellschaftspolitik, die schon in frühkindlichem Alter einsetzen muss. Hier sind zwar Fortschritte erzielt worden, aber es gibt noch viel zu tun, um jüngere Menschen für einen verantwortungsbewussten und kritischen Umgang mit den Massenmedien zu bilden.

Meinungsbildung und Meinungswandel

Mit welchem Erfolg wirken die Massenmedien auf die politische Meinungsbildung ein? Da auch an diesem Prozess viele Faktoren beteiligt sind, ist es schwierig bis unmöglich, den unmittelbaren Einfluss von Presse und Rundfunk zu erfassen.

In Deutschland bildete sich zu Beginn der 90er-Jahre eine besonders schlechte Meinung über die Treuhandanstalt heraus. Sie war mit der Aufgabe betraut, die sozialistische Planwirtschaft in Ostdeutschland zu einer Marktwirtschaft umzubauen. Die Bevölkerung lastete der Treuhand die Entlassung von Arbeitskräften und die Schließung von Betrieben an, die Erhaltung oder Neugründung von Unternehmen empfand sie dagegen überwiegend als Verdienst von Investoren. Nach einer Allensbach-Umfrage gaben 1992 nur 6 Prozent der ostdeutschen Bevölkerung ein positives Urteil über die Treuhand ab. Dies lag sicherlich in erster Linie daran, dass so viele Menschen von den Entscheidungen der Berliner Institution unmittelbar betroffen waren, hängt aber auch wohl damit zusammen, dass die Medien überwiegend negativ über die Treuhand-Aktivitäten berichteten, die reichlich Anlass zu Kritik gaben.

Die Wirkung des als »künstlerisch höchst wertvoll« eingestuften Dokumentarfilms *Todesspiel* (1997) von Heinrich Breloer, der sich in zwei Teilen mit der Entführung und Ermordung des Arbeitgeberpräsidenten Hanns Martin Schleyer befasste, wurde bisher noch nicht untersucht. Der Film hat vermutlich dazu beigetragen – die hohen Einschaltquoten sprechen dafür –, dass die Bundesbürger vermehrt über ein ihnen fernes politisches Thema (Rote-Armee-Fraktion) nachdachten und sich kritisch mit ihm auseinandersetzten. Ob hingegen die bis zu 6 Millionen Zuschauer, die der ZDF-Serie *Hitlers Helfer* ihre Aufmerksamkeit zuwandten, über das NS-Regime aufgeklärt wurden, bleibt unter Wissenschaftlern und Publizisten umstritten. Möglicherweise seien, so die These einiger Historiker, gar Sympathien für die Repräsentanten des Unrechtsregimes erzeugt worden. Kritisiert wurde auch der geringe Aussagewert unbedeutender Zeitzeugen. Ähnlich kontrovers wurde über den Film »Der Untergang« von Bernd Eichinger aus dem Jahre 2004 diskutiert, in dem der Schauspieler Bruno Ganz Adolf Hitler durchaus auch menschliche Züge gab, was sicherlich nicht ganz unrealistisch war und eine große schauspielerische Leistung darstellte, sich von der Wirkung her aber fragwürdig darstellte.

Die Publizistikwissenschaftlerin Elisabeth Noelle-Neumann entwickelte das Konzept der »Schweigespirale«, mit dem Meinungswandel so erklärt wird: Bei strittigen Themen finde sich der Einzelne stets auf einer von beiden Seiten. Er stellt dann entweder fest, dass er mit der herrschenden Meinung übereinstimmt. Dies stärkt sein Selbstvertrauen und erlaubt ihm, sich ohne Gefahr der Isolation zu exponieren, mit Reden, Anstecknadeln, sichtbarem Zeigen einer Zeitung oder Zeitschrift, die diesen Standpunkt vertritt. Er bekommt Oberwasser, oder er erfährt umgekehrt, dass seine Überzeugungen an Boden verlieren, und je unaufhaltsamer ihm diese Entwicklung erscheint, desto unsicherer wird er. Diese verschiedenartigen Verhaltensweisen müssen ihrerseits das Bild von der Häufigkeitsverteilung von Meinungen, das der Einzelne von seiner Umwelt wahrnimmt, beeinflussen. Die eine Meinung begegnet ihm immer häufiger und selbstbewusster, die andere ist immer weniger zu hören. Je mehr Individuen diese Tendenz wahrnehmen und sich ihnen anpassen, desto stärker scheint das eine Lager zu dominieren und das andere zu verlieren. Somit kommt durch die Tendenz zum Reden der einen und zum Schweigen der anderen ein Prozess in Gang, der eine Meinung immer fester und fester als herrschende Meinung etabliert.

Eine besonders starke Rolle hat das Fernsehen bei der Revolution in Osteuropa und speziell in der DDR gespielt. Es drängte sich damals der Eindruck auf, dass die Programme des ERSTEN und des ZWEITEN DEUTSCHEN FERNSEHENS, in der DDR schon seit langem weithin empfangbar, den revolutionären Prozess beschleunigt haben. Die Bilder von

- dem Durchschneiden des Stacheldrahts an der ungarisch-österreichischen Grenze,
- den Flüchtlingen in der Prager Botschaft,
- den Demonstrationen in Leipzig und Ost-Berlin,
- der sanften Revolution in der Tschechoslowakei, Berichte über Geschehnisse, die auch Stimmungen vermittelten,

weckten Emotionen und beschleunigten ihrerseits den Wandlungsprozess.

Das Fernsehen hat die Revolution in der DDR nicht ausgelöst und schon gar nicht gemacht, aber es hat Vorgänge sichtbar gemacht, bisher Sprachlose zum Sprechen gebracht, Revolutionäre ermutigt und die Mächtigen im Licht der hergestellten Öffentlichkeit entmutigt. Insoweit war das Fernsehen wie auch der Hörfunk in dieser Zeit nicht nur Medium, sondern auch ein bedeutender politischer Einflussfaktor.

Dass dies so sein konnte, hängt sicherlich auch damit zusammen, dass Westfernsehen in der DDR ähnlich wie im Westen seit Jahren zum Alltag gehörte. Nach Meinung des damaligen ZDF-lntendanten Dieter Stolte

> »hat die vergleichsweise fiktional anmutende westliche Wirklichkeit ihrerseits Wirkung gezeigt und neuen Druck erzeugt: Sie hat jenes Bedürfnis hervorgebracht, an den demokratischen Errungenschaften nicht nur via Bildschirm teilzuhaben, sondern sich persönlich ein Bild davon zu machen, sie live selbst mitzuerleben. Ausreisewelle, Demonstrationen und friedliche Revolution waren die allseits bekannten Folgen. Eine Art Handlungsspirale kam in Gang« (Dieter Stolte: Fernsehen – doch eine ›vierte Gewalt‹?, in: Peter Christian Hall [Hg.]: Revolutionäre Öffentlichkeit. Mainz 1990, S. 14 f.).

Wie ein Meinungswandel vor allen Dingen in Wahlkämpfen über die Medien zu bewirken ist, möchten Politiker schon seit Jahrzehnten wissen. Die Forschung hat sie bislang im Stich gelassen, denn für das Wählerverhalten gibt es sehr viele Gründe, wie die Grafik zeigt.

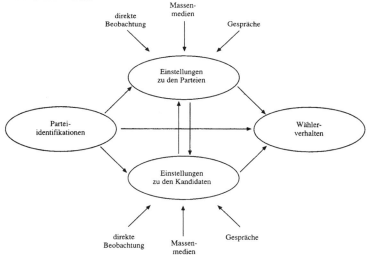

Bestimmungsgründe für das Wählerverhalten
(Aus Polititk und Zeitgeschichte, 49/50, 2002, S. 37)

Das Wahljahr 1998 war in der Bundesrepublik Deutschland auch das Jahr der Medien. Albrecht Müller, Wahlkampfmanager von Willy Brandt, kam in einer Studie zu dem Ergebnis: 1998 sei die öffentlich diskutierte Machtverschiebung von den Parteien zu den Medien sichtbar geworden. Die Medien hätten im Vergleich zu den Parteien stärker an der demokratischen Willensbildung mitgewirkt. Salopp könne gesagt werden, die Talkshow habe den Ortsverein ersetzt. Die Medien hätten im Wechselspiel mit Parteieliten im Wahlkampf und seinem Vorfeld ganz wesentliche Themen besetzt, Meinung gemacht und Entscheidungen beeinflusst – weit mehr als die Mitglieder und Gliederungen der Partei. Wie sehr Politiker sich vom Medienecho während eines Wahlkampfes abhängig machen, belegte Müller mit einem Beispiel: Bündnis 90/Die Grünen hatten Anfang März 1998 in Magdeburg den Beschluss gefasst, innerhalb von zehn Jahren solle der Benzinpreis auf fünf Mark pro Liter steigen. Dies hätte unter Kennern der Materie und bei verkehrs- und umweltpolitisch Engagierten keine sonderliche Aufregung auslösen brauchen, es hätte notiert, begrüßt oder kritisiert werden können.

> »Aber es blieb nicht bei einer normalen Kommentierung eines solchen Vorschlages. Es wurde eine Medienkampagne daraus, die über weite Strecken die Diskussion im März und April beherrschte [...] Die Kritik am Magdeburger Beschluss schwankte zwischen dem Vorwurf, hier sei ein wirtschafts- und arbeitsplatzfeindlicher Beschluss gefallen und dem Vorwurf, solche Programmvorstellungen dürfe man zwar haben und denken, man dürfe es dem Wähler aber nicht laut sagen. Auf den Punkt gebracht: Wer so ungeschickt bei der Manipulation der Wähler ist, wer ihnen so offen sagt, was er will, der ist regierungsunfähig [...] Kanzlerkandidat Gerhard Schröder sah sich gezwungen, sich auf eine Benzinpreiserhöhung von sechs Pfennig pro Jahr festzulegen. Dies wiederum hatte praktische Konsequenzen für die Koalitionsvereinbarungen und prägte die Spielräume und Entscheidungen der neuen Regierung« (Albrecht Müller: Von der Parteiendemokratie zur Mediendemokratie, Opladen 1999, S. 73/74).

Seit Jahren ist äußerst umstritten, ob Wahlen tatsächlich im Fernsehen entschieden werden. Parteipolitiker und -Manager glauben fest daran und dies ist vielleicht die größte Wirkung. Über einen längeren Zeitraum betrachtet, haben insbesondere Hörfunk und Fernsehen nach Ansicht des Politikwissenschaftlers Frank Marcinkowski

> »keinen großen Einfluss auf das politische Interesse und die politischen Orientierungen einer Mehrheit der Bürger. Das schließt kurzfristige Effekte der Wissenserhöhung über spezifische Themen und Ereignisse bei spe-

ziellen Zielgruppen nicht aus, rechtfertigt aber vom Effekt her keineswegs die ausgesprochen hohe Bedeutung, die der politischen Berichterstattung von Hörfunk und Fernsehen insbesondere in Politik und Medienkritik beigemessen wird« (in: Ulrich Sarcinelli u. a. (Hg.): Politische Kommunikation in der demokratischen Gesellschaft, Wiesbaden 1998, S. 182).

Das erste TV-Duell, dem vielleicht sogar wahlentscheidende Wirkung zugesprochen wurde, war im Jahre 1960 in den USA die Debatte zwischen Richard Nixon und John F. Kennedy, die letzterer teilweise wegen seines deutlich besseren Erscheinungsbildes im damals neuen Medium Fernsehen für sich entscheiden konnte. Wie stark der Einfluss des Fernsehens hier war, ist sicherlich nicht abschließend zu sagen. Nach dem ersten deutschen TV-Duell im Jahre 2002 gab es ein weiteres zwischen Herausforderin Angela Merkel und Kanzler Schröder im Jahre 2005 sowie vor der Bundestagswahl 2009 zwischen der Bundeskanzlerin Angela Merkel und dem Herausforderer Frank-Walter Steinmeier. In verschiedenen Untersuchungen wurde bei beiden Debatten eine die folgende Wahl sehr deutlich beeinflussende Wirkung festgestellt. Allerdings kann man von einer wahlentscheidenden Wirkung sicherlich nicht sprechen, da beispielsweise 2009 eine deutliche Mehrheit der befragten Zuschauer Steinmeier als denjenigen sah, der im Duell besser abgeschnitten hatte. Und der unterlag letztlich.

Medien und Gewalt

Grundsätzlich hängt die Wirkung eines Beitrages mit Gewaltdarstellungen vor allem ab
- vom Inhalt (Gestaltung, Handlungszusammenhang, Art und Weise der Darstellung),
- von der Persönlichkeitsstruktur des Zuschauers,
- von der Situation, in der gesehen wird (allein, mit Freunden oder Eltern).

Die früher verbreitete These, wonach Brutalität auf dem Bildschirm nicht schädlich ist, weil sie als Ventil dient, durch das sich aufgestaute Spannungen entladen, gilt als nicht mehr haltbar. Nach einer anderen These nimmt durch den ständigen Konsum der Fernsehgewalt die Sensibilität ihr gegenüber ab. Begünstigt wird die Ellenbogenmoral vom Recht des Stärkeren. Menschen, die anderen Schaden zufügen, erscheinen als etwas Normales. Auch die Behauptung, der Konsum von Mediengewalt führe beim Zuschauer nicht zu Nachahmungstaten, ist weiterhin umstritten, auch wenn Kriminelle zuweilen ihre Handlungen damit zu rechtfertigen suchen.

Der Stand der Forschung legt nahe, dass Medien nur zusammen mit sozialen und persönlichen Faktoren beim Zustandekommen von Angst und Aggressivität eine wichtige Rolle spielen. Auch bei Kindern mit Verhaltensstörungen gilt der Gewaltfilmkonsum nicht als Alleinverursacher. Wichtiger ist beispielsweise die häusliche Situation. An Stammtischen werden die Medien gelegentlich als Angstmacher gesehen. In der Tat verleiten die journalistischen Aufmerksamkeits- und Auswahlregeln dazu, das Außergewöhnliche zu bevorzugen. Die schlechten Nachrichten sind so gesehen die guten, weil sich das Publikum auf die Hiobsbotschaften stürzt. Problematisch werden die Auswahlkriterien, wenn Ereignisse isoliert dargestellt und die Ursachen nicht erklärt werden. Insofern stimmt der Vorwurf, dass Schlagzeilen-Blätter ein Geschäft mit der Angst betreiben.

Nach dem Rundfunkstaatsvertrag von 1997 sind Sendungen unzulässig,

> »die zum Rassenhass aufstacheln oder sonst unmenschliche Gewalttätigkeiten gegen Menschen in einer Art schildern, die eine Verherrlichung oder Verharmlosung solcher Gewalttätigkeiten ausdrückt, oder die das Grausame oder Unmenschliche des Vorganges in einer die Menschenwürde verletzenden Weise darstellt«.

In den Anti-Gewaltgrundsätzen der ARD heißt es:

> »Ein völlig gewaltfreies Programm kann es nicht geben, weil die Wirklichkeit nicht gewaltfrei ist und ein solches Programm seinem Auftrag nicht gerecht würde, über alle gesellschaftlichen Bereiche umfassend, objektiv und sachkundig zu informieren. Auch darf die Forderung nach Gewaltlosigkeit nicht zu einer Abschaffung bestimmter Genres in toto führen.«

Der Verband Privater Rundfunk- und Telekommunikation stellte in seiner »Konvention der Verantwortung« fest:

> »Eine Verherrlichung militärischer Auseinandersetzungen ist ebenso abzulehnen wie die Propagierung von Handlungsmustern, die den ethisch-moralischen Grundsätzen unserer Gesellschaft widersprechen.«

Unter dem Eindruck der öffentlichen Kritik gründeten private Fernsehsender die »Freiwillige Selbstkontrolle Fernsehen« (FSK). Sie forderte in Hunderten von Fällen nachträgliche Schnitte oder die Verschiebung der Sendezeit. Ein Manko der Selbstkontrolle ist, dass sie nur Sendungen prüft, die ihr vorgelegt werden. Veranstalter, die Auflagen oder die Nichtfreigabe eines Beitrages erwarten, können ihn also an der Selbstkontrollinstitution vorbeibringen.

Die Frage, ob die Medien die Bereitschaft zur Gewalt fördern, wurde besonders wieder im Frühjahr 2002 im Zusammenhang mit einem jugendlichen Amokläufer diskutiert. Er hatte nach intensivem Konsum von Gewaltdarstellungen im Internet in Erfurt 16 Mitschüler, Lehrer und sich selbst umgebracht. Ein Jahr danach nahm die Kommission zum Schutz der Jugend vor Gewalt ihre Arbeit auf. Dem Gremium gehören Vertreter der Landesmedienanstalten, von Landesjugendbehörden, der Justiz sowie des Bundes an. Die Kommission ist nach dem Jugendmedienschutz-Staatsvertrag (2003) für die bundesweite Aufsicht über Fernsehen und Internet zuständig. Sie soll den Landesmedienanstalten dabei helfen, die Einhaltung der Jugendschutzbestimmungen zu überwachen.

Den Beginn des Irak-Krieges nahm die ARD im April 2003 zum Anlass, über ein Positionspapier »Gewalt in den Medien« zu beraten. Dabei wurde deutlich, wie schwierig der Umgang mit Bildern vom Krieg ist. Die Entscheidung, welche Fotos und Filme veröffentlich werden sollen, ist eine permanente Gratwanderung zwischen der Informationspflicht gegenüber der Öffentlichkeit einerseits und der Reflektion von möglichen Folgen und Wirkungen der Berichterstattung andererseits. Im Sommer 2003 waren die Meinungen sehr geteilt, ob es richtig war, die Fotos der zwei von Amerikanern erschossenen Söhne von Saddam Hussein zu veröffentlichen, um die irakische Bevölkerung zu beruhigen. Die beiden Söhne galten als besonders grausam. Die Bilder von der Exekution des Diktators am 30. Dezember 2006 im Internet lösten ebenfalls Entsetzen und kontroverse Diskussionen aus.

Diese Diskussion wurde in den vielfachen und grausamen Konflikten des ersten Jahrzehnts des neuen Jahrhunderts immer wieder geführt. Das oft sogar zeitliche Dabeisein und Miterleben, das durch die neuen Kommunikationstechniken ermöglicht wird, bedingt eine besonders verantwortungsvolle Berichterstattung. Zuletzt erlebt wurde dies bei der Tötung des Al Quaida-Chefs Osama bin Laden durch amerikanische Truppen im Mai 2011. In der US-amerikanischen Öffentlichkeit wurde aus Verbitterung gegenüber dieser Symbolfigur für den in der islamischen Welt verbreiteten Hass auf Amerika und Initiator des Terror-Anschlages auf das World Trade Center eine Veröffentlichung von Fotos der Getöteten gefordert. Die Forderung wurde von der Regierung jedoch nicht erfüllt. Über TV-Sender anderer Länder und wiederum über das Internet kamen diese Bilder dann aber doch an die Öffentlichkeit, was erneut die neue Diskussion des Mediums Internet auch in der Frage der Wirkungen von Gewaltdarstellungen auf dem Bildschirm zeigt.

Neuere Ergebnisse und Stand der Wirkungsforschung

Dass Massenmedien Wirkungen haben, ist unumstritten. Nachdem in den 30er-Jahren des 20. Jahrhunderts zunächst von sehr starken Wirkungen ausgegangen

worden war, die Meinungen, Kaufentscheidungen und Wahlen beeinflussen, bestimmen oder verändern können, waren in vielen folgenden Untersuchungen vermeintlich nur noch schwache Wirkungen der Medien festgestellt worden. Beim Leser, Hörer oder Zuschauer wurde eine aktivere Rolle gesehen, seine Interessen, sein
Bildungsstand oder auch sein soziales Umfeld wurden für wesentlichere Einfluss-
faktoren auf Haltungen und Entscheidungen angesehen als der eigentliche Medien-
konsum. Man nahm eher eine verstärkende als eine verändernde Wirkung an und
ging von »minimal effects« aus.

Auch diese Position musste aber nach neueren Untersuchungen wieder relativiert werden. Während die Annahme von der Wirkung der Medien in Form einer
»Schweigespirale« von Elisabeth Noelle-Neumann nach wie vor in der Kommunikationswissenschaft kontrovers diskutiert wird, ist eine starke Wirkung im Wissens-
bereich relativ unbestritten, die dann auch längerfristig zu Polarisierungen zwischen
Informierten und Nichtinformierten führen kann (Kowledge Gap). Eine weitere
starke Wirkung der Massenmedien wird in der Tatsache gesehen, dass sie die »Tagesordnung« dessen bestimmen, was in der Öffentlichkeit an Themen diskutiert wird
(Agenda Setting-Hypothese). Wie immer beim Versuch, Wirkungen der Massenmedien zu erkennen, zu beschreiben und zu erklären, liegt es zwar nahe, hier eine besondere Bedeutung der Medien zu sehen, da der Mensch ja das Geschehen außerhalb seiner direkten Umwelt durch diese erfährt. Dass aber auch eine Vielzahl von
anderen Faktoren gesellschaftlicher oder individueller Art auf öffentliche Gesprächs-
und Diskussionsthemen Einfluss nimmt, ist ebenso einsichtig. Schließlich ist auch
die Frage zu stellen, wer denn die Themen bestimmt, die Medien dann platzieren
(Agenda Building), und dies sind ja zumeist nicht oder nicht in erster Linie die Journalisten. Mit dem Agenda Setting-Ansatz verbunden ist das so genannte »Framing«
als Deutungs- oder Bezugsrahmen, mit dem Journalisten oder PR-Leute Ereignisse oder Personen in ein Raster oder einen Bewertungsrahmen einordnen und dadurch diese dann nicht unbedingt mehr in neutraler und objektiver Form vermitteln.

12.4 Medien und Politik

Als 1992 Akten des Staatssicherheitsdienstes der DDR Journalisten zugänglich gemacht und zugespielt wurden, überschwemmte eine Flut von Stasi-Verstrickungs-
berichten die Bundesrepublik. Der Versuch, aus der Vergangenheit zu lernen und
nicht ein zweites Mal menschenverachtende Untaten einer deutschen Diktatur zu
verdrängen, drohte zu einer Hexenjagd auszuufern. Dokumente, die aus dem Dun-
kel auftauchten und deren Seriosität höchst zweifelhaft war, wurden für bare Mün-
ze genommen und so behandelt, als haftete nicht der Stasi-Geruch an ihnen. Der

Schriftsteller Günter Grass sagte in einer Fernsehsendung 1996: »Ein später Sieg der Stasi war, dass ihre Protokolle so ernst genommen wurden.« Die Treibjagd auf tatsächliche und vermeintliche inoffizielle Mitarbeiter entwickelte sich zu einem Prangerjournalismus, der Schuldige und Unschuldige traf, in jedem Fall aber voller Vorverurteilungen steckte. So brachten einige Journalisten viele ihres Berufsstandes in Verruf. Die betroffenen Politiker schlugen zurück und schalten die Medien pauschal.

Kaum war die Stasi-Enthüllungswelle verebbt, rollte 1992/93 eine neue heran. Ministerpräsidenten und Minister, die auf amtlichem Papier das Produkt eines angeheirateten Vetters priesen, kostenlos in Jets befreundeter Industrieller flogen, sich vor Untersuchungsausschüssen nicht richtig erinnerten oder für Fahndungspannen die Verantwortung übernahmen, verschwanden im Entrüstungssturm der Medien von der politischen Bühne. Die Bundesrepublik schien während dieser Rücktrittswelle, die auch einen Gewerkschaftsvorsitzenden wegen seines Insiderwissens bei Aktienspekulationen erfasste, in einem Mahlstrom altrömischer Sittenlosigkeit unterzugehen.

Politikverdrossenheit machte sich breit, doch die angeklagte Kaste fand schnell die Schuldigen für die Misere: die Medien. Sie hätten in ihrer selbstgerechten Art maßlos übertrieben, relativ geringfügige Missstände zu Skandalen aufgebauscht. Umgekehrt versuchten die Journalisten, Medienschelte mit dem Hinweis abzutun, sie seien nur ihrer Verpflichtung nachgekommen, Aufklärung zu betreiben. Dabei spielten auch ökonomische Überlegungen eine Rolle, nämlich die Erwartung, dass Berichte über Missstände der Verkaufsauflage und der Einschaltquote nützen. Das alte Thema der Beziehungen zwischen Journalisten und Politikern stand wieder auf der Tagesordnung. Beide halten sich gegenseitig vor, zum Vertrauens- und Autoritätsverlust beigetragen zu haben. Die Diskussion machte aber auch deutlich, dass in den letzten Jahrzehnten die Glaubwürdigkeit führender Politiker ebenso abgenommen hat wie das Ansehen der Medien.

Wechselwirkungen

Idealtypisch betrachtet befördern die Medien Themen, Bedürfnisse und Meinungen der Bürger zu den politisch Handelnden, und diese machen ihrerseits ihre Planungen und Entscheidungen der Öffentlichkeit über die Medien zugänglich. So sind beide aufeinander angewiesen – die Journalisten auf die Politiker, weil sie diese als Informationsquelle benötigen, und die Politiker auf die Journalisten, weil diese für sie unverzichtbar sind für den Transport ihrer Absichten, Ideen und Beschlüsse. Der politische Prozess ist heute ein durch und durch kommunikativer geworden, den Politiker und Journalisten in einer Symbiose verwirklichen. Sie treten gegenüber der Öffentlichkeit aber häufig noch als Gegenspieler auf. Beide müssen den Anschein von Distanz verbreiten, weil Medienmanipulation durch Politiker als undemokratisch gilt. In Wirklichkeit werden häufig vertraulich enge Kontakte gepflegt. In der Tat sind die Beziehungen zwischen Journalismus und Politik seit jeher kompliziert. Einerseits sollen die Reporter den Mächtigen auf die Finger schauen. Oft genug fühlen sich Politiker dann als Opfer einer »Medienmeute«. Andererseits sind Journalisten und Politiker auch Komplizen. Denn die Erfahrung hat gezeigt, dass ein Miteinander für die jeweiligen Ziele und für die Karrieren aller Beteiligten am vorteilhaftesten ist.

Selbstverständlich gibt es auch in Berlin eine enge Zusammenarbeit zwischen Journalisten und Politikern. Nach dem Motto »Die eine Hand wäscht die andere« läuft so manches zwischen beiden Seiten. Das hat man sich freilich nicht als plattes Tauschgeschäft vorzustellen (»Ich gebe Dir jetzt eine Information, und dafür schreibst Du in der nächsten Woche eine schöne Reportage über mich.«) Aber solche Erwartungen der Politiker auf eine journalistische Gegenleistung gibt es schon gelegentlich.

Zuweilen werden Journalisten sogar bestraft, wenn sie einen Politiker kritisieren. Der lädt sie dann nämlich nicht mehr zum nächsten Hintergrundgespräch oder zur Begleitung auf der nächsten Auslandsreise ein. Aber Politiker hüten sich auch, Journalisten zu benachteiligen, deren Meinung ihnen nicht gefällt. Sie wissen genau, dass der bestrafte Journalist künftig nicht weniger kritisch berichten wird.

Eine zunehmende Bedeutung im politischen Kommunikationsprozess wird vor allem dem Fernsehen zugeschrieben, das die Politik, ihre Darstellung und Vermittlung verändert hat. Deswegen ist gelegentlich von einer Mediatisierung der Politik, verstanden als Unterwerfung der Politik unter die Eigengesetzlichkeiten der Medien, die Rede. Anzeichen dafür sind:

- Politik gerät beim Publikum zum Schauspiel, stilisiert durch dramaturgische Erfordernisse (Spannung, Verkürzung, Simplifizierung), mit Bevorzugung des Visualisierbaren und Personalisierbaren.
- Politiker werden zu schnellen Äußerungen und Aktionen genötigt; Fernsehdramaturgie (Argument: »Sonst kommen wir heute nicht mehr in die TAGESSCHAU«) tritt vielfach an die Stelle der politischen Führung. Nicht was notwendig ist, zählt, sondern was ankommt.
- Zwischen dem Handeln der Politiker und ihrem Auftreten auf dem Bildschirm entsteht eine Kluft; sie wird dadurch überwunden, so hofft man, dass der Themenverschleiß zur politischen Wirklichkeit wird und an die Stelle der politischen Planung die Kommunikationsplanung tritt.

In unserer Mediengesellschaft wird Politik für die meisten erst über das Fernsehen wahrnehmbar. Was nicht in der Hauptsendezeit läuft, gelangt häufig nicht ins Bewusstsein der Bürger. Deswegen unterwerfen sich Politiker den Gesetzen der Medien, das heißt, dass für sie ein 15-Sekunden-Auftritt in der TAGESSCHAU wichtiger ist als eine anspruchsvolle Rede im Deutschen Bundestag. Oft wird nicht mehr zuerst diskutiert, wie tragfähig eine Idee ist, sondern wie sich ein Konzept medienwirksam verkaufen lässt. Zuerst kommt die Vermittlung und dann erst die Substanz der Politik. Politiker wissen: Kompetenz wird ihnen nur durch Präsenz in den Medien vom Publikum zuerkannt.

Wenn Politiker mit dem Fallschirm abspringen, den Rhein durchschwimmen und Bundeskanzler in Hochwassergebiete reisen, sind die Medien immer dabei. Wie hätten sie aber möglicherweise reagiert, wenn die Kanzler nicht am Katastrophenort erschienen wären? Ein Meister der Inszenierung war der FDP-Politiker Jürgen Möllemann, der 2003 bei einem Fallschirmabsprung starb. Von den Medien wahrgenommen zu werden, war für ihn sein ganzes Leben. Er arbeitete als Informant und Bundeswirtschaftsminister zeitweilig so eng mit dem SPIEGEL zusammen, dass es nicht übertrieben gewesen wäre, wenn ihn das Nachrichtenmagazin im Impressum als Mitarbeiter aufgeführt hätte.

Symbolisches Handeln, Pseudoereignisse, treten immer häufiger an die Stelle dessen, was unter Politik verstanden wird. Sie verdrängen Meinungsstreit, öffentliche Willensbildung und politische Entscheidungen. Auftritte in Talk-Shows sind da noch die harmlosere Variante der Selbstdarstellung.

Viele Medienmacher wollen allerdings auch nicht Substanz, sondern Dramaturgie, und die beste Dramaturgie ist seit Sophokles und Shakespeare die des Aufstiegs und jähen Falls. Information wird also nur insoweit vermittelt, als sie der Unterhaltung dient. Man spricht von einer wachsenden Tendenz zum »Infotainment«.

Das Private

»Vor dem Hintergrund der [skizzierten] Wechselwirkung zwischen dem strategischen Einsatz des Privaten durch Politiker und dem kommerziellen Interesse der Medien am Privaten auch in der Politik hat sich das Verhältnis von Journalisten und Politikern gewandelt. Was als journalistisches Tabu galt, ist aufgeweicht worden; auf die Gültigkeit des stillschweigenden Agreements oder auch des ausgesprochenen Stillhalteabkommens können sich Politiker nicht mehr verlassen.

Da die Politik aber ihrerseits längst begonnen hat, das Private für sich zu instrumentalisieren, dient dieses Verhalten dann auch schon als Rechtfertigung für die journalistische Grenzüberschreitung.

Indem Politiker auch das Private für ihre Selbstdarstellung einsetzen, geben sie – scheinbar – den Blick auf die Privatsphäre frei. Durch deren Inszenierung versuchen sie indessen, in der Hand zu behalten, was davon öffentlich wird.

Ebenso wie die geschickte Inszenierung des Geschehens auf der politischen Vorderbühne, die immer schon ein Thema der Medien war, stellt auch die Inszenierung des Privaten geradezu eine Herausforderung für journalistische Recherche dar« (Aus: Politik und Zeitgeschichte, 49/50 2002, S. 37).

Neu ist nicht, dass Politiker Medien zur Selbstdarstellung und damit auch zur Themensetzung benutzen, neu ist vielmehr, dass vor allem das Fernsehen in zunehmendem Maße dazu beiträgt, Politik zu inszenieren. Ein Beispiel hierfür ist der frühere Bundesverteidigungsminister Karl-Theodor zu Guttenberg, der seine Frau sogar zu Truppenbesuchen nach Afghanistan mitnahm.

In dieser Entwicklung liegen Gefahren. Die Möglichkeiten, Politik zu personalisieren, werden von Politikern zur überhöhten Selbstdarstellung genutzt, wobei viele den Anschein erwecken, es stehe ihnen mehr Gestaltungsmacht zur Verfügung, als es der Wirklichkeit entspricht. Auf diese Weise werden immer wieder Erwartungen enttäuscht.

Beziehungsspiele zwischen Journalisten und Politikern

Während sich Journalisten und Politiker in Pressekonferenzen als Gegenspieler gegenübersitzen, also Distanz wahren, suchen sie die Nähe zueinander in so genannten Hintergrundgesprächen. Solche vertraulichen Unterhaltungen können das Ziel haben,

- Zusammenhänge zu erläutern (Beispiel: die Auslandsreise eines Regierungschefs, amtlich als Routinebesuch angegeben, soll in Wirklichkeit eine Krise verhindern),
- Pläne in die Öffentlichkeit zu bringen, um deren Echo kennen zu lernen (Versuchsballon),
- Verständnis für die eigenen Interessen zu wecken.

Ob es darum ging, ihn aufzuklären oder zu desinformieren, einzuweihen oder einzuspannen – dies herauszufinden ist das Problem, vor dem der Journalist nach jedem Hintergrundgespräch steht. Er muss abwägen, wann und inwieweit er im Ausnahmefall sogar die Vertraulichkeit bricht, etwa weil er den Anspruch der Öffentlichkeit auf sehr wichtige Informationen höher wertet als die Interessen des Informanten. Für jeden Journalisten ist die Versuchung vorhanden, zum Diener eines Einzelnen oder einer Gruppe zu werden. Besonders groß ist sie dann, sobald er zum Vertrauten eines Politikers geworden ist, der ihm Sonderinformationen verschafft und ihn so großzügig mit Essenseinladungen überhäuft, dass sich beim nächsten Kommentar Beißhemmungen einstellen (Kumpanei-Journalismus).

Teppichhandel

»Es gibt sicherlich den Versuch der Korruption durch die Befriedigung der Eitelkeit«, sagt ARD-Chefredakteur Hartmann von der Tann und meint damit die ganz subtilen Versuchungen: in einen besonderen Zirkel eingeladen zu werden oder mal ein Glas Wein mit einem Politiker trinken zu dürfen. »Politiker versuchen Journalisten durch persönliche Nähe, durch Zuwendung von Aufmerksamkeit zu bestechen. Da gibt es genügend Kollegen, die sich dadurch geschmeichelt fühlen«, bestätigt auch Peter Kleim von RTL. Kai Diekmann von Bild spricht gar von einem journalistischen und politischen »Teppichhandel«. (Journalist 8/2001, S. 30)

Für Hintergrundgespräche wie für Pressekonferenzen gibt es drei Verhaltensregeln: »Unter eins« bedeutet, dass diese Äußerungen veröffentlicht werden dürfen. »Unter zwei« heißt, dass die Quelle der Information nicht namentlich erwähnt werden darf, sondern Zitate nur allgemein formuliert werden dürfen, etwa »heißt es in Regierungskreisen«. »Unter drei« verbietet Journalisten, über ein Hintergrundgespräch oder eine Pressekonferenz zu berichten, der Journalist darf nur noch Bescheid wissen für sich selbst und seine Kommentare.

Solange Bonn die Bundeshauptstadt war, hielten sich die meisten Journalisten an diese Regeln. Nach dem Umzug nach Berlin wurde vieles anders, und es gab Klagen von Politikern und Journalisten über Vertrauensbrüche. Auch in Bonn trafen die Gewalten aufeinander, die Regierenden und die Kontrollierenden. Aber dort herrschte zwischen den Mitgliedern der Bundespressekonferenz und der politischen Elite eine Kommunikationsgemeinschaft, Kritiker sprachen auch von Inzucht, und die meisten von ihnen waren offensichtlich, wie sich später bei der Parteispenden-Affäre der CDU herausstellte, über Jahre Teil des so genannten »Systems Kohl«. Die Hauptstadt am Rhein war insgesamt eine Sommerfrische, an der sich Journalisten und Politiker gemeinsam ergötzten. Zwar gab es dort im Aquarium, dem gläsernen Saal der Bundespressekonferenz, kleine Fische, Karpfen und ein paar Hechte, aber nun in Berlin an der Spree herrschen die Barrakudas und Piranhas, die nicht wählerisch sind mit dem, was sie für ein gefundenes Fressen halten.

In der Hauptstadt herrscht unter den Journalisten Hauen und Stechen, eine Folge des enorm gestiegenen Konkurrenz- und Aktualitätsdrucks, denn allein das Berliner Publikum versorgen knapp ein Dutzend lokaler Zeitungen und die doppelte Anzahl von Rundfunksendern mit Informationen – kein Vergleich mit Bonn. Zudem haben auch die überregionalen Medien in Berlin personell aufgerüstet. Das stimuliert die ständige Reaktionsbereitschaft der Politiker. Andererseits werden Exklusivität, Aktualität und Vorabinformationen als journalistische Markenzeichen im Konkurrenzkampf nunmehr inflationär eingesetzt. Das Vorpreschen einzelner Blätter mit ungesicherten Fakten, so klagen Politiker, führe dazu, dass über die Wirklichkeit nicht berichtet, sondern in diese Wirklichkeit eingegriffen werde. Zwischen den beiden Machtpolen Politik und Medien sei die Balance verloren gegangen.

Das Hauptstadtbüro der ARD verfügt inzwischen über ein Team, das die bundespolitischen News auf den Bildschirm bringt, wesentlich größer als ehemals am Rhein. Damit beliefert die ARD manchmal nahezu 20 Ausgaben der TAGESSCHAU pro Tag, und weil der Platz so eng ist und niemand weiß, ob er in dem Gerangel auch Bilder bekommt, werden vorsorglich drei TV-Teams zu den Pressekonferenzen entsandt.

> »Fotografen raufen sich mit Kameraleuten, und beide zusammen stoßen die Ärmsten der Armen, die Zeitungsreporter, nach hinten, ins Off, weil Stative zum Waffeneinsatz besser taugen als Notizblöcke. Und zwischen alle presst sich ein Irgendjemand und streckt ein Mikrofon durch die Beine anderer ins Menschenknäuel, um den Ton eines Generalsekretärs aufzufangen, und fragt hinterher, wer der Herr gewesen sei, der da gesprochen habe. Müntefering? Wie man den bitte schreibe!« (Peter Sartorius: An den Wühltischen der Macht, in: Süddeutsche Zeitung vom 18./19.3.2000, S. 10).

Besonders schwierig ist es für Journalisten im Wahlkampf, die Grenze zu ziehen zwischen der Informationspflicht und dem Selbstdarstellungsdrang der Politiker. Um sich dem durchaus verständlichen Druck der Wahlkämpfer zu entziehen, in den Medien mit ihren Aktionen (Fahrradtouren, Betriebsbesichtigungen, Schulbesuche u. a. m.) erwähnt zu werden, sind viele Redaktionen dazu übergegangen, selbst die Themen zu bestimmen, die sie aus der Sicht des Wählers für wichtig halten. Sie veranstalten Podiumsdiskussionen und laden Politiker zu Gesprächen ein, bei denen ihnen die Antwortrolle zugewiesen wird.

So falsch es ist, die Medien pauschal zu schelten, so richtig bleibt, dass einzelne Presseorgane und TV-Magazine sich bemühen, um der Auflage und der Einschaltquote willen Verfehlungen von Politikern zu Staatsaffären umzudeuten und dabei die moralische Messlatte so hoch zu legen, dass sich die Frage stellt: Verpflichtet die Vorbildfunktion die Politiker dazu, in allen Lebenslagen dieser gerecht zu werden, und welche Maßstäbe lassen die Journalisten für sich selbst gelten?

Von Politikern wird Urteilskonstanz erwartet, von den Journalisten kaum. Während Politiker für Widersprüche, auch moralische, haftbar gemacht werden, können sich die Journalisten flexibel immer wieder veränderten Situationen anpassen. Während es bei der Wahl für Politiker wirklich um Sein oder Nichtsein geht, kön-

228

nen Journalisten gelegentlich ungerechtfertigte Kritik am Verhalten von Politikern üben, ohne dass ihnen dies beruflich zu größerem Nachteil gereicht. Freilich entspricht auch das Bild von der Treibjagd, die Journalisten rudelweise auf Politiker veranstalten, nicht immer der Realität. Politiker sind nicht schutzlos den Medien ausgeliefert. Sie müssen sich Verleumdungen und Rufmord nicht gefallen lassen und haben einen Anspruch auf ihre Privat- und Intimsphäre und – bei schweren Verletzungen dagegen – Schmerzensgeld. Nur die ausdrückliche Legitimierung durch das öffentliche Interesse kann den Journalisten bei Verstößen dagegen im Einzelfall vor Strafe schützen. Normalerweise gilt der Satz, dass die Konkurrenz das Geschäft belebt – sie kann es jedoch auch gefährden. Die Befürchtung, der Mitbewerber könne mit seiner Story früher auf dem Markt sein, verführt in manchen Zeitungs-, Zeitschriften- und Fernsehredaktionen dazu, sich dem Aktualitätsdruck auf Kosten der Sorgfalt der Recherche zu beugen. Gepaart mit großsprecherischen Ankündigungen ist ein Stichflammenjournalismus in Mode gekommen, bei dem nicht wie früher jeden Tag, sondern offenbar jede Stunde eine neue Sau durchs Dorf getrieben wird, und zwar mit viel Getöse. Dass Politiker an diesem Beschleunigungskarussell für Informationen und solchen, die dafür ausgegeben werden, kräftig mitdrehen, ist in letzter Zeit häufiger zu beobachten.

Die pauschale Schlussfolgerung, die Medien missbrauchten ihre Macht, zerstörten durch Kritik den gesellschaftlichen Konsens und hielten Verantwortungsbewusste davon ab, sich überhaupt noch hauptberuflich politisch zu engagieren, ist trotz zutreffender Hinweise auf einzelne journalistische Fehlleistungen falsch. Es ist die Grundfunktion der Medien, zu informieren und zur Meinungsbildung beizutragen. Ist dies angesichts der Medienkonzentration in der Bundesrepublik noch möglich? Dazu meint der Medienwissenschaftler Lutz Hachmeister:

»Es ist ein alter Irrglaube der politischen Klasse, dass man – gleichsam losgelöst von realen politischen Konzepten und Leistungen – im Bündnis mit Medienkonzernen und ihren Lenkern Wahlen gewinnen könne. Wahr ist aber, dass Parteien und einzelne Politiker auf Dauer kaum noch gegen mächtige Medienunternehmen handeln können, wenn sie in ihrem Metier überleben wollen« (Lutz Hachmeister/Günther Rager: Wer beherrscht die Medien? München 2000, S. 8).

Allerdings gibt es auch die verschiedensten Beispiele dafür, wie die Verantwortlichen in den Massenmedien ihre Macht und ihren Einfluss missbrauchen. Den jüngsten Skandal gab es in Großbritannien im Juli 2011, als herauskam, dass das zum Medienkonzern von Rupert Murdoch gehörende Boulevardblatt »News of the World« Politiker, Promis und Opfer von Gewalttaten ausspioniert und deren Handys abgehört hatte. Die Entrüstung im klassischen Land von Presse- und Meinungsfreiheit war so groß, dass nicht nur die Chefs des Skandalblatts entlassen, sondern gleich die ganze Zeitung von Murdoch geschlossen werden musste, und dem Image und den Geschäften des Multi-Media-Moguls erheblicher Schaden zugefügt worden war. Ein Beispiel dafür, wie Medienmacht auch von der Politik Grenzen gesetzt bekommt, wenn auch wie in diesem Fall erst nach landesweiter Empörung über den Missbrauch dieser Macht.

Kriegsberichterstattung

> »Ein großer Teil der Nachrichten, die man im Krieg bekommt, ist widersprüchlich, ein noch größerer ist falsch und bei weitem der größte ist einer ziemlichen Ungewissheit unterworfen [...] Mit kurzen Worten: Die meisten Nachrichten sind falsch« (Kurt Imhof/Peter Schulz (Hg.): Medien und Krieg – Krieg in den Medien, Zürich 1995, S. 93).

So urteilte der preußische Militärtheoretiker Carl Philipp Gottlieb von Clausewitz in seinem Standardwerk »Vom Kriege« nach den Freiheitskriegen zu Beginn des 19. Jahrhunderts. Er kam zu seinem Urteil auf Grund der Analyse von Zeitungsberichten. Obwohl sich die Informationsmöglichkeiten seither wesentlich verbessert haben, ist die Kriegsberichterstattung bis auf den heutigen Tag zeitweilig immer noch von der Wahrheit weit entfernt. Kriege sind ein Ausnahmezustand, und sie versetzen auch die Medien in eine besondere Situation, in der die normalen Regeln journalistischer Arbeit oft nicht mehr gelten. Das Geschäft mit der Information wird streckenweise von jenen monopolisiert, die den Krieg führen. Das sind die Kriegsparteien, die Regierungen und die Militärs. Sie zensieren Nachrichten und versuchen, Journalisten aus mehreren Gründen zu instrumentalisieren: Sie möchten nicht den Vorteil eines Überraschungsmoments verlieren, den Gegner über eigene Stärken und Schwächen täuschen, die Moral der eigenen Truppe stärken und die Bevölkerung überzeugen, dass es sich um einen gerechten Krieg handelt.

Psychologische Kriegsführung gehört zum Krieg, und die Medien sind ein Teil davon. Im Golfkrieg Anfang 1991 hatten die Amerikaner aus dem Vietnamkrieg gelernt, in dem es keine Zensur gab. Dies blieb nicht folgenlos. Der Mainzer Publizistikwissenschaftler Jürgen Wilke ist davon überzeugt, dass

> »die US-Militärs den Vietnamkrieg weniger aus militärischen Ursachen als verloren gegeben hätten, sondern weil die erschütternden Kriegsbilder über das Fernsehen in die amerikanischen Haushalte gelangten und damit in der Heimat der Soldaten den Durchhaltewillen unterliefen« (Jürgen Wilke: Krieg als Medienereignis – Konstanten und Wandel eines endlosen Themas, in: Imhof/Schulz, ebenda, S. 33).

Mit dem Argument, den Erfolg militärischer Operationen nicht aufs Spiel zu setzen und Menschenleben nicht gefährden zu dürfen, unterwarfen die Amerikaner im Golfkrieg die Medien einer strikten Zensur. Vor Ort informierten sie ausschließlich amerikanische und britische Journalistengruppen, die mit dem Krieg gegen den Irak sympathisierten, ließen sie aber nicht ins Kampfgebiet. In Washington präsentierte das Verteidigungsministerium den Krieg als unblutiges Videospiel. Die Bilder sollten die Treffsicherheit der amerikanischen Präzisionswaffen belegen.

Auch wenn die Medien, vor allem das Fernsehen, immer wieder darauf hinwiesen, dass es sich um zensierte Bilder handelte, war die Folge, dass

- ein falsches Bild vom Krieg entstand (zunächst fast ohne Opfer, Reduzierung des Kriegsgeschehens auf etwas Ähnliches wie ein Sportereignis),
- die Journalisten zu Public-Relations-Figuren in den Händen der Militärs verkamen,
- die Glaubwürdigkeit der Medien insgesamt Schaden nahm.

Nach diesen Erfahrungen waren sich die Journalisten einig, eine solche Desinformationspolitik im nächsten Krieg nicht wieder unterstützen zu wollen. Es kam, wie die Kosovo-Kriegsberichterstattung 1999 zeigte, anders. Der jugoslawische Staatspräsident Slobodan Milosevic hatte schon lange vor Beginn des NATO-Bombardements in einem neuen Mediengesetz die Journalisten verpflichtet, »patriotisch« zu berichten. Diese Gleichschaltung perfektionierte das Regime im März 1999 mit der Anwendung des Kriegsrechts. Journalisten aus NATO-Ländern konnten sich nicht mehr frei bewegen, alle Bilder, die aus Jugoslawien kamen, kontrollierten die serbischen Behörden. Das Staatsfernsehen informierte die Bevölkerung des Landes so, wie es Milosevic brauchte, um Hass gegen die NATO zu schüren und seine Vertreibungspolitik im Kosovo zu rechtfertigen. Einerseits erweckte das Staatsfernsehen den Eindruck, Belgrad sei in eine permanente Feststimmung verfallen, andererseits zeigten die Bilder die Opfer des NATO-Bombardements. Von dem Leid, das die Serben im Kosovo den Menschen zufügten, erfuhr die Bevölkerung nichts.

Was dort wirklich geschah, blieb weithin im Dunkeln. Aus Sicherheitsgründen zogen viele westliche Redaktionen ihre Korrespondenten vor Ort ab. Andere durften die Region nicht aufsuchen, weil der jugoslawische Staatspräsident der Weltöffentlichkeit verheimlichen wollte, wie seine Truppen mit den Kosovo-Albanern umgingen. Belgrad war also eine propagandistische Quelle, aber auch die NATO in Brüssel, Washington und Berlin waren bemüht, ihr Bombardement mit zwei Argumenten zu rechtfertigen: Es sollte Milosevic zwingen, an den Verhandlungstisch zurückzukehren, und eine humanitäre Katastrophe im Kosovo verhindern helfen.

Als am 24. März 1999 die ersten NATO-Raketen in Belgrad einschlugen, blendeten viele Medien in Deutschland und in anderen NATO-Staaten ein Problem völlig aus: Sie fragten nicht danach, ob ein Verteidigungsbündnis nach seinem Selbstverständnis überhaupt solche Kriegsziele als legitime ansehen darf. Stattdessen übernahmen sie den Sprachgebrauch des NATO-Pressesprechers Jamie Shea, der das Wort »Krieg« vermied, sondern von »Luftschlägen«, »Militäreinsätzen« und von einer »Friedenserzwingungsmission« sprach. Statt sich um eine neutrale Wortwahl zu bemühen, verwendeten viele Journalisten die Tarnvokabeln der NATO.

Zur psychologischen Kriegsführung gehört es seit dem Altertum, den Gegner zu dämonisieren. Dies wusste auch die NATO. Kurz nach Beginn des Bombardements setzte sie die Meldung in Umlauf, die Serben hätten Kosovo-Albaner der politischen und publizistischen Elite umgebracht – eine Falschmeldung, weil sich die angeblich Ermordeten kurze Zeit danach aus dem Ausland zu Wort meldeten. Die NATO verbreitete auch, über 20 Lehrer seien vor den Augen ihrer Schüler von Serben erschossen worden, was sich später ebenfalls als Gräuelmärchen erwies. Journalisten versäumten, darauf hinzuweisen, dass dies Behauptungen waren, also Meldungen über Vorwürfe, deren Wahrheitsgehalt sie selbst nicht prüfen konnten. Dies gilt auch für die Information des damaligen Bundesverteidigungsministers Rudolf Scharping, in Jugoslawien gebe es Konzentrationslager für Kosovo-Albaner. Anstatt den Minister nach Einzelheiten zu fragen, etwa danach, ob in diesen Lagern Menschen wie in Auschwitz umgebracht würden, übernahmen sie ungeprüft den historisch belasteten Begriff. Prompt titelte BILD am 1.4.1999: »Sie treiben sie in's KZ«. Die Treiber, das waren laut BILD die Serben, und die Getriebenen waren die Kosovo-Albaner. In Wirklichkeit zeigte das Foto Flüchtlinge, die das Kriegsgebiet verlassen wollten.

Der Kosovo-Krieg fand beim deutschen Publikum ein Interesse wie kein anderer in den letzten Jahrzehnten, denn durch die Beteiligung deutscher Soldaten war der sonst so ferne Balkan plötzlich ganz nahe gerückt. Die Medien, vor allem das Fernsehen, versuchten, den Hunger nach Informationen zu stillen. Die ARD und das ZDF boten in den ersten Tagen des Krieges eine Sondersendung nach der anderen an, und sie taten dies, obwohl sie keine eigenen Bilder vom Geschehen vor Ort besaßen. Die hohen Einschaltquoten verlockten die Programmverantwortlichen dazu, weiterhin an Extras nach der Hauptnachrichtensendung festzuhalten, obwohl sie außer Interviews mit Flüchtlingen und Studiogästen kaum Neues zu bieten hatten. Viele Sendungen bestanden aus einem hastigen Hin- und Herschalten von einem Korrespondentenplatz zum anderen. Moderatoren erwiesen sich eher als Meister des Zappings denn als Vermittler von Hintergrundinformationen. Unter dem Aktualitäts- und Konkurrenzdruck litt auch die Sorgfaltspflicht. Und manche Korrespondenten täuschten das Publikum, weil sie den Eindruck erweckten, direkt vor Ort dabei gewesen zu sein und in Wirklichkeit aus einem Studio außerhalb Jugoslawiens Bilder des Staatsfernsehens kommentierten.

Einige Wochen nach Beginn des Kosovo-Krieges, als die NATO einräumen musste, dass Raketen versehentlich Flüchtlingskonvois und die chinesische Botschaft getroffen zu haben, schlug die Stimmung in den deutschen Medien um. Von nun an thematisierten sie ihre Berichterstattung und gingen auf Distanz zu den Informationsquellen in Belgrad, in den Flüchtlingslagern und in Brüssel und Washington. Sie erkannten, dass Journalisten Kriege nicht gewinnen, sondern darüber berichten sollen. Dies schließt in Kommentaren emotionale Stellungnahmen nicht aus, sehr wohl aber in Berichten. Der Deutsche Presserat mahnte am 19. Mai 1999 nachdrücklich zu besonderer Sorgfalt beim Umgang mit Informationen und Quellen und forderte von den Journalisten, sich an folgenden Prinzipien zu orientieren:

- Kriegsverharmlosende oder gar verherrlichende Berichterstattung ist zu unterlassen.
- Journalisten dürfen sich nicht für Interessen der am Krieg Beteiligten missbrauchen lassen. Beschönigende Ausdrücke wie »Kollateralschaden« oder »ethnische Säuberung« sind zu vermeiden. Die Sprache der Militärs darf die Sprache der Medien nicht dominieren.
- Journalisten sollen Distanz zu allen Informationsquellen halten.
- Die Quellenlage muss exakt dargestellt und, wenn dies nicht möglich ist, die Schwierigkeit der Informationsbeschaffung verdeutlicht werden.
- Journalisten sind aufgefordert, Hintergründe ausführlich darzustellen.
- Einseitigkeit und Pauschalurteile sind zu vermeiden.

Diese Prinzipien sind offensichtlich von vielen Medien in der Berichterstattung über den Krieg gegen Afghanistan und den Irak beachtet worden. Natürlich handelte es sich in beiden Kriegen wieder um eine Schlacht der Lügen.

Gerade in der Fernsehberichterstattung fiel auf, dass die Reporter immer wieder darauf hinwiesen, wie unsicher ihre Quellen waren und wie schwierig es sei, sie zu prüfen. Im zweiten Irak-Krieg erfanden die PR-Strategen des Pentagon in Washington eine neue Form der Einflussnahme auf Journalisten: Sie boten ihnen an, gemeinsam mit den Truppen vorzurücken. Diese so genannten »embedded journalists«, also eingebettete Journalisten, berichteten direkt von der Front, aber sie sahen den Krieg häufig nur durch den Sehschlitz eines Panzers. Die Nähe zu den Soldaten band sie auch emotional. Sie teilten mit den Militärs bald nicht nur das Zelt in der Wüste, sondern irgendwann auch die Sicht auf die Dinge. Kein Wunder, dass viele Berichte von der Front die dringend nötige Distanz vermissen ließen. Das hing sicherlich auch damit zusammen, dass die Reporter vor ihrem Einsatz eine 50 Punkte umfassende Erklärung unterschreiben mussten. Darin war haargenau festgelegt, was sie berichten, fotografieren und filmen durften und was nicht.

13 Internationale Kommunikation

13.1 Anfänge

Wenn man von Vorformen und früheren Einzelfällen absieht, dann ist der Beginn der internationalen Kommunikation mit den großen Erfindungen des 19. Jahrhunderts anzusetzen. Eisenbahnverbindungen machten den schnellen Transport von Druckwerken möglich, und mit der Erfindung bzw. Entdeckung der elektrischen Telegraphie und der elektromagnetischen Wellen waren dann die ersten grenzüberschreitenden Medien geschaffen. Auch Interkontinentalverbindungen gab es in Form von Unterseekabeln in der zweiten Hälfte jenes Jahrhunderts, in dem mit weiteren Entdeckungen die Grundlagen für unser heutiges Kommunikationssystem gelegt wurden.

Mit der Telegrafie entstanden die Nachrichtenagenturen, und im Jahre 1870 schlossen die drei großen europäischen Agenturen Agence Havas, das Wolffsche Telegrafische Korrespondenzbüro und die britische Reuters Telegram Company einen Kartellvertrag zur Aufteilung der Welt in Interessengebiete, dem sich später die amerikanische Associated Press anschloss. Industrialisierung, Kolonialisierung und der wachsende Welthandel bestimmten im beginnenden Kapitalismus und im Deutschland der Gründerzeit die Nachfrage nach aktuellen Meldungen aus aller Welt.

Bis in die zweite Hälfte des 20. Jahrhunderts handelte es sich dabei aber um Medien für die individuelle Kommunikation. Die Massenmedien blieben im Wesentlichen auf die nationalen Verbreitungsgebiete beschränkt, wenn man davon absieht, dass Printmedien in geringer Zahl und mit Aktualitätsverlusten ins jeweilige Ausland transferiert werden konnten und es nach dem Ersten Weltkrieg mit der Entwicklung des Radios möglich wurde, auf Kurzwelle über den Auslandsrundfunk andere Länder zu erreichen. Die terrestrische Verbreitung von Radio- und später auch Fernsehprogrammen erfolgte zwar teilweise schon grenzüberschreitend, war aber immer auf kleinere Räume beschränkt. Erst zwei neue Kommunikationstechniken, die weltweite Vernetzung mit Kabeln zur Übertragung von Daten und Sprache und später auch von Bildern einerseits und die Satellitenübertragung andererseits machten internationale Kommunikation in den Dimensionen möglich, wie sie heute selbstverständlich sind.

13.2 Kommunikation in Europa

Vielfältige und unmittelbare Wirkungen gehen auf das deutsche Mediensystem von europäischen Institutionen aus, die für die Medien- und Kommunikationspolitik in Europa wichtig sind: Die Organisation für Sicherheit und Zusammenarbeit in Europa (OSZE), der Europarat und vor allem die Europäische Union (EU).

Die OSZE ist aus der früheren Konferenz für Sicherheit und Zusammenarbeit (KSZE) hervorgegangen. In der »Schlussakte« dieser West/Ost-Konferenz aus dem Jahre 1975 hatten sich die Teilnehmerstaaten zur »Verbesserung des Zugangs zu Informationen« und der freien Verbreitung von gedruckten und gesendeten Informationen verpflichtet. Geändert hatte sich dadurch im Ost-West-Verhältnis wenig, aber die zur OSZE umgewandelte Konferenz bekam nach der Wende neue Aufgaben beim Schutz von Informations- und Meinungsfreiheit und deren Fortentwicklung in den Transformationsländern Osteuropas.

Der *Europarat* mit heute 47 Mitgliedsstaaten hat als Ziele den Schutz der Menschenrechte, die Förderung des Bewusstseins der gemeinsamen kulturellen Identität und die Bewahrung des europäischen Kulturgutes. Er bemüht sich daher um Probleme und Fragen im kulturellen und sozialen Bereich, also um das Sozialwesen, die Umwelt, Kommunal- und Regionalprobleme, Gesundheit, Bildung, Kultur und damit auch um die Massenmedien. Er beschließt Konventionen und gibt Empfehlungen zu Zielen und Entwicklungen in diesen Bereichen. Für die Kommunikations- und Medienpolitik hat er Empfehlungen zur Einhaltung der Informations- und Meinungsfreiheit sowie zum grenzüberschreitenden Fernsehen, zu Werbung und Jugendschutz in den Medien oder zum Urheberrecht beschlossen. Seine Empfehlungen sind für die Mitgliedsstaaten zwar nicht bindend, die Konventionen sollen aber zur Grundlage für Gesetzesänderungen in den einzelnen Mitgliedsländern werden.

Viel einflussreicher und mit entsprechender Wirkung auf die Massenmedien in Deutschland ist aber die *Europäische Union*, da sie als politischer Zusammenschluss verbindliche und bindende Regelungen in den Mitgliedsstaaten erlassen und verwirklichen kann. Seit es durch Kabel- und Satellitenfernsehen in Europa grenzüberschreitende Medien gibt, also etwa seit Ende der 70er-Jahre, hat sich die EU (damals noch die Europäische Wirtschaftsgemeinschaft EG) auch der Regulierung des Medienbereichs in den Mitgliedsländern gewidmet. Probehalber wurde 1982 erstmals ein europäisches Fernsehen über Satellit ausgestrahlt, an dem Fernsehsender aus sechs Ländern mit Programmen in ihren jeweiligen Landessprachen mitwirkten, dem jedoch mangels Einnahmen und Zuschauern kein Erfolg beschieden war.

Grundsätzlich verfolgt die EU mit ihrer Medienpolitik das Ziel der Schaffung eines EU-weiten Markts für Medien, Telekommunikation und die Informationstechnologie, die als früher unabhängige Wirtschaftsbereiche im digitalen Zeitalter der Informationsgesellschaft zusammenwachsen. Medien werden in erster Linie als

Dienstleistung und Wirtschaftsgut gesehen, für das die Regeln des Binnenmarktes gelten müssen. Die Kommission der EU ist sich aber auch bewusst, dass sie nach dem Subsidiaritätsprinzip gegenüber den Mitgliedsstaaten nur ergänzende Aufgaben wahrnimmt und Richtlinien erlässt, die der Harmonisierung dienen.

Ein solcher Rechtsrahmen wurde im Jahre 1989 dann mit der »Fernsehrichtlinie« geschaffen (Fernsehen ohne Grenzen), die unter anderem Regelungen für Werbung, Sponsoring, Teleshopping und den Jugendschutz im Fernsehen sowie eine »Quotenregelung« enthält, nach der der Hauptteil europäischer Fernsehsendungen aus europäischen Werken zu bestehen hat. Die letztere Regelung wurde nicht wirklich verbindlich angewandt, da sie sich angesichts der Definitionsprobleme des Begriffs »Hauptteil«, der nicht ausgeschlossenen Koproduktionen mit nicht europäischen Film- und Fernsehproduzenten und anderer Schlupflöcher, als nur schwer durchführbar erwies. Die Förderung der europäischen AV-Industrie sei Kulturpolitik und daher im Kern Sache der Mitgliedsländer, hieß es einige Jahre später. Dennoch wird die Quote heute von den meisten Mitgliedsstaaten und deren Sendern bei allerdings wohl großzügiger Auslegung des Begriffs »Europäische Werke« erreicht und eingehalten. Ergänzend und subsidiär wurde die EU in diesem Bereich auch durch groß angelegte MEDIA-Förderungsprogramme tätig, die der europäischen Filmindustrie im Zeitraum der vergangenen zwanzig Jahre Milliardenbeträge einbrachten.

Weitere Maßnahmen der Medienpolitik der EU im Rahmen ihrer Bemühungen um Liberalisierung und Deregulierung betrafen die Abschaffung der Buchpreisbindung, die allerdings in Deutschland trotz erheblicher Bedenken der EU wegen ihrer wettbewerbsverzerrenden Wirkung bestehen blieb, weil schwerwiegende Auswirkungen auf kleinere Verlage und damit auch eine Bedrohung des Kulturgutes Buch insgesamt befürchtet wurden. Im Jahre 2002 wurde die Abschaffung der Tabakwerbung in Printmedien, im Rundfunk und im Internet beschlossen. In der Fernsehrichtlinie waren den Mitgliedsstaaten als wesentliches Ziel die Achtung der Menschenrechte und der Jugendschutz in ihren Fernsehprogrammen auferlegt worden.

Anfang der 90er-Jahre wurde die EU auch auf dem Gebiet der Medienkonzentration tätig und legte ein Grünbuch zum Thema »Pluralismus und Medienkonzentration – Bewertung der Notwendigkeit einer Gemeinschaftsaktion« vor. Hier ergaben sich Gegensätze zur deutschen Medienpolitik mit ihren geteilten Zuständigkeiten, des Bundes (Wirtschaftsministerium, Bundeskartellamt, Monopolkommission) einerseits und der Bundesländer mit den Landesmedienanstalten, Ministerpräsidenten und Landesparlamenten andererseits.

Zum Konfliktpotenzial gehört die grundsätzlich unterschiedliche Auffassung der EU von Medien als Dienstleistungen und damit Wirtschaftsgüter und der Medienpolitik in Deutschland, die in den Massenmedien mehrheitlich immer noch vor allem Kulturgüter sieht. Dies hat immer wieder zu Kontroversen geführt.

Ziele der Wirtschafts- und der Kulturpolitik lassen sich jedoch auch verbinden, wie das zum Beispiel bei der Medienkonzentration der Fall ist, die sowohl mit einer freien Entfaltung der Marktkräfte wie auch einem vielfältigen Medienangebot unvereinbar ist. Das Ziel der EU bei ihrer Anti-Konzentrations-Politik war allerdings in erster Linie die Aufrechterhaltung des Wettbewerbs im Medienbereich und weniger die medien- und kulturpolitische Zielsetzung. Wegen der unterschiedlichen Auffassungen über Aufgabe und Zuständigkeiten hat die EU dann ihre ursprünglichen Pläne für eine Anti-Konzentrations-Richtlinie auch nicht mehr weiterverfolgt, sondern sich stattdessen mit Telekommunikation und Digitalisierung in Europa beschäftigt.

Die Fernsehrichtlinie wurde erweitert zu einer Richtlinie über die »Audiovisuellen Mediendienste«, in der die wesentlichen Bestimmungen der Fernsehrichtlinie erhalten blieben, die aber nun für Fernsehen und Telekommunikationsdienste gemeinsam gilt und insofern auch dem Zusammenwachsen dieser Bereiche Rechnung trägt. Am Rande wurden in der neuen Richtlinie liberalere Werberegelungen eingeführt und »Product Placement«, das bis dahin als »Schleichwerbung« und damit als illegal angesehen worden war, unter bestimmten Bedingungen legalisiert. Dabei wurde der Grundsatz der Trennung von Werbung und redaktionellem Programm zumindest teilweise zugunsten des »Erkennbarkeitsgrundsatzes« aufgegeben. Da dieser Grundsatz oft durchbrochen und Schleichwerbung in Film- und Fernsehproduktionen schon lange praktiziert wird, stellt das aber eher die Legalisierung einer nicht aufhaltbaren Entwicklung dar.

Als weitere Maßnahme der EU-Medienpolitik muss der so genannte »Beihilfenstreit« behandelt werden. Als Wettbewerbshüterin werden von der EU die Rundfunkgebühren für ARD und ZDF als unzulässige und wettbewerbsverzerrende Beihilfen von Seiten staatlicher Stellen gesehen, die letztlich die Marktchancen der privaten Konkurrenz im dualen Rundfunksystem schmälern. Mit der Vorlage einer Dokumentation des Bundesverbandes Deutscher Zeitungsverleger (BDZV) über kommerziell zu wertende Onlineangebote von ARD und ZDF und mit einer entsprechenden Beschwerde des Verbands Privater Rundfunk und Telekommunikation (VPRT) im Jahre 2002 bei der EU hatte der Streit begonnen. Auch hier standen sich wieder die grundsätzlich unterschiedlichen Positionen von EU einerseits und Bund/Ländern andererseits gegenüber: Ist das Fernsehen primär eine Dienstleistung, ein Wirtschaftsgut also, oder ist es als Kulturgut notwendig für das Funktionieren eines demokratischen Gemeinwesens? Im EU-Vertrag von Amsterdam aus dem Jahre 1999 hatten die Mitgliedsstaaten ausdrücklich festgestellt, dass es zu ihren jeweils eigenen Kompetenzen gehört, wie sie ihren öffentlich-rechtlichen Rundfunk finanzieren.

Die Entscheidungskompetenz staatlicher Instanzen, wie der deutschen Bundesländer in der Gebührenfestsetzung, hatte der Europäische Gerichtshof (EUGH), der von einer der Parteien angerufen wurde, dennoch als ein Merkmal für Staatseinfluss auf die Finanzierung des Rundfunks und damit als staatliche »unzulässige Beihilfe« gesehen. Eine solche Beihilfe sei als Gegenleistung nur dann erlaubt, wenn ein Unternehmen mit Dienstleistungen von allgemeinem wirtschaftlichem Interesse beauftragt ist. Die EU hatte ein Beihilfeverfahren wegen dieser aus ihrer Sicht unzulässigen Finanzierung von ARD und ZDF gegen Deutschland angestrengt, das im Jahre 2007 mit einem Kompromiss eingestellt wurde. Die Finanzierung mit Rundfunkgebühren wurde von der EU akzeptiert, und die Bundesländer verpflichteten sich im 12. Rundfunkänderungsstaatsvertrag vom 1. Juni 2009, bei Programmausweitungen von ARD und ZDF durch nunmehr »Telemedien« genannte neue Onlineaktivitäten und Digitalprogramme deren Berechtigung von ihren Aufsichtsgremien prüfen zu lassen.

Das Prüfungsverfahren wurde in einem »Drei-Stufen-Test« festgelegt, in dem der jeweils zuständige Rundfunkrat (im Falle des ZDF der Fernsehrat) in einem Telemedienkonzept darzulegen hat,

* inwieweit das Angebot den demokratischen, sozialen und kulturellen Bedürfnissen der Gesellschaft entspricht,
* in welchem Umfang durch das Angebot in qualitativer Hinsicht zum publizistischen Wettbewerb beigetragen wird und
* welcher finanzielle Aufwand für das Angebot erforderlich ist.

Im Verfahren wurden sowohl externe Gutachter gehört wie auch die potenzielle Konkurrenz für neue Programmangebote. Alle neuen und inhaltlich veränderten Angebote mussten ebenso wie die schon bestehenden bis zum 31. August 2010 den Drei-Stufen-Test, der von den Aufsichtsgremien der Anstalten selbst durchgeführt wird, durchlaufen haben. Damit wurde nach Auffassung der EU bei der Gebührenfinanzierung mehr Transparenz geschaffen, wobei ähnliche Verfahren auch in weiteren europäischen Ländern durchgeführt worden sind. Weitergehende Forderungen auf digitale Begrenzungen oder gar Ausschluss des öffentlich-rechtlichen Rundfunks hiervon wurden nicht erfüllt. Aus Sicht der mit ihren Forderungen nach Grenzen für den öffentlich-rechtlichen Rundfunk unterlegenen Privatfunker war das Ganze vollkommen unergiebig, da die Prüfung neuer digitaler Angebote von den Aufsichtsgremien der Rundfunkanstalten selbst durchgeführt wurden und entsprechend in den Drei-Stufen-Tests auch keine geprüften Neuangebote für Programme abgelehnt wurden.

Versucht man eine Gesamtbewertung der Medienpolitik der EU und ihres Einflusses auf deutsche Medienstrukturen, so ist immer wieder deren hauptsächlich wirtschaftspolitische Zielsetzung zu sehen. Allerdings hat sie sich auch zu Kompromissen bereitgefunden und beispielsweise dem Public-Service-Gedanken des öffentlich-rechtlichen Rundfunks Rechnung getragen, indem sie mit der Ausnahmeregelung vom Beihilfenverbot anerkannt hat, dass es sich bei diesem auch um ein wichtiges Kulturgut handelt, das nicht allein den Marktkräften überlassen werden darf. Diese an sich maßvolle Entscheidung wird dennoch von den deutschen Verlegerverbänden (BDZV und VDZ) und vom VPRT als Bestätigung für »unbegrenzte Expansionsmöglichkeiten von ARD und ZDF« gewertet. Von ihren eigentlichen Zielsetzungen der Schaffung und Konsolidierung des europäischen Binnenmarktes mit einem entsprechenden Wettbewerb ist die EU mit ihrer Medienpolitik aus Förderungs- und auch aus Begrenzungsmaßnahmen in den Mitgliedsländern nicht wirklich abgewichen. Im Beihilfeverfahren wurde zwar ein Kompromiss gefunden, der den Kriterien der Rundfunkfreiheit ebenso entspricht wie denjenigen der Medienvielfalt und vor allem der Medienqualität. Ob es der mit großem Aufwand und magerem Ergebnis durchgeführten Drei-Stufen-Tests dafür allerdings bedurft hätte, erscheint mehr als fraglich.

13.3   Globale Kommunikation

Nachdem der Völkerbund in der ersten Hälfte des 20. Jahrhunderts bereits versucht hatte, die Massenmedien und besonders das damals neue Medium Radio in den Dienst der Völkerverständigung und des Friedens zu stellen, wurden die nach dem Zweiten Weltkrieg entstandenen internationalen Organisationen auch im Medienbereich tätig. Die »Declaration of Human Rights« der UNO aus dem Jahre 1948, ergänzt durch die »Europäische Menschenrechtskonvention« des damals ebenfalls gegründeten Europarats, sowie die Mediendeklaration der UNESCO wurden zur Richtlinie für die internationalen Kommunikationsbeziehungen. In ihnen verpflichten sich die Unterzeichner zur Achtung der Informations- und Meinungsfreiheit als Rechte und Grundfreiheiten der Menschen. Wie so manches internationale Abkommen wird auch dieses aber längst nicht von allen Unterzeichnern eingehalten.

International Bill of Human Rights
(United Nations General Assembly 1948)

Article 19

Everyone has the right to freedom of opinion and expression; this right includes freedom to hold opinions without interference and to seek, receive and impart information and ideas through any media and regardless of frontiers.

Europäische Menschenrechtskonvention
(Europarat 1950)

Artikel 10.1

Jeder hat das Recht auf freie Meinungsäußerung. Dieses Recht schließt die Freiheit der Meinung und die Freiheit zum Empfang und zur Mitteilung von Nachrichten oder Ideen ohne Eingriffe öffentlicher Behörden und ohne Rücksicht auf Landesgrenzen ein. Dieser Artikel schließt nicht aus, daß die Staaten Rundfunk-, Lichtspiel- oder Fernsehunternehmen einem Genehmigungsverfahren unterwerfen.

»Mediendeklaration« der UNESCO
(UNESCO 1978)

Artikel I

Die Stärkung des Friedens und der internationalen Verständigung, die Förderung der Menschenrechte und die Bekämpfung von Rassismus, Apartheid und Kriegshetze erfordern einen freien Austausch und eine umfassendere und ausgewogenere Verbreitung von Informationen. Hierzu haben die Massenmedien einen wichtigen Beitrag zu leisten. Dieser Beitrag ist um so wirksamer, je mehr die Informationen die verschiedenen Aspekte des behandelten Gegenstands wiedergeben.

Artikel II

(1) Die Ausübung der Meinungs-, Meinungsäußerungs- und Informationsfreiheit, die als Bestandteil der Menschenrechte und Grundfreiheiten anerkannt ist, stellt einen wesentlichen Faktor bei der Stärkung des Friedens und der internationalen Verständigung dar.

Artikel X

(2) Es ist wichtig, daß ein freier Austausch und eine umfassendere und ausgewogenere Verbreitung von Informationen gefördert werden.

(3) Dazu ist es erforderlich, daß die Staaten es den Massenmedien in den Entwicklungsländern erleichtern, sich angemessene Bedingungen und Mittel zu verschaffen, damit sie stärker werden und sich entfalten, und daß sie die Zusammenarbeit dieser Medien sowohl untereinander als auch mit den Massenmedien in den Industriestaaten unterstützen.

(Jan Tonnemacher: Kommunikationspolitik in Deutschland, Konstanz 2003, S. 271/272)

Neue Organisationen entstanden auch im Bereich der weltweiten Handelsbeziehungen. Vereinbarungen und Abkommen wurden im Rahmen der Sicherung des freien Welthandels geschlossen, wie das allgemeine Zoll- und Handelsabkommen GATT, später ergänzt durch das für den Telekommunikationsbereich wichtige GATS-Abkommen (General Agreement on Trade in Services). Die World Trade Organization WTO wurde für die wirtschaftlichen Aspekte auch der internationalen Kommunikationsbeziehungen und den entsprechenden Austausch zuständig, und mit der fortschreitenden Globalisierung und der kommunikativen Vernetzung der Wirtschaftsräume haben weitere Institutionen für den Bereich der Massenmedien an Bedeutung gewonnen, wie die Weltbank oder der Internationale Währungsfonds IWF. Durch ihre Kreditvergabe, die vielfach an neoliberale wirtschaftspolitische Bedingungen geknüpft sind, betreiben sie auch internationale Medienpolitik und beeinflussen damit die Entwicklung der Massenmedien in den Entwicklungsländern.

Gerade im internationalen Bereich wird das Zusammengehen von Politik und Ökonomie deutlich, zumal diese Institutionen – mit Ausnahme der UNO und der UNESCO, ihrer Unterorganisation für Bildung, Wissenschaft und Kultur – wirtschaftspolitische Zielsetzungen verfolgen. Im Rahmen der UNESCO hatte es zu Zeiten des Kalten Krieges Auseinandersetzungen um eine neue Welt-, Informations- und Kommunikationsordnung (NWIKO) gegeben, bei der sich aber die Entwicklungsländer gemeinsam mit dem Ostblock gegen die Dominanz der großen westlichen Nachrichtenagenturen und nach einer ausgewogenen Verteilung der internationalen Nachrichtenströme sowie der vorherigen Zustimmung der Regierungen der jeweils betroffenen Länder bei Grenzüberschreitungen von Medien (»prior consent«) nicht hatten durchsetzen können. Die Auseinandersetzungen wurden mit großer Schärfe geführt und hatten zum zeitweiligen Austritt der USA und Großbritanniens aus der UNESCO geführt. Sie waren gegen Ende des Ost-West-Konflikts mit der Kompromissformel vom »Free and better balanced Flow of Information« beendet worden (vgl. Artikel X der Mediendeklaration). Seither bemüht sich die UNESCO in der internationalen Medienpolitik vor allem darum, Medien-Infrastrukturen in Ländern der Dritten Welt aufzubauen.

Treibende Kräfte für die Internationalisierung und Globalisierung auch des Medienbereichs sind die großen transnationalen Medienkonzerne, von denen die meisten ihren Sitz nach wie vor in den USA haben und die schon immer an neuen Absatzmärkten für ihre Produkte interessiert waren. Mit dem Auftreten neuer »Global Players« im IT-Bereich sind das nicht mehr nur die großen Medienkonzerne wie Time Warner, die Disney Corporation oder auch der deutsche Multimediakonzern Bertelsmann, sondern vielmehr Firmen wie Apple, Microsoft, Google, Yahoo oder Amazon, die den neu entstandenen Weltmarkt der Telekommunikation beherrschen, flankiert von den Geräteherstellern, die teilweise auch aus Europa, Japan und den Schwellenländern stammen.

Globale Märkte brauchen auch Regulierungen und Institutionen supranationaler Prägung mit entsprechenden Kompetenzen. Neben der erwähnten WTO ist hier die »International Telecommunication Union« wichtig, die bereits im Jahre 1865 als »International Telegraph Union« gegründet worden war. Sie hat sich zwar auch der Liberalisierung des Telekommunikationsmarktes verschrieben, betont aber in ihren Zielsetzungen auch die Dringlichkeit des freien Zugangs aller Menschen in der Welt zu Information, Wissen und Bildung. Als Unterorganisation der UNO befasst sie sich mit dem »Digital Divide«, der sich weiter öffnenden Kluft zwischen Industrienationen und Entwicklungsländern im IT-Bereich. Standardisierungsfragen und die Regulierung der internationalen Telekommunikationsmärkte stehen weiterhin im Vordergrund.

Weitere Institutionen der internationalen Zusammenarbeit und Regulierung im Medienbereich sind die Funkverwaltungskonferenz WRC (früher WARC). Im Auftrag der ITU vergibt und verwaltet sie die Funkfrequenzen und sorgt für möglichst diskriminierungsfreien Zugang bei der Vergabe der Orbit-Positionen für Satellitenprogramme. Neben GATT und GATS wurde im Rahmen der WTO als weitere Regulierungsmaßnahme das TRIPS-Abkommen zum international gewährleisteten Schutz geistigen Eigentums geschlossen. Die OECD und die G8-Staaten befassen sich mit dem Schutz des elektronischen Geschäftsverkehrs und richten Förderungsprogramme für die Informations- und Kommunikationstechniken als Wachstumsmotor der internationalen Wirtschaftsentwicklung aus. Die G8-Staaten fungieren nicht als Organisation, sondern als Netzwerk und Diskussionsplattform. Vor Beginn des G8-Gipfels im Jahre 2011 in Frankreich hatte Staatspräsident Sarkozy in Deauville ein Forum zur »Zivilisierung« des Internets einberufen, das explizit dem Schutz der Zivilgesellschaft vor staatlichen Eingriffen und Überwachung in diesem Medium dienen sollte. Gleichzeitig hatte er aber in seinem Land Gesetze geschaffen, die schärfere Kontrollen des Internets ermöglichen, was zu erheblichen Kontroversen und Protesten führte.

Zu erwähnen ist ferner die internationale Organisation für die Regulierung und Zuteilung der Internet-Domains ICANN (»Internet Corporation for Assigned Names and Numbers«), eine private Organisation mit staatlicher Beteiligung und Sitz in Kalifornien, die mit dem Ziel des freien Wettbewerbs und offenen Marktzugangs zum Internet arbeitet. Sie kann allerdings wegen der staatlichen Kontrolle dieses Mediums in totalitären Staaten wie China, Iran oder auch in Europa Belarus nicht weltweit tätig werden und fungiert zwar als Public-private-Partnership, steht aber deutlich unter US-Einfluss. Organisationen der Zivilgesellschaft wie ATTAC mit ihren Aktionen gegen Armut und Ausbeutung und ihrer Kritik an der neoliberalen Globalisierung oder Indymedia als Vereinigung unabhängiger Medieninitiativen bedienen sich des Internets, haben aber keinen Einfluss auf dessen Gestaltung und Regulierung. Auch die neue ACTA-Bewegung gegen eine stärkere Kontrolle und Regulierung der Kommunikationsmedien ist – ebenso wie die Occupy-Bewegung – als so genannte Nongovernment Organisation (NGO) für das bzw. mit dem Internet tätig geworden.

»Digital Divide« steht als Begriff für neue Ungerechtigkeiten im Informations- und Wissenszugang in einer Welt, die durch Telekommunikation und Internet eigentlich zusammenwachsen und von Gleichberechtigung gekennzeichnet sein sollte. Und so zeigt sich auch im globalisierten Medienbereich immer wieder die Auseinandersetzung zwischen den Akteuren mit Kapitalverwertungsinteressen einerseits und Institutionen oder Politikern andererseits, soweit sie sich gegen internationale Machtkonzentrationen wenden und die neuen Kommunikationstechniken zur Verminderung der Ungleichgewichte und Ungerechtigkeiten in der Welt nutzen wollen. Die Möglichkeiten, die das »Netz« hierfür bietet, werden inzwischen auch von vielen Organisationen der Zivilgesellschaft, und dies mit wachsendem Erfolg für nationale und internationale Kampagnen, genutzt.

14 Ausblick

14.1 Medien und Demokratie

Drei politische Funktionen sollen die Massenmedien erfüllen:
1. Information,
2. Mitwirkung an der Meinungsbildung,
3. Kontrolle und Kritik.

Wie wir wissen, leisten dies die einzelnen Zeitungen und Zeitschriften, Hörfunk- und Fernsehprogramme recht unterschiedlich. Ob sie ihre demokratischen Aufgaben ausreichend wahrnehmen, damit das politische System so funktioniert, wie es soll, ist letztlich eine Ermessensfrage. In der Bundesrepublik gibt es rechtliche, politische und wirtschaftliche Hemmnisse, die es den Massenmedien erschweren, ihren Funktionen gerecht zu werden. In Konfliktfällen müssen Journalisten abwägen zwischen ihrer Informationspflicht und anderen Grundrechten (zum Beispiel Würde des Menschen, Persönlichkeitsschutz). Ansonsten sind jedoch viele Bestimmungen, die früher die Arbeit behinderten (wie Paragrafen über Landesverrat, Veröffentlichung von Geheimnissen) aufgehoben oder gelockert – nicht zuletzt dank der Rechtsprechung des Bundesverfassungsgerichts zu Gunsten der Pressefreiheit.

Auch politisch stehen den Massenmedien manche Hürden im Wege, so vor allem:
- Tendenzen der PR-Strategen der Parteien, Unternehmen und Verbände, die Journalisten einseitig zu unterrichten,
- mangelnde Auskunftsbereitschaft von Behörden und aus der Wirtschaft,
- die Möglichkeit der Parteien und Interessengruppen, über die Rundfunkgremien auf Personalpolitik und Programmgestaltung der öffentlich-rechtlichen Anstalten einzuwirken oder
- die Pflege politischer Tabus.

Wirtschaftlich schränken insbesondere folgende Faktoren die Arbeit der Medien und Journalisten ein:
- Abhängigkeit von Anzeigenaufträgen und Werbespots,
- Einflussmöglichkeiten großer Pressekonzerne auf andere Verlage,

- Abhängigkeit der Zeitungen und Zeitschriften von der Zahl der Käufer, des Hörfunks und des Fernsehens von Einschaltquoten und Publikumsstruktur,
- Abhängigkeit der Journalisten vom Verleger oder der Leitung der Sender und Rundfunkanstalten.

Rechtlich ergeben sich für alle Massenmedien die gleichen Schwierigkeiten, ihren Funktionen gerecht zu werden. Politisch treten in erster Linie beim öffentlich-rechtlichen Hörfunk und Fernsehen Hindernisse auf. Wirtschaftlich sind die Hemmnisse bei der Presse und beim Privatfunk am größten. Hinzu kommen die räumlichen und zeitlichen Begrenzungen: Eine Zeitung kann eben nur auf einer bestimmten Zahl von Seiten politische Informationen bringen; Hörfunk und Fernsehen müssen sich an Sendezeiten halten. Einzig das Internet arbeitet unabhängig von Zeit und Raum. Insgesamt können die Meldungen der Medien aber nur einen winzigen Ausschnitt der ganzen Wirklichkeit bieten, wobei das Angebot an Informationen allerdings durch neue Kommunikationstechniken sehr schnell und stark angewachsen ist.

Die »Gatekeeper« bestimmen, welche Informationen durchgelassen und welche zurückgehalten werden sollen. Ihre Auswahl kann von sehr unterschiedlichen Gesichtspunkten bestimmt sein, zum Beispiel können sie sich nach geschäftlichen und politischen Kriterien richten (»Was kommt bei unseren Lesern wahrscheinlich an?«). Wir können täglich feststellen, wie unterschiedlich die »Gatekeeper« – aus welchen Gründen auch immer – bei den einzelnen Zeitungen, beim Hörfunk und Fernsehen verfahren. Obwohl sie häufig genau dieselben Informationsquellen haben, erscheinen in einigen Zeitungen oder Nachrichtensendungen Meldungen als Aufmacher, die anderswo nicht als Schlagzeile oder überhaupt nicht zu finden sind. Die Informationsfreiheit des Staatsbürgers kann bedroht sein durch die Konzentration in der bundesdeutschen Presse. Bei jedem Medienkonzern besteht zumindest theoretisch die Möglichkeit, dass seine Leitung nach und nach die Publikationen des Hauses auf eine politische Richtung festlegt.

Der Einstieg vieler Presseverlage in das Hörfunk- und Fernsehgeschäft erhöht überdies die Chancen, einmal recherchierte Informationen auf verschiedenen Wegen und in verschiedener Form zu verbreiten:

- gedruckt in der Zeitung, als Fernseh- oder Hörfunkbeitrag, als Teletext und im Internet,
- zum wirtschaftlichen Vorteil der Konzerne,
- zum Nachteil der Bürger, weil die »Gatekeeper« über immer mehr Möglichkeiten der Veröffentlichung entscheiden, also einmal zurückgehaltene Nachrichten und Meinungen gleichzeitig in vielen Medien nicht erscheinen.

Aus Mangel an Zeit oder auch aus Trägheit und politischem Desinteresse kann der Einzelne schon die Berichte eines Mediums allein gar nicht zur Kenntnis nehmen.

Deshalb ist es notwendig, dass ihn die einzelne Zeitung oder Zeitschrift, das einzelne Hörfunk- und Fernsehprogramm jeweils so umfassend wie möglich informiert. Dies ist keineswegs nur eine Frage der Quantität, entscheidend ist die Qualität der Information. Die Demokratie braucht urteilsfähige, verantwortungsbewusste und handlungsbereite – und das heißt: informierte – Staatsbürger. Sie müssen nicht zuletzt auch über die Massenmedien und deren Probleme unterrichtet sein. Zwar erreichen Presse, Hörfunk und Fernsehen über vier Fünftel der Erwachsenen mit politischen Informationen, zwar nutzen viele davon zwei oder mehr Informationsquellen. Dennoch gibt es keinen Grund, damit zufrieden zu sein. Im Interesse einer funktionierenden Demokratie wird es vielmehr in Zukunft darauf ankommen,

- die Zahl der Informierten zu erhöhen,
- die Zahl der Informationslücken zu vermindern
- und den kritischen Umgang des Publikums mit den Medien zu verbessern.

14.2 Medienentwicklung bis heute

Ein Ausblick auf die Zukunft der Massenmedien in Deutschland oder gar Prognosen lassen sich nicht gewinnen ohne die Kenntnis der Entwicklung des Mediensystems in der Vergangenheit, wo sich bestimmte Hinweise oder Trends bereits gezeigt haben, die auf Wandel schließen lassen. Daher werden die vergangenen sechs Jahrzehnte noch einmal in ihren wesentlichen Tendenzen zusammengefasst:

Die Ausgangssituation war alles andere als normal, sondern im Gegenteil höchst ungewöhnlich. Nach dem Zusammenbruch des Regimes der Nationalsozialisten mit seinen gleichgeschalteten Medien und einem unfreien Journalismus mussten Presse, Radio und Film mit ihren Funktionen für ein demokratisches Gesellschaftssystem wieder aufgebaut werden. Die Situation im Pressebereich war nahezu von Anfang an durch Konzentrationsentwicklungen gekennzeichnet, und dies wurde dann auch zum beherrschenden medienpolitischen Thema bis in die 70er Jahre des vergangenen Jahrhunderts hinein.

Daneben gab es den Rundfunk, zunächst nur als das »Radio« und seit 1953 auch als Fernsehen, der aber wegen des Mangels an Übertragungsmöglichkeiten durch Knappheit der Frequenzen binnenpluralistisch und in öffentlich-rechtlicher Form organisiert werden musste. Das sehr bald aufkommende Streben nach Einflussmöglichkeiten in diesem Rundfunk begleitete die ersten Jahrzehnte der Bundesrepublik als zweites medienpolitisches Thema. So konnten es Politiker, die autoritär und obrigkeitsstaatlich dachten, nicht verwinden, dass sie in den Aufsichtsgremien des Rundfunks zwar über parteipolitischen Einfluss vertreten waren, aber nicht durch direkten Zugriff der Exekutive tätig werden konnten. Von Seiten der werbungtreibenden Wirtschaft wurden ebenfalls mangelnder Einfluss auf die Programmgestaltung und die nur beschränkt gegebenen Werbemöglichkeiten als Kritikpunkte geltend gemacht. So war es folgerichtig, dass ein duales Rundfunksystem eingerichtet wurde, sobald die technischen Möglichkeiten für ein außenpluralistisches System und den Start privater Sender gegeben waren. Das entstandene duale Rundfunksystem war zunächst gekennzeichnet durch harten Wettbewerb, der zwar auch heute noch existiert, zumindest in Teilen aber von einem Miteinander und sogar einer gewissen Arbeitsteilung abgelöst wurde.

Im Gegensatz zum Rundfunk wurde die Presse von Seiten der Politik allgemein geschont, da man ihr keinen so dominanten und politisch links gerichteten Einfluss attestierte. Staatliche Eingriffe waren mangels Aufsichtsgremien auch gar nicht möglich. Allerdings führte die zunehmende Pressekonzentration dazu, dass die von der SPD geführten Regierungen der 70er Jahre ein Pressefusions-Kontrollgesetz einführten, um die fortschreitenden Konzentrationstendenzen einzudämmen. Gerade dieses Gesetz wird heute – dem Wunsch vieler Zeitungsverleger entsprechend – angesichts der Misere vieler mittlerer und kleinerer Verlage wieder zur Disposition gestellt, was manche eine erneute Pressekonzentration befürchten lässt.

Neben Konzentration und Konkurrenz in Presse und Rundfunk ist die Medienentwicklung in Deutschland im Wesentlichen von den folgenden Tendenzen bestimmt:

- ständige Beschleunigung des technischen Fortschritts,
- Diversifizierung der inhaltlichen Angebote,
- weitergehende Kommerzialisierung der Medien,
- damit verbunden eine weitergehende Zunahme von Entertainment und Boulevard,
- inhaltliche und technische Konvergenz und Vernetzung sowie
- das Zusammenwachsen und die Zusammenarbeit in internationaler und globaler Dimension.

Ein halbes Jahrhundert harte Konkurrenz also, und dennoch fragt man sich mit Blick auf die Zukunft, ob es sich dabei nicht noch eher um Zeiten handelte, in denen Arbeitsteilung akzeptiert wurde, jedes Massenmedium seine Rolle spielte und seine Funktionen bestmöglich erfüllte. Fast überall herrschte Prosperität, und es wurde viel Geld verdient. Das Mediensystem war groß und vielfältig genug, um den Ansprüchen des Art. 5 GG, der die Informations- und Meinungsfreiheit schützt, insgesamt und trotz mancher Beeinträchtigungen zu genügen.

	1950	1960	1970	1980	1990	2000	2010
Presse	Konzentration	Konzentration; innere Pressefreiheit	innere Pressefreiheit; lokale Pressemonopole	Konsolidierung; Einführung neuer Techniken	Presse in den neuen Ländern; Auflagenrückgänge; Konzentration; Onlinepresse	Auflagen- und Werbekrise; erneute Konzentrationserscheinungen	Fortdauer der Auflagen- und Werbekrise; erneute Pressekonzentration
öffentlich-rechtlicher Rundfunk	Monopol; intermediäre Konkurrenz	Duopol; intermediäre Konkurrenz	Festigung und Ausbreitung	Beginn des dualen Rundfunksystems	Wettbewerb; Bestands- und Entwicklungsgarantie; Angebotserweiterungen	Konsolidierung mit neuem Wettbewerb	mehr Bestandswahrung und Konsolidierung mit Grenzen, aber auch noch Entwicklungsgarantie
privater Rundfunk	Diskussion um Notwendigkeit	Auseinandersetzungen um Einführung	Auseinandersetzungen um Einführung	Aufkommen privater Sender	Wettbewerb; Internationalisierung; Ausbreitung des Privatfernsehens; Konvergenz	Werbekrise; intramediäre Konzentration; Globalisierung	Begrenzungen durch neue und mächtige Konkurrenten
»neue Medien«	Fernsehen	Satelliten-TV	Beginn von Kabelfernsehen, Bildschirm- und Videotext; erste Feldversuche	Ausbreitung von Satelliten- und Kabelfernsehen; Pilotprojekte	Onlinemedien; Globalisierung; Information Society	Globalisierung; technische Konvergenz; Multimedia	extremer Bedeutungsgewinn für Digitalisierung und Internet in allen Bereichen; Mobilität des Empfangs; neue Anwendungsbereiche; politische Bedeutung

Entwicklung der Massenmedien in Deutschland

(eigene Darstellung)

14.3 Herausforderungen und Konflikte der Zukunft

Es ist oft unter Berufung auf das »Riepl'sche Gesetz« von der Ergänzung der Medien darauf hingewiesen worden, dass kein neues Medium einen revolutionären Wandel in der Medienlandschaft hervorrufen könne. Die Annahme beruht auf der Feststellung, dass bisher alle neuen Medien »eingegliedert« wurden, die alten sich auf ihre Stärken besannen oder sich einschränkten, Neues durch »Umarmung« integrierten oder sich durch Imitation daran anpassten.

Allerdings muss fraglich erscheinen, ob sich dieses »Gesetz« auch in Zukunft mit dem allumfassenden neuen Medium Internet noch so aufrechterhalten lassen wird. Um eines vorwegzunehmen: Beim Internet lässt sich nicht mehr zwischen Leser, Hörer und Zuschauer unterscheiden, sondern hier geht es um den »Nutzer«, und allein diese Überlegung führt dazu, nicht mehr an Ergänzung und Hinzufügung zu denken, wie das bisher bei neuen Medien der Fall war. Um sich noch einmal einige wesentliche Möglichkeiten und Vorzüge des Internets im Wettbewerb mit den klassischen Medien zu vergegenwärtigen, lässt sich mindestens Folgendes anführen:

Vorzüge des Internets gegenüber den klassischen Massenmedien:
- Das Internet ist beruflich wie privat nutzbar und dringt daher in alle Lebensbereiche ein.
- In ihm kann zeit- und ortsunabhängig eine riesige Zahl von Programmen übertragen werden.
- Es ist dank seiner Multimedialität ein Werbemedium von höchster Attraktivität.
- Im Internet entwickeln sich neue Formen und neue Arbeitsweisen des Journalismus.
- Neue Anbieter treten auf, die schon wegen ihrer Größe eine Bedrohung für die klassischen Massenmedien darstellen.

Zusammenwachsen von individueller Kommunikation und Massenkommunikation:
- Auf globaler Ebene ist eine früher undenkbare Vernetzung von Milliarden Menschen entstanden.
- Social Media/Social Communities bieten Informations- und Austauschmöglichkeiten.
- Das Videotelefon ist, beispielsweise über »Skype«, selbstverständlich geworden.
- Jede Art von Grenzen entfallen, und dies im Positiven wie im Negativen.
- Die Verfügungsmöglichkeit ist – allein durch die Überfülle des Angebots – nicht gänzlich unbeschränkt, aber für den Nutzer extrem erweitert.
- Professionelle Akteure handeln und informieren im Netz individuell und umgekehrt können einzelne Nutzer professionell auftreten.

Soziale und politische Auswirkungen:

- Die vollkommene Transparenz des Internets wird zum Eldorado aber auch zum Trauma.
- So wird beispielsweise die Aufdeckung von Plagiaten und sonstigen Skandalen möglich.
- Aber auch der Schutz von Daten und der Persönlichkeit bekommt eine andere Relevanz.
- Es gibt neue Möglichkeiten des Diskurses zwischen Nutzern und politischen Eliten:
  - Das Internet kann durch seine globale Verbreitung zur internationalen Verständigung beitragen.
  - Nationale wie internationale politische Bewegungen können in Gang gesetzt oder gefördert werden.
  - Das Internet entzieht sich oft schon nationaler Kontrolle, internationaler Regulierung aber weitgehend bzw. in totalitären Staaten vollständig.
  - Das Recht am eigenen geistigen Eigentum (Urheberrecht) muss vollkommen neu geregelt werden.

Diese Zusammenstellung ist mit Sicherheit nicht vollständig, sie zeigt aber die vielfältigen und gravierenden Möglichkeiten und Wirkungen des Internets, das den Rahmen der klassischen und konventionellen Medienlandschaft sprengt und weiter sprengen wird. Zusammengefasst ist es das Medium, das alle Kriterien, die bisher mit *einem* Massenmedium verbunden wurden, im Übermaß erfüllt, das als globales und multimediales Massen- und Individualmedium an Aktualität und Universalität nicht zu überbieten ist und das darüber hinaus dank mobiler Empfangsgeräte, vor allem der sich sehr schnell verbreitenden Smartphones, jederzeit und überall verfügbar ist. Es vereint also alle Quantitäten und Qualitäten der bisher angebotenen und genutzten Massenmedien und wird zum ersten »All-in-One-Medium«, das in späteren Zeiten wahrscheinlich auch einmal »klassisch« genannt werden wird.

Denn die obige Aufzählung der Chancen des Internets orientiert sich an dem, was heute schon besteht oder bekannt ist. Bei der rasend schnellen Entwicklung der Kommunikationstechnik ist aber weder absehbar noch überhaupt vorstellbar, was die nächsten Jahre oder Jahrzehnte an Neuerungen bringen werden. Das Janusgesicht aller neuen Medien bestand stets darin, dass sie sowohl eine Chance als auch ein Risiko für die alten Medien wie auch für die gesamte Gesellschaft darstellten. Immer aber waren sie trotz mancher kulturpessimistischer Befürchtungen beherrschbar; immer gab es Möglichkeiten der Regulierung und der Nutzung dieser Chancen wie auch der Begrenzung der Risiken und Gefahren. Das ist jedoch bei einem globalen Massenmedium dieser Größenordnung nur noch bedingt oder nicht mehr der Fall.

Was außerdem dagegen spricht, dass sich das Internet komplementär in die jeweiligen Medienlandschaften eingliedern lassen wird, ist die geschilderte und bekannte ungeheure Vielfalt und Breite der Angebote, die alles umfassen, was bisher von einzelnen Medien geleistet wurde. Mit Sicherheit wird es auch in Zukunft gedruckte Zeitungen geben, aber wer wird sie noch in dieser Form lesen, wenn die Welt aus Digital Natives besteht, die sich auf Smartphones, Tablet PCs oder anderen mobilen Geräten informieren und unterhalten lassen? Drittens ist die Individualisierung der Nutzung ein ganz wesentlicher Grund für die Überlegenheit des Internets gegenüber den klassischen Medien, also die Möglichkeit, zeit- und ortsungebunden auf keinerlei Programmvorgaben angewiesen zu sein und sich über Links jederzeit und nach Belieben zu anderen Orten hinlenken zu lassen. Die Frage ist, ob dies dazu führt, dass man sich im überbordenden und teils chaotischen Angebot verirrt und den eigentlichen Informationsbedarf aus dem Auge verliert. Veränderungen der Internetangebote, die solchen Problemen entgegenwirken, sind also ebenfalls nicht auszuschließen. Außerhalb des Bereichs der Massenkommunikation ist es gerade in den Monaten Mai und Juni 2012 zu Kontroversen gekommen, die Regulierungsbedarf zeigen, wie etwa kurzzeitige Pläne der »Schufa«, Nutzerdaten aus sozialen Netzwerken bei der Beurteilung der Kreditwürdigkeit einer Person zu berücksichtigen. Auch der Börsengang von Facebook entwickelte sich zunächst zu einem Flop, und manche erwarteten hier schon eine Wiederholung des Platzens der »Internet-Blase« im Jahr 2000. Man ist also gewarnt und darf auch skeptisch sein angesichts solcher Entwicklungen.

Bleibt das klassische lineare Fernsehen mit TAGESSCHAU und HEUTE, mit Informationen, Sport und Unterhaltung zu festen Zeiten und als fest einplanbare Größe im privaten Alltag, die diesen strukturiert und dem Internet zwar Raum belässt, es aber auch der Mobilität und dem beruflichen Alltag zuweist, bestehen? Ist das dann als fortbestehende Attraktivität zu sehen oder nur als Macht der Gewohnheit? Wenn, dann wird sich der Komplementäreffekt darauf beziehen, dass das Programm dann im IPTV, als WebTV oder über Handy übertragen wird. Allzu gern vergessen wird über aller Technikbegeisterung, dass sich an den Inhalten selbst ja nichts verändern lässt und sie allenfalls in neuen Spielarten der Gestaltung und Verbreitung zu uns kommen. Und so wird es auch für Fernsehen im Briefmarkenformat nach den anfänglichen Schwierigkeiten bald eine Nachfrage geben, nur: »Mobil muss es sein!«

Was also bleibt den etablierten, den klassischen Medien? Die Umarmung des Konkurrenten Internet (solange es noch nicht zu spät ist), die Anpassung an seine Verfügbarkeit und die Imitation der Gestaltung seiner Inhalte, soweit möglich. Besinnung auf eigene Stärken kann allenfalls über Qualität und guten Journalismus erfolgen. Es genügen aber nicht wiederkehrende Hinweise auf diese beiden Stärken, sondern sie müssen praktiziert werden und sichtbar sein.

Zeittafel

Jahr	Technische Entwicklung	Politische Entwicklung	Entwicklung der Medien
um 1450	Erfindung des Drucks mit beweglichen Buchstaben durch Gutenberg		
1486		Erzbischof Berthold von Mainz verfügt Zensur eines Drucks: älteste Zensuranordnung (Vorzensur)	
1521		Wormser Edikt: erstes Reichsgesetz gegen Druckschriften	
1529		Reichsabschied von Speyer: erste weltliche Vorzensur	
1609			erste gedruckte Wochenzeitung (Straßburg und vermutlich Wolfenbüttel)
1650			erste deutsche Tageszeitung (Leipzig)
1772			BERLINISCHE PRIVILEGIRTE ZEITUNG, später VOSSISCHE ZEITUNG, gegründet
1789		Proklamierung der Menschenrechte, darunter auch der Pressefreiheit, durch die französische Nationalversammlung	
1791		Aufnahme der Pressefreiheit im ersten Amendment zur Verfassung der USA	
1814	Benutzung der Schnellpresse durch die TIMES		Gründung des RHEINISCHEN MERKURS durch Görres

Jahr	Technische Entwicklung	Politische Entwicklung	Entwicklung der Medien
1815		Wiener Bundesakte verspricht Pressefreiheit. Einige Regierungen lösen das Versprechen ein, z.B. Sachsen-Weimar 1816, Württemberg 1817, Bayern	
1819		Karlsbader Beschlüsse beseitigen die Pressefreiheit	
1835–1836			Beginn der Massenpresse in den USA und Frankreich
1848		Pressefreiheit in zahlreichen deutschen Verfassungen	
1849			WOLFFSCHES TELEGRAPHEN BUREAU in Berlin gegründet
1856			FRANKFURTER ZEITUNG von Sonnemann gegründet zunächst als FRANKFURTER GESCHÄFTSBERICHT
1860	Erfindung der Rotationsmaschine		BERLINER TAGEBLATT von Mosse gegründet
1871			SPD gibt VORWÄRTS heraus
1874		Reichspressegesetz	
1876			BERLINER LOKALANZEIGER von Scherl gegründet, Beginn der Generalanzeigerpresse
1878		Sozialistengesetz	
1884	Erfindung der Linotype Setzmaschine des Bildzeilenzerlegers (Nipkow-Scheibe)		

Jahr	Technische Entwicklung	Politische Entwicklung	Entwicklung der Medien
1888	Entdeckung der elektromagnetischen Wellen durch Hertz		
1894	Herstellung der ersten Filme durch die Franzosen Gebrüder Lumière		
1895	erste Filmvorführung in Deutschland durch die Brüder Skladanowski		
1896	Vierfarbendruck		
1897	Erfindung der drahtlosen Telegraphie durch Marconi		BZ AM MITTAG von Ullstein gegründet, erste deutsche Boulevardzeitung
1904			Hugenberg übernimmt Kontrolle des Scherl-Konzerns
1916			Gründung der Universum Film-AG (UFA)
1919		Weimarer Verfassung verspricht Meinungsfreiheit	
1921	erster Lichttonfilm in Deutschland vorgeführt		
1923			Eröffnung des deutschen Rundfunks
1925			Gründung der Deutschen Reichs-Rundfunk-Gesellschaft m.b.H. als Dachorganisation des deutschen Rundfunks
1928	Tonband erfunden, Aufbau eines Fernschreibnetzes in Deutschland		
1933		Reichsministerium für Volksaufklärung und Propaganda, Beseitigung der Pressefreiheit	

Jahr	Technische Entwicklung	Politische Entwicklung	Entwicklung der Medien
1935			Beginn des ersten regelmäßigen Fernseh-programmdienstes der Welt in Berlin
1945–1949		Lizenzpresse	
1946		Rundfunksender als An-stalten des öffentlichen Rechts errichtet	Rundfunk-Zeitschrift HÖRZU, Nachrichten-Magazin DER SPIEGEL, Wochenzeitung DIE ZEIT erscheinen
1948	Kopenhagener Rundfunkvertrag beschlossen	Wellen-NWDR als erste Rundfunkanstalt nicht mehr unter Besatzungs-hoheit	
1949		Grundgesetz, Artikel 5: Rechte der freien Meinungsäußerung ge-währen Pressefreiheit und Freiheit der Be-richterstattung in Rund-funk und Film, Lizenz-zwang aufgehoben	DEUTSCHE PRESSE-AGENTUR (DPA) gegründet FRANKFUR-TER ALLGEMEINE ZEITUNG erscheint
1950	Kopenhagener Wellenplan tritt in Kraft	Arbeitsgemeinschaft der öffentlich-rechtli-chen Rundfunkanstal-ten der Bundesrepublik Deutschland (ARD) ge-gründet Union Europäi-scher Rundfunk-Anstalten gegründet (Eurovision)	
1952			NWDR beginnt tägliches Fernsehen als erste An-stalt; Springers BILD-Zeitung erscheint
1953			Gemeinschaftspro-gramm des DEUTSCHEN FERNSEHENS; SENDER FREIES BERLIN gegründet
1955	erste Stereophonie-Schallplatte in der Bundesrepublik		Dritte Hörfunk-programme

Jahr	Technische Entwicklung	Politische Entwicklung	Entwicklung der Medien
1956		Deutscher Presserat gegründet	erste Werbesendungen im deutschen Fernsehen; Springer kauft sich in Berlin bei Ullstein ein
1958	erste Stereophonie-Hörfunksendung in der Bundesrepublik	Zeitungsverleger fordern privates Werbefernsehen	
1961		Bundesverfassungsgerichtsurteil im Fernsehstreit (»Erstes Fernsehurteil«); Ministerpräsidenten der Länder gründen ZDF	
1962	Computer-Schriftsatz. Über Erdsatelliten »Telstar« empfängt Eurovision die erste Live-Sendung aus USA	Aktion der Bundesanwaltschaft gegen SPIEGEL	
1963			ZDF nimmt Sendebetrieb auf
1964		Zeitungsverleger fordern Übernahme der ZDF-Programmgestaltung	BAYERISCHER RUNDFUNK strahlt als erste Anstalt Drittes Fernsehprogramm aus
1964–1966		Bundesländer (außer Bayern) erlassen Landespressegesetze	
1967	Erste Farbfernsehsendungen in der Bundesrepublik	Farbfernsehen-Filmförderungsgesetz Saarland erlaubt durch Gesetz Privat-Hörfunk und -Fernsehen	
1968	in USA beginnt Entwicklung des Flachbildschirms	Günther-Kommission berichtet über Pressekonzentration und Meinungsfreiheit	internationale Pressekonzern-Verbindungen zur Produktion von Kassettenprogrammen
1969	erste Redaktionsstatute bei Presse-Unternehmen		
1971	internationale Absprachen über Gigahertz-Wellenbereich	SPD beschließt Medienpapier	

Jahr	Technische Entwicklung	Politische Entwicklung	Entwicklung der Medien
1972		Bundesverwaltungs-gericht entscheidet gegen Pläne für privaten Rundfunk	
1973		Beim NDR tritt erstes Redaktionsstatut einer Rundfunkanstalt in Kraft; Volksentscheid »Rundfunkfreiheit« in Bayern. FDP beschließt »Wiesbade-ner Leitlinien liberaler Medienpolitik«	
1975		Vorstände von CDU und CSU stimmen Medien-konzept der Union zu	
1976		Kommission für den Ausbau des techni-schen Kommunikations-systems legt Telekom-munikationsbericht vor	
1977	Video- und Bildschirm-text auf Funkausstel-lung Berlin; Einführung elektronischer Systeme in Druck- und Verlags-bereich einzelner Tageszeitungen	Gesetz über Presse-fusionskontrolle; internationale Konferenz legt Stand-orte für Nachrichten-Satelliten fest	
1978	Videorekorder auf deut-schem Markt		Alternativ-Blatt DIE TAGESZEITUNG (taz) erscheint
1979	Regierungen der Bun-desrepublik und Frank-reichs einigen sich über Bau eines Rundfunk-satelliten		Beginn der Bildschirm-text-Versuche in Berlin und Düsseldorf/Neuß
1980	ARD und ZDF übertragen Videotext	Neuer NDR-Staatsvertrag	
1981		Drittes Fernseh-urteil des Bundes-verfassungsgerichts	

Jahr	Technische Entwicklung	Politische Entwicklung	Entwicklung der Medien
1982	Bildplatte auf dem deutschen Markt		
1983		Staatsvertrag der Bundesländer über Bildschirmtext	Kabelpilotprojekte Ludwigshafen und München beginnen
1984	Bundespost beginnt in mehreren Großstädten, ein »breitbandiges integriertes Glasfaser-Orts Netz« (BIG-FON) einzurichten	Niedersächsisches Landesmediengesetz gestattet Privatfunk; SPD für Privatveranstalter bei elektronischen Medien	Bertelsmann beteiligt sich an Radio Luxemburgs TV Programm RTL PLUS; ZDF, Österreichischer und Schweizer Rundfunk starten Satellitenfernsehen 3SAT; erstes bundesweites Privatfernsehen SAT.1; Kabelpilotprojekte Dortmund und Berlin beginnen
1985	europäischer Fernmeldesatellit ECS strahlt Fernsehprogramme aus; Bildschirmtext bundesweit nutzbar	neues Jugendschutzgesetz auch gegen Videogewalt	
1991	ARD und ZDF führen Video-Programm-System ein	Staatsvertrag über den Rundfunk im vereinten Deutschland	
1992			Zulassung privater Rundfunkveranstalter in Ostdeutschland
1996			Beginn des digitalen Hörfunks und Fernsehens
1998		Europäische Kommission untersagt digitale Allianz Kirch-Bertelsmann	
2001		im Rundfunkstaatsvertrag wird für die Konzentrationskontrolle der Übergang vom Veranstalter- zum Marktanteilsmodell festgelegt	Internetlexikon WIKIPEDIA geht online

Jahr	Technische Entwicklung	Politische Entwicklung	Entwicklung der Medien
2002			Die Kirch-Gruppe geht in die Insolvenz und wird 2003 von einem US-amerikanischen Finanzinvestor gekauft
2007		Bundesverfassungsgericht erklärt Durchsuchung der Redaktionsräume der Zeitschrift CICERO für verfassungswidrig; Fernsehurteil des Bundesverfassungsgerichts gegen politische Einflussnahme auf die Rundfunkgebühren und für die Rundfunkfreiheit	
2008		Bundeskartellamt untersagt die Übernahme der ProSiebenSat.1 Media AG durch den Axel-Springer-Verlag wegen »unzulässiger Meinungsmacht«	Der anglo-amerikanische Medienmagnat Rupert Murdoch übernimmt den ersten deutschen Pay-TV-Kanal PREMIERE, der 2009 zu SKY wird
2010			FACEBOOK hat laut eigenen Angaben 400 Millionen Nutzer in der Welt; weltweit soll es ca. 200 Millionen Weblogs geben
2011			Gesamtauflage der Zeitungen sinkt erstmals unter 25 Millionen Exemplare
2012	Abschaltung der analogen Fernsehübertragung		drei Viertel aller erwachsenen Deutschen sind »Onliner« und nutzen das Internet – FACEBOOK geht an die Börse

Literatur zur Einführung

Eine Einführung soll auch bei der Literatur nur eine Einführung geben und Leser, die sich mit dem Thema weiter beschäftigen wollen, nicht durch umfangreiche Listen abschrecken. Wie bei den bisherigen Auflagen auch ist daher darauf geachtet worden, jeweils nur einige wenige – zumeist aktuelle – aber vor allem einführende Publikationen aufzunehmen. Anders als bei streng wissenschaftlichen Publikationen ist auch darauf verzichtet worden, sämtliche im Text bereits vollständig zitierten Werke hier noch einmal aufzuführen.

Gesamtdarstellungen und Lehrbücher

Altendorfer, Otto (2001 und 2003): Das Mediensystem der Bundesrepublik Deutschland. Bd. 1 und Bd. 2, Wiesbaden

Chill, Hanni (1999): Grundwissen Medien, Stuttgart

Der Beauftragte der Bundesregierung für Kultur und Medien (Hg.) (2008): Medien- und Kommunikationsbericht der Bundesregierung, Berlin

Bentele, Günter/Hans-Bernd Brosius/Otfried Jarren (Hg.) (2012): Lexikon Kommunikations- und Medienwissenschaft, 2. überarbeitete und erweiterte Auflage, Wiesbaden

Beck, Klaus (2010): Kommunikationswissenschaft, 2., überarbeitete Auflage, Konstanz

Beyer, Andrea/Petra Carl (2012): Einführung in die Medienökonomie, 3. überarbeitete und erweiterte Auflage, Konstanz

Noelle-Neumann, Elisabeth/Winfried Schulz/Jürgen Wilke (2009): Fischer Lexikon Publizistik Massenkommunikation, Frankfurt

Schrag, Wolfram (2007): Medienlandschaft Deutschland, Konstanz

Weischenberg, Siegfried/Hans J. Kleinsteuber/Bernhard Pörksen (Hg.) (2005): Handbuch Journalismus und Medien, Konstanz

Politik und Massenmedien

Donsbach, Wolfgang/Olaf Jandura (Hg.) (2003): Chancen und Gefahren der Mediendemokratie, Konstanz

Emmer, Martin/Gerhard Vowe/Jens Wolling (2011): Bürger online. Die Entwicklung der politischen Online-Kommunikation in Deutschland, Konstanz

Sarcinelli, Ullrich (2009): Politische Kommunikation in Deutschland. Zur Politikvermittlung im demokratischen System. 2., überarbeitete und erweiterte Auflage, Wiesbaden

Seufert, Wolfgang/Hardy Gundlach (2012): Medienregulierung in Deutschland. Ziele, Konzepte, Maßnahmen, Baden-Baden

Schulz, Winfried (2006): Politische Kommunikation. Theoretische Ansätze und Ergebnisse empirischer Forschung zur Rolle der Massenmedien in der Politik. 2., überarbeitete Auflage, Wiesbaden

Tonnemacher, Jan (2003): Kommunikationspolitik in Deutschland. Eine Einführung. 2., überarbeitete Auflage, Konstanz

Mediengeschichte

Dussel, Konrad (2010): Deutsche Rundfunkgeschichte. 3., überarbeitete Auflage, Konstanz

Stöber, Rudolf (2005): Deutsche Pressegeschichte. Von den Anfängen bis zur Gegenwart. 2., überarbeitete Auflage, Konstanz

Wilke, Jürgen (2008): Grundzüge der Medien- und Kommunikationsgeschichte. 2., durchgesehene Auflage, Köln/Weimar/Wien

Medienrecht

Branahl, Udo (2009): Medienrecht. Eine Einführung. 6., überarbeitete und aktualisierte Auflage, Wiesbaden

Deutscher Presserat (Hg.): Jahrbuch 2012, Konstanz

Fricke, Ernst (2009): Recht für Journalisten. Presse – Rundfunk – Neue Medien. 2., völlig überarbeitete Auflage, Konstanz

Presse

Bundesverband Deutscher Zeitungsverleger (BDZV) (Hg.): Jahrbuch. Jeweiliger Jahrgang, Berlin

Hachmeister, Lutz/Günter Rager (Hg.) (2005): Wer beherrscht die Medien? Die 50 größten Medienkonzerne der Welt, München

Informationsgemeinschaft zur Feststellung der Verbreitung von Werbeträgern (IVW): Laufende Veröffentlichungen; online: www.ivw.de

Pürer, Heinz/Johannes Raabe (2007): Presse in Deutschland. 3., völlig überarbeitete und erweiterte Auflage, Konstanz

Schröder, Michael/Axel Schwanebeck (Hg.) (2005): Zeitungszukunft – Zukunftszeitung. Der schwierige Gang der Tagespresse in die Informationsgesellschaft des 21. Jahrhunderts, München

Verband Deutscher Zeitschriftenverleger (VDZ) (Hg.): Der Zeitschriftenmarkt in Zahlen. Jeweiliger Jahrgang

Zentralverband der deutschen Werbewirtschaft (ZAW) (Hg.): Werbung in Deutschland, jeweiliger Jahrgang, Berlin

Rundfunk

Arbeitsgemeinschaft der Landesmedienanstalten (ALM) (Hg.): Jahrbuch sowie Programmbericht. Jeweiliger Jahrgang, Berlin

Arbeitsgemeinschaft der öffentlich-rechtlichen Rundfunkanstalten der Bundesrepublik Deutschland (ARD) (Hg.): Jahrbuch. Jeweiliger Jahrgang, Hamburg

Berger, Viktor F. (2008): Der deutsche Fernsehmarkt, München

Krug, Hans-Jürgen (2010): Radio, Konstanz

Renner, Karl Nikolaus (2012): Fernsehen, Konstanz

Stuiber, Heinz-Werner (1998): Medien in Deutschland Band 2. Rundfunk (2 Bde.), Konstanz

Zweites Deutsches Fernsehen (ZDF) (Hg.): Jahrbuch. Jeweiliger Jahrgang, Mainz

Informationsquellen

Bentele, Günter/Romy Fröhlich/Peter Szyszka (Hg.) (2008): Handbuch der Public Relations. Wissenschaftliche Grundlagen und berufliches Handeln. 2., korrigierte und erweiterte Auflage, Wiesbaden

Wilke, Jürgen (2007): Das Nachrichtenangebot der Nachrichtenagenturen im Vergleich. In: Publizistik 52, S. 348–364

Journalisten

Bentele, Günter/Michael Haller (Hg.) (1997): Aktuelle Entstehung von Öffentlichkeit. Akteure – Strukturen – Veränderungen, Konstanz

DJV (Hg.) (2012): Journalist/in werden? Ausbildungsgänge und Berufschancen im Journalismus, Bonn

Glotz, Peter/Wolfgang Langenbucher (1993): Der missachtete Leser. München

Mast, Claudia (Hg.) (2012): ABC des Journalismus. Ein Handbuch. 12., überarbeitete Auflage, Konstanz

Meier, Klaus (2011): Journalistik. 2., überarbeitete Auflage, Konstanz

Neuberger, Christoph/Peter Kapern (2012): Grundlagen des Journalismus. Wiesbaden

Riehl-Heyse. Herbert (1989): Bestellte Wahrheiten. Anmerkungen zur Freiheit eines Journalistenmenschen, München

Weischenberg, Siegfried/Maja Malik/Armin Scholl (2006): Die Souffleure der Mediengesellschaft. Report über die Journalisten in Deutschland, Konstanz

Alte Medien – neue Medien

Bleicher, Joan Kristin (2010): Internet, Konstanz

Ebersbach, Anja/Markus Glaser/Richard Heigl (2011): Social Web. 2., überarbeitete Auflage, Konstanz

Krone, Jan (Hg.) (2011): Medienwandel kompakt. 2008-2010. Schlaglichter der Veränderungen in Medienökonomie, Medienpolitik, Medienrecht und Journalismus. Ausgewählte Netzveröffentlichungen, Baden-Baden

Michelis, Daniel/Thomas Schmidbauer (Hg.) (2012): Social Media Handbuch. Theorien, Methoden, Modelle und Praxis, 2., aktualisierte und erweiterte Auflage, Baden-Baden

Neuberger, Christoph/Christian Nuernbergk/Melanie Rischke (Hg.) (2009): Journalismus im Internet. Profession – Partizipation – Technisierung, Wiesbaden

Neuberger, Christoph/Jan Tonnemacher (Hg.) (2003): Online – Die Zukunft der Zeitung? Das Engagement deutscher Tageszeitungen im Internet, 2. Auflage, Wiesbaden

Schweiger, Wolfgang/Klaus Beck (2010) (Hg.): Handbuch Online-Kommunikation, Wiesbaden

Trappel, Josef (2007): Online-Medien. Leistungsprofil eines neuen Massenmediums, Konstanz

Nutzung und Wirkungen

Bonfadelli, Heinz/Thomas Friemel (2011): Medienwirkungsforschung. 4., völlig überarbeitete Auflage, Konstanz

Reitze, Helmut/Christa-Maria Ridder (Hg.) (2011): Massenkommunikation VIII. Eine Langzeitstudie zur Mediennutzung und Medienbewertung 1964–2010, Baden-Baden

Internationale Kommunikation

Thomaß, Barbara (2007): Mediensysteme im internationalen Vergleich, Konstanz
Weßler, Hartmut/Michael Brüggemann (2012): Transnationale Kommunikation.
   Eine Einführung, Wiesbaden

Fachzeitschriften und Informationsdienste

BDZV Intern, Berlin
   • www.bdzv.de
epd medien. Evangelischer Pressedienst, Frankfurt am Main
   • www.epd.de
Funkkorrespondenz, Bonn
   • http://funkkorrespondenz.kim-info.de
Journalist. Das Medienmagazin (DJV), Bonn
   • www.journalist.de
M – Menschen machen Medien. Medienpolitische Verdi-Zeitschrift, Berlin
   • http://mmm.verdi.de
M & K – Medien und Kommunikationswissenschaft. Herausgegeben vom Hans-
   Bredow-Institut, Hamburg
   • www.m-und-k.nomos.de/
Media Perspektiven (ARD), Frankfurt
   • www.media-perspektiven.de
Message. Internationale Zeitschrift für Journalismus, Hamburg
   • www.message-online.com
Publizistik. Vierteljahreshefte für Kommunikationsforschung, Wiesbaden
   • www.publizistik-digital.de

Index

UVK:Weiterlesen

Hintergrundwissen

Siegfried Weischenberg,
Maja Malik, Armin Scholl
Die Souffleure der Mediengesellschaft
Report über die Journalisten
in Deutschland
2006, 316 Seiten
mit 120 s/w Abb., broschiert
ISBN 978-3-89669-586-4

Siegfried Weischenberg,
Hans J. Kleinsteuber, Bernhard Pörksen (Hg.)
Handbuch Journalismus und Medien
2005, 500 Seiten, gebunden
ISBN 978-3-89669-429-4

Dominik Bartoschek, Volker Wolff
Vorsicht Schleichwerbung!
2010, 164 Seiten, broschiert
15 s/w Abb. und 30 farb. Abb.
ISBN 978-3-86764-210-1

Oliver Hahn, Julia Lönnendonker,
Roland Schröder (Hg.)
Deutsche Auslandskorrespondenten
Ein Handbuch
2008, 534 Seiten, broschiert
ISBN 978-3-86764-091-6

Stephan Ruß-Mohl
Kreative Zerstörung
Niedergang und Neuerfindung des
Zeitungsjournalismus in den USA
2009, 284 Seiten, 40 s/w Abb., broschiert
ISBN 978-3-86764-077-0

Klicken + Blättern

Leseprobe und Inhaltsverzeichnis unter

www.uvk.de

Erhältlich auch in Ihrer Buchhandlung.

SIE SUCHEN ANSCHLUSS?

♥ Mutig und aktiv, wach im Kopf, mit viel Erfahrung, gebildet u. einflussreich, *SUPER VERNETZT*, hat viel zu bieten (Beratung in allen Jobfragen, Rechtsberatung, Presseausweis und Lobbyarbeit, Fachinformationen, Branchenkenntnisse und ordentlich Rückgrat) **SUCHT: Journalisten jeden Alters, die *MEHR* wollen** Sei nicht schüchtern und trau dich: **W W W . D J V . D E**

SIE sucht IHN: Junge, vollschlanke Sie (34, 170) sucht Kuschelbär zum Liebhaben! Wenn Du wie ich Kultur, gutes Essen und die Natur lieb~~st,~~ ~~lange Wanderungen genauso zu deinem Wochenendprogramm~~

 **www.djv.de**

 Deutscher Journalisten-Verband e. V.
Gewerkschaft der Journalistinnen
und Journalisten

Pressehaus 2107 | Schiffbauerdamm 40 | 10117 Berlin
Telefon: (030) 72 62 792-0 | Fax: (030) 72 62 792-13
Mail: djv@djv.de